プライオメトリック・トレーニング
動的筋力と爆発的パワー

川口工業総合病院リハビリテーション科
鈴木俊一 監訳

アルビレックス新潟ヘッドトレーナー
日暮 清 訳

NAP
Limited

Authorized translation of the original English edition,
PLYOMETRICS
by Donald A. Chu and Gregory D. Myer

Copyright © 2013 by Donald A. Chu and Gregory D. Myer

All rights reserved. Except for use in a review, the reproduction or utilization of this work in any form or by any electronic, mechanical, or other means, now known or hereafter invented, including xerography, photocopying, and recording, and in any information storage and retrieval system, is forbidden without the written permission of the publisher.

Translation copyright © 2016 by NAP Limited, Tokyo
All rights reserved.

Printing and Bound in Japan

注意：本書は正確かつ信頼性のある情報を提供することを目的としており，法的，医学的あるいは他の専門的サービスの代わりとなるものではありません。医学的あるいは他の専門的支援が必要な場合には，適切な専門家の支援を受けてください。

すべての学問は絶え間なく進歩しています。研究や臨床的経験によってわれわれの知識が広がるに従い，各種方法などについて修正が必要になります。ここで扱われているテーマに関しても同じことがいえます。本書では，発刊された時点での知識水準に対応するよう著者・訳者および出版社は十分な注意をはらいましたが，過誤および医学上の変更の可能性を考慮し，本書の出版にかかわったすべての者が，本書の情報がすべての面で正確，あるいは完全であることを保証できませんし，本書の情報を使用したいかなる結果，過誤および遺漏の責任も負えません。読者が何か不確かさや誤りに気づかれたら出版社にご一報くださいますようお願いいたします。

訳者序文

　本書の著者 Donald A. Chu が 1992 年に発刊した "Jumping Into Plyometrics" はわが国にプライオメトリクスという名を広めたトレーニングの教本であり，現在，プライオメトリック・トレーニングは，ジャンプ・トレーニングとしてさまざまなスポーツでパフォーマンス向上のために利用されている．しかし，プライオメトリクスはかなり強度が高いエクササイズであるため，いまだに上級者のアスリートのためのトレーニングのように理解されているところがある．プライオメトリクスを導入するためには，その概念を理解することが第一である．そしてアスリートの状態や能力を把握し，適切な種目，強度，回数や時間を詳細に設定することで安全にトレーニングを進めることができる．

　本書は "Jumping Into Plyometrics" の新版といえるものであるが，プライオメトリック・トレーニングの生理学的根拠や，傷害予防，そしてリハビリテーションへの応用，多種多様なアスリートに対するトレーニングの指導方法とトレーニング・プログラムの計画まで，多くの情報が提供されている．したがって，コーチやコンディショニングの専門家，そして医療の専門家まで幅広い読者に受け入れられると考える．

　訳者らは，スポーツ現場におけるリハビリテーションやリコンディショニングを通して，アスリートの状態に合った，適切なトレーニングの導入時期や方法を模索してきた．アスリートのコンディションを競技ができる最高のレベルに引き上げるためには，リスクに対して細心の注意を払いつつ，ゴールに向けて，高いレベルのエクササイズまで計画的に処方していく必要があり，苦労してきた思いがある．

　本書はスポーツの現場で，リハビリテーションからトレーニング，そしてパフォーマンスの向上を目指すアスリートのプライオメトリック・トレーニングを，初心者から上級者まで安全かつ効果的に実施するための実用的な一冊であり，スポーツ現場や臨床の場で読者の方々が抱く疑問を解決する糸口を与えてくれるものと信じている．

2016 年 2 月

監訳者　鈴木　俊一

序　文

　今日のスポーツ界におけるパフォーマンス強化の進歩には，驚くべきものがある。「Jumping Into Plyometrics」が最初に出版されたのは1992年であるが，プライオメトリック・トレーニングがアスリートの成長のために不可欠のものであると，多くのトレーナーやコーチに急速に受け入れられてきた。このエクササイズ・システムは陸上競技からはじまったが，当初はえたいの知れないものとされていたものが，いまでは当たり前のものと捉えられるまでになってきた。このエクササイズに関する知識は，スポーツ界のいたるところで劇的に増大した。今日，プライオメトリックは，シンクロナイズド・スイミングなど一見パワーの概念からかけ離れたように思われるスポーツにおいてさえ，パフォーマンス・レベルの向上に必要であると信じられている。

　この新しい本「Plyometrics」は，プライオメトリックに関する最新の情報を提供している。フットワークと基本的な動作スキルを改善するために，新しい刺激的なドリルが盛り込まれている。ドリルは，初心者向けからより高度なスキルを必要とするものにまで及び，各種のスポーツ・トレーニング・プログラムでプライオメトリックを用いることの裏づけとなる新たな研究も含まれている。CHAPTER 11では，総合格闘技（最も成長著しいスポーツの1つ）のような新しいスポーツ，そしてバレーボール，バスケットボール，アメリカンフットボールのような従来からあるスポーツに特有のプログラムを取り上げている。また，最も成長が著しいグループである若年アスリート（CHAPTER 4）と女性アスリート（CHAPTER 5）に特化したプライオメトリック・トレーニング技術の開発に焦点をあてたパートも加えた。傷害の危険性のスクリーニングとしてのプライオメトリック・エクササイズ（CHAPTER 7），女性のACL損傷予防としてのプライオメトリック・エクササイズ（CHAPTER 5），リハビリテーションを行うアスリートの完全復帰への準備のためのプライオメトリック・エクササイズ（CHAPTER 6）に関しては，研究の最新情報を記載した。またこれらの概念を統合して，競技力の発達を完璧なものにする総合的プログラムをCHAPTER 10で概説した。

　この本では，プライオメトリック・エクササイズによって，より速く走り，より高くジャンプし，最高のパフォーマンスを達成することができるアスリートになるため，スピードと筋力をいかに身体的特性と組み合わせ，機能させるかということを示している。さらに，トレーニング・プログラムを作成する際に，さまざまなアスリートに対するプライオメトリックの展開や，スポーツの特性にあわせたオプションを提供した。

　パフォーマンスの向上や傷害予防に対するプライオメトリック・トレーニングの効果に関する知識が膨大になるにしたがって，コーチやアスリートは自らのツールボックスを最新かつ最良の状態に維持する必要がある。この本では，アスリートがトレーニングで「最大の効果」を得ることができる方法について詳しく説明している。プライオメトリックが，トレーニング・プログラムの一部であるだけでは完全なトレーニング・プログラムにはならない。プライオメトリックは，完全なトレーニング・プログラムにとって必須の要素なのである。プライオメトリック・トレーニングは，過去数年間において著しい変貌を遂げてきた。新しい着想と革新的な技術が，アスリートをプライオメトリック・トレーニングの新時代へと導いていく。プライオメトリック・トレーニングを用いる選択と好機を理解するコーチやトレーナーは，アスリートに対する新しいトレーニング法を見出すであろう。われわれは，読者が競技力向上のために厳しい方法を選ぶのではなく賢い方法を選択することを願っている。

謝　辞

　われわれは，われわれの先駆者，そしてともに歩んできた人たちの発見の上に成果を積み重ねている。Veroshanksy, Boscoe, Komi, Satiskorsky, Medveydev, Javorek, Vittori, Bompa, Crisolan, MacFarlane, Francis など多くの偉大なヨーロッパのコーチや研究者や，いまの世代以前の多くの研究者たちは，ジャンプ・トレーニング，ストレッチ・ショートニング・サイクル，ショック・トレーニングに関して称賛に値する仕事をしている。また，Garhammer, Stone, Tellez, Santos, Al Vermeil など多くの偉大なアメリカのコーチたちも，その知識と冒険心あふれる精神，スポーツへの探求に秀でていた。Al Vermeil は私の同僚であり，同世代の友人である。彼は，ストレングスとコンディショニングに関して世界でまれにみる膨大な情報の持ち主である。

　NCAA II 部のアスリートたちには，全米陸上競技選手権大会の検査室で，私の被験者となってくれたことに感謝したい。Santa Clara Aquamaids と コーチの Chris Carver にも感謝の意を表したい。彼らは，自身が携わるスポーツにおいて誰もが夢にも思わなかったトレーニング・プログラムをみつけることができれば，次のレベルに行けると信じていた。私は，プロ選手やエリート・アスリートたちにも感謝する。彼らは快くそのトレーニングの可能性に挑戦し，厳しいトレーニングの代わりに賢いトレーニングを行ってくれた。

　共同執筆者である Greg Myer に対して心から感謝したい。彼は執筆において競技場のアスリートと同じぐらい驚異的である。彼はこのプロジェクトを生み出す鍵となった人物であり，私は学生として彼がいることを誇りに思う。現在，彼は私の助言者となっている。

　あなたがパフォーマンスを向上させるためのトレーニングに従事しており，さらに前進したいと思っているときは，何度も後ろを振り返り知識という木の根を明確に理解しなければならない。プライオメトリックが，陸上競技のアスリートたちが実施する楽しいエクササイズであり，毎日の習慣であるドリルとして最も成功したトレーニング・プログラムに発展していくのをみられたのは幸せであった。この本を，成功した人々に，そして将来において成功する人々に捧げる。激しく競いなさい，そして勝つ者は誰であれ今日の最も優れたコーチであると認めるように。

目　次

訳者序文　iii
序　文　iv
謝　辞　v

Part I
プライオメトリックに必要な知識

1	筋活動, スポーツパフォーマンスとプライオメトリック・トレーニング	3
2	プライオメトリックの解剖学と生理学	13
3	プライオメトリックはどのように作用するか	25

Part II
考慮すべき問題

4	プライオメトリック・トレーニングと若年アスリート	35
5	女性アスリートのためのプライオメトリック・トレーニングと神経筋トレーニング	63
6	リハビリテーションのためのプライオメトリック・トレーニング	69

Part III
プライオメトリックの応用

7	プライオメトリック・トレーニングのための筋力とパワーの評価	79
8	プライオメトリック・トレーニング・プログラムの導入	89
9	プライオメトリック・エクササイズの実際	105
10	総合的なコンディショニング・プログラムにおけるプライオメトリック・トレーニング	185
11	スポーツ特性に応じたプライオメトリック・トレーニング・プログラム	191

文　献　227
索　引　235

プライオメトリックに
必要な知識

CHAPTER 1

筋活動，スポーツパフォーマンスとプライオメトリック・トレーニング

　この章では，遠心性・等尺性・求心性の3つの筋の活動様式について述べる。また，それぞれの筋活動がスポーツにおける最適なパフォーマンスにどのようにかかわっているかについてもまとめる。さらに，アスリートがこれら筋活動の相乗効果を活用するためのプライオメトリック・エクササイズの方法について概説する。

筋活動の様式

　遠心性筋収縮は，筋が緊張下で伸張する際に起こり，身体を減速するときに用いられる。遠心性筋収縮は，主にプライオメトリック・エクササイズの荷重期と関連している。例えば，ランニング時のストライドでは，片足が接地するときの衝撃で，身体の重心が急激に下がる。しかし，下肢の筋が遠心性収縮によって反応し，重心が下がる動きを制御するため，ランナーが倒れることはない。遠心性筋収縮によって力が吸収され，等尺性筋収縮，そして最終的に求心性筋収縮に移行するための準備として関節の分節を減速する。遠心性筋収縮は，ほかの収縮様式に比べて最大40％大きい力を発生させることができる。そのため，遠心性の筋力を発生させる能力は多くのスポーツ・パフォーマンスを成功に導くうえで非常に重要である。

　ランナーが立脚中期に達すると，身体の特定の関節（膝関節など）では，観察できるような動きのない停止がごく短い時間起こる。これが等尺性筋収縮の状態で，筋の伸張も短縮もみられない静止した状態である。スポーツ活動では，等尺性筋収縮は，遠心性筋収縮とその後に続く求心性筋収縮（筋線維が互いに引き合って短縮する）の間で瞬間に起こる。この等尺性筋収縮の連結期（coupling phase）への移行のタイミングと遂行が，プライオメトリック運動によるパワー向上の達成に大きく影響する（連結期の詳細についてはCHAPTER 2を参照）。ストレッチ・ショートニング・サイクルの効果を得るためには，力を適切に発揮して，求心性筋収縮に伴う連結期の時間をうまく調節できなければならない。

　等尺性筋収縮の連結期の後，動的な運動の成果は，プライオメトリック活動の荷重軽減期の間に起こる。ランニングにおいて，プライオメトリック運動のこの期は，四肢分節の加速に結びつく求心性筋収縮と関係している。図1.1に，ジャンプパフォーマンスにおける筋の遠心性収縮（荷重期），等尺性収縮（連結期），求心性収縮（荷重軽減期）の3つの期を示した。個々の筋活動（遠心性収縮，

| 初期推進期 | 荷重期 | 荷重軽減期 | 最終推進期 |

　　　　　　　　　遠心性筋収縮　　　求心性筋収縮
　　　　　　　　　　　　　連結期
　　　　　　　　　　　　準等尺性筋収縮

図 1.1　プライオメトリック・エクササイズの各期における筋活動

等尺性収縮，求心性収縮）の移行期における共同作用が，最終的にはストレッチ・ショートニング・サイクルから得られる効果を決定する。

　次項以降では，筋力とプライオメトリック・エクササイズの重要な段階の関係について詳しく述べる。これらの項では，プライオメトリック・パフォーマンス向上のため，それぞれのメカニズムについて目標とするテクニックについても解説する。

遠心性筋力

　外力が筋の発生する力を上まわり，筋が伸張を強いられたとき，筋が生み出す力が最大となる。これは，**遠心性筋収縮**または**負の仕事**として知られている。ランニングやジャンプをして身体が接地するとき，下肢の筋が遠心性収縮することによって衝撃が緩衝される。身体を減速させる遠心性の筋収縮がなければ，足が接地するたびに地面に転倒してしまうであろう。筋は，身体を保護するために減速し，衝撃を吸収できるような構造になっている。遠心性筋収縮は，腱損傷や筋損傷のリハビリテーション・プログラムでは不可欠な要素となっており，さらに傷害予防においても重要となっている。筋力トレーニング全体において，遠心性筋収縮に焦点をあてた運動の占める割合は少ないが，求心性筋収縮の運動と同様に細部への注意を払うに値する。

　遠心性筋収縮は，筋活動の最初の段階で，緩衝装置，あるいはスプリングとして作用する。この段階は，プライオメトリック運動の荷重期として知られている。通常の歩行やランニング中，下肢の筋群は，共同でほぼ等しい量の遠心性の仕事（伸張）と求心性の仕事（短縮）を行っている。この筋活動間の動的なバランスは，ストレッチ・ショートニング・サイクル（SSC）とそのパフォーマンス向上のための役割を調べるときにみられる（SSCの詳細については，CHAPTER 2 を参照）。SSCの第1段階（伸張または荷重期）では，負荷の増加に伴い筋がそれに反応して長さを増す。負荷は，足が接地するとき，重力と体重によってつくり出される。この第1段階が起こるに従って，弾性のエネルギーが筋内で発生し，非常に短時間，蓄えられる可能性がある。遠心性筋収縮が，求心性筋収縮より先行すると，筋は緩衝装置としての作用を止め，筋はスプリングのような働きをする。しかしながら，遠心性筋収縮と求心性筋収縮の間の時間があまりに長い場合（すなわち，次に起こる筋の収縮がすぐに起こらない場合），エネルギーは筋内で熱となって消散する。

　SSC中の筋内の弾性エネルギーの貯蔵と回復は，パフォーマンスにおける重要な要素である。実際，貯蔵されたエネルギーによって，引き続いて起こるショートニング・サイクルにおける力とパワーの

CHAPTER 1 筋活動，スポーツパフォーマンスとプライオメトリック・トレーニング

産生を増加させることができる。筋は，実質的には筋線維，腱，筋膜性の組織からなり立つ。これらの組織はすべて，ランニングやジャンプの間に弾性エネルギーを貯蔵して回復する筋−腱システムのスプリングのような特性に関与している。

遠心性筋収縮は，とりわけ筋力トレーニングに有用である。遠心性筋収縮には非常に大きな力を発揮できる独特の能力があるので，求心性筋収縮に重点を置いたときと比較して，筋により大きな負荷を与えられる。遠心性筋収縮には，加齢による筋の衰えを予防したり，けがや手術からの回復の段階で起こる筋萎縮を予防するなど重要な役割がある。

力が四肢や体節によって減速されるときは，すべての筋−腱組織が関与する。身体を減速するために必要な力が筋−腱組織の力を上まわると，筋や腱，腱−骨付着部の損傷を招く可能性がある。ハムストリングスや内転筋の筋挫傷を繰り返し受傷するアスリートは，遠心性筋力が健側と比べ半分程度になっている可能性がある。遠心性のレジスタンス・トレーニングによって，筋力が衰える前に，より多くのエネルギーを吸収できるよう筋−腱単位の能力を改善することで，筋−腱単位の損傷を予防できる可能性がある。遠心性筋力を高めることで，筋肥大の増加，筋−腱接合部において筋力向上を示す細胞の好ましい変化，そして組織強化のためのコラーゲンの産生の増加がみられる。

最後に，骨量と筋量は，骨にかかる筋力や体重などその他の負荷の大きさに直接影響を受ける。したがって，レジスタンス・トレーニングやプライオメトリック・トレーニングによって筋力を高めれば，骨強度や骨密度に対して好ましい影響を与えることができる。

特定の筋活動だけを分離することが困難なため，動的運動中に個々の筋をトレーニングすることはできない。しかしながら，いくつかの方法を用いることによって，ある関節における特定の筋活動に焦点をあてることが可能となる。この種のエクササイズは，プライオメトリック・エクササイズの技術的なパフォーマンスを改善するために，技術的な指示とともに用いられることが多い。下肢の遠心性筋力に重点を置くためには，アシステッド・ロシアン・ハムストリング・カール（**図1.2**）のようなエクササイズを行うとよい。最終的に，遠心性筋力に重点を置いたエクササイズからスピード−筋力運動へと進めていかなければならない。しかし，遠心性筋力，つまり荷重期に重点を置いたスクワット・ジャンプ（**図1.3**）やシングル・レッグ・スクワットのような特定のプライオメトリック運動を用いてもよい。

アシステッド・ロシアン・ハムストリング・カール

　トレーナーはアスリートの足の上に立ってアスリートを固定し，胸部にストラップを巻きつけ，上方への引き上げを補助する（**図1.2**）。アスリートは遠心性の運動（下降）を最大限に行う。適切な速度でトレーニングを行えるように，必要に応じて補助をする。動きの最終地点で，求心性運動（身体を起こす）を開始する。トレーナーは，アスリートが確実にその運動を実施できるように補助をする。

図1.2　アシステッド・ロシアン・ハムストリング・カール：(a) 開始姿勢，(b) 遠心性筋収縮を用いた下降，(c) 最下部の位置，(d) 補助を伴う求心性筋収縮を用いた起き上がり

スクワット・ジャンプ

スクワット・ジャンプは，足をマットの上に平らに置き，つま先を正面に向けたアスレティック・ポジションから開始する（**図1.3**）。遠心性筋収縮に重点を置く。膝関節，股関節，足関節を深く屈曲させ，両踵はできるだけ床（マット）につけた状態から，最大の力で垂直跳びをする。できるだけ垂直にジャンプし，できるだけ高い地点に達するようにする。着地と同時に，素早く開始姿勢にもどり，ジャンプを繰り返す。

図1.3 スクワット・ジャンプ：(a) 開始姿勢，(b) 膝関節，股関節，足関節を深く屈曲させる，(c) 最大力での垂直跳び

シングル・レッグ・スクワット

片方の足の踵を高さ30〜60 cmの踏み台か箱の端に置き，もう一方の足は踏み台の端から離し，これを維持する。踏み台上で，支持している脚の膝関節が完全に屈曲するまで，ゆっくり身体を下げる。そして，殿部が支持脚のふくらはぎに触れたら停止する。その後，立位の開始姿勢まで，加速しながら立ち上がる。重心を下げる間，膝は第2趾と一直線になるように注意する。膝は，身体の内側に流れないようにし，つま先よりも大幅に出ないようにする。アスリートは，8-2-2（8秒で下降，2秒停止，2秒で立ち上がり）のテンポで10回繰り返せるようにならなければならない。このエクササイズは自重を用いたエクササイズに分類されるが，明らかにかなりの努力を要し，アスリートの下肢の遠心性筋力の発達に大変効果的である。

等尺性筋力

　等尺性筋収縮あるいは静的筋収縮は，動きが目に見えない活動として定義される。これは，プライオメトリック・エクササイズの連結期として知られている（**図1.1**参照，連結期の詳細はCHAPTER 2を参照）。研究では，静止姿勢の間でも筋原線維はわずかに動いていることが示されているにもかかわらず，連結期では観察可能な関節運動がほとんど，あるいはまったく起こらない段階である。したがって，それは準等尺性筋収縮といえる。連結期は，ランニングやジャンプをする際，非常に短い時間身体が「停止する」段階である。この時点で，関節は遠心性筋収縮が求心性筋収縮，つまり筋の短縮活動に変換する前の位置にあると判断できる。

　重量挙げにおいて，アスリートは可動域範囲内で「スティッキング・ポイント（それ以上，動かなくなるポイントまたは姿勢）」をしばしば経験する。それは克服するのが困難で，重量を繰り返し持ち上げることができなくなる可能性がある。ほとんどの重量挙げ選手は，スポーツ動作中において等尺性筋収縮が起こる特定の姿勢（多くの場合，関節が骨格構造上の力学的な利点をほとんど得られない位置）を知っている。そのエクササイズ動作は，筋を特定の関節角度，つまり特定の姿勢で訓練するのに役立つ。このようにして，重量挙げ選手は，「スティッキング・ポイント」から重量を持ち上げる能力を向上させる。さらに，研究では関節可動域の特定の地点で等尺性筋収縮力が高められることが明らかにされている。力学的に不利な位置におけるトレーニングを怠った場合，この関節位置では筋力の不足が生じてしまうだろう。プライオメトリック・トレーニングのため，等尺性収縮力を改善することに重点を置いた特殊なエクササイズ技術を用いることができる。例えば，**図1.4**には片足で不安定な面に立つバランス・エクササイズを示した。このエクササイズは，主に等尺性筋収縮を用いて（遠心性および求心性筋収縮を組み合わせて肢位の修正を行うとともに），アスリートに対して膝の安定機構に集中させる。このタイプの安定化エクササイズを習得するためは，シングル・レッグ・ポップ・アンド・ホールドのようなプライオメトリック・エクササイズと関係する，より等尺性筋収縮に重点を置いた方法に移行してもよい（CHAPTER 4，シングル・レッグ・エクササイズによる安定的動作の進行を参照）。

　身体が遠心性筋収縮から求心性筋収縮へ転換する際の静止保持の短い時間は，プライオメトリックの専門用語で**アモチゼーション（償還）期**として知られている。この段階は，非常に短時間で，跳躍や短距離種目などのパワー指向のアスリートでは0.01秒以下である。遠心性筋収縮から求心性筋収縮へ急速に切り替えられる能力は，優れたアスリートの特質である。一般的に，優れたアスリートは，ランニングやジャンプの際，地上で長い時間を費やさないことが知られている。この短い接地時間は，アスリートの運動のアモチゼーション（償還）期と直接関係する。

　アモチゼーション（償還）期についてのもう1つの考え方は，ローンに関してより伝統的な定義と関連づけることである。借り手は，アモチゼーション（償還）期（ローンを返済する期間）が短いほど好きである。同様に，アスリートの接地時間が短ければ短いほど効果的であり，スピードを向上させることができるのである。

シングル・レッグ・バランス

バランス・トレーニング・ドリルは，不安定なバランス器具上で，等尺性の姿勢保持に重点を置いて行う。片脚でBOSU（不安定盤）の上に立ち，支持脚の膝関節と股関節を曲げ低いアスレティック・ポジションをとる（図1.4）。開始位置にもどる前に，短時間この姿勢を保持する。バランス・トレーニング中，等尺性筋収縮の効果を最大限利用するために，それぞれのスポーツで使われる競技姿勢にできるだけ近い形に保つことに重点を置く。さらに，スポーツ特性に合わせた運動（上肢を不安定にさせたままで，サッカーのキック，ボールの捕球などを行う）をバランス・トレーニングに補足して実施してもよい。

図1.4 シングル・レッグ・バランス・ドリルでの保持姿勢

求心性筋力

求心性筋力は，SSC（ストレッチ・ショートニング・サイクル）の「収縮活動」の一部分で，プライオメトリック・エクササイズの荷重軽減期の最後の段階である。これは，遠心性の負荷によって生じた動的エネルギーが体内に貯蔵され，身体が遠心性から求心性の収縮様式に切り替わり，筋線維が短縮した結果である。このとき，アスリートがどれくらい高く，または遠くへジャンプできるか，どれくらい早く脚を動かせるか（ストライド頻度），どれくらい地面を蹴ることができるか（ストライド長），どれくらい遠くへボールを投げられるかが観察できる。これらの活動はしばしば強い印象を与えるが，美しく流れるような動作はすべて，大きな負荷のもと，遠心性筋収縮によって，動的エネルギーを確実に吸収するアスリートの身体能力の結果である。遠心性筋収縮および等尺性筋収縮の段階を運動機能の銀行への投資とみなし，求心性筋収縮をその投資からの収益とみなすことができる。

アスリートは，メディシンボール・トレーニングなど，いろいろなレジスタンス・トレーニング方法を用いて，求心性筋収縮に特化したトレーニングをすることができる。最後に，アスリートが，プライオメトリック・トレーニングの効果を身につけられるように，求心性筋収縮に重点を置いたトレーニングをほかの筋活動につながるよう発展させなければならない。一方，荷重期と連結期を最小にする適切なプライオメトリック・エクササイズ（ウォール・ジャンプなど；図1.6）は，動きの求心性筋収縮に重点を置いて実施することができる。

バックワード・スロー・フロム・スクワット

　両手で腰の前にメディシンボールを持ち，パートナーの3m前に，パートナーと同じ方向を向いて立つ。次に，メディシンボールを素早く，スクワット姿勢で両脚の間に下ろす（**図1.5a**）。1/4スクワットから1/2スクワットの姿勢をとった後，重心を下げた位置から逆に，上方へ垂直に急激に伸びあがり，両手でメディシンボールを頭上約45°後方へ投げる（**図1.5b**）。膝関節，股関節を曲げた際も，背中はまっすぐに保つよう注意する。背中をまっすぐに保つということは，腰椎と股関節がロックされ，体幹はわずかに傾き床面に対して完全に垂直ではないということを意味する。脊椎をわずかに伸展し固定することで，脊椎をまっすぐに保持できていることになる。これは最大努力で行い，メディシンボールを離すタイミングで，わずかに足が地面から離れる。したがって，ボールを離した後，開始姿勢にもどるために体勢を立て直さなければならない。このエクササイズは，コンクリートやブロックの壁にボールを投げてもよいし，遠くに投げてもよい。このエクササイズには，筋持久力と身体の協調性を改善する二次的な効果がある。

図1.5　バックワード・スロー・フロム・スクワット：(a) スクワット姿勢，(b) リリース

ウォール・ジャンプ

　頭上へ腕を半ば伸ばした状態でまっすぐに立つ。この垂直跳びは，膝関節をわずかに屈曲して行う。垂直跳びの高さは腓腹筋によって生み出される。ジャンプの最高位で，腕を完全に伸ばす（図1.6）。この運動は比較的強度が低く，着地の際，横方向への制御に乏しく異常な膝の動きを明らかにできるため，ウォームアップや，教育的エクササイズとして実施してもよい。

図1.6　ウォール・ジャンプ：(a) スタート，(b) ジャンプ

● まとめ ●

- 筋収縮には，遠心性収縮，等尺性収縮，求心性収縮の3つのタイプがある。
- 筋が緊張下で伸張するときに起こる遠心性筋収縮は，身体を減速する際に用いられ，プライオメトリック・エクササイズの荷重期と関係がある。
- プライオメトリック・エクササイズの連結期では，身体は個々の関節で完全に動きがみられない状態が短時間ある。これは，等尺性筋収縮の特徴である。この静止姿勢の間，筋短縮，つまり関節の角度の変化はみられない。
- プライオメトリック運動による効果は，プライオメトリック活動の荷重軽減期にみられる。この段階は，肢節の加速に結びつく求心性筋収縮と関係している。
- プライオメトリック・エクササイズ・トレーニングによって，それぞれの筋収縮の相乗効果が利用できるようになる。

プライオメトリックの解剖学と生理学

　この章では，プライオメトリック・トレーニングやこの種のトレーニングによって，どのように動きのパワーが向上するのか，その科学的背景について解説する。また，プライオメトリック・トレーニングによってパフォーマンスが著しく改善するメカニズムについてもまとめる。プライオメトリックの生理学や，ストレッチ・ショートニング・サイクル（SSC）に関する解剖についても詳述する。

プライオメトリック・エクササイズの定義

　プライオメトリック・エクササイズは，競技パフォーマンスを改善するためのトレーニングとしてよく知られている[1]。プライオメトリック・エクササイズは，筋–腱単位の伸張に続く筋の収縮からなる。ストレッチ・ショートニング・サイクル（SSC）における，筋の伸張に続く急速な筋の短縮の過程は，プライオメトリック・エクササイズに不可欠の要素である[2]。SSCの過程は，最短の時間で最大の力を発生させる筋–腱単位の能力を強化する[3,4]。これらの利点によって，いわゆる筋力をスポーツに関係するパワーやスピードにつなげる架け橋として，プライオメトリック・エクササイズの利用が促進された[5]。

　プライオメトリック・トレーニングの技術が考え出されるにしたがって，このトレーニングに関する説明や用語が変化してきた。**プライオメトリック**という用語は，アメリカのトレーニングに関する文献で後から考え出されたもので，この種のトレーニングに関する初期の生理学的研究の多くでは，ほかの名称が使用されていた。イタリア，スウェーデン，ソ連の研究者たちは，このタイプの筋活動を表わす用語として**ストレッチ・ショートニング・サイクル**を用いていた。これらの国のコーチたちは，このようなエクササイズをトレーニングに用いるときは，単純にジャンプ・トレーニングとして紹介していた。陸上競技のロシア代表コーチであるYuri Verkhoshanskyによるトレーニング方法に関する最初の記述では，プライオメトリックはもともとトレーニングのショック方法として開発されたと述べられている。Verkhoshanskyは，アスリートが筋のパフォーマンスを高いレベルまで向上させるためには，独特で通常のトレーニングとは異なった刺激となるトレーニングが必要であると信じていた。

　プライオメトリック・エクササイズは，高強度のデプス・ジャンプのような最大努力を必要とする

13～20ページはT.L. Chmielewski, G.D. Myer, D. Kauffman, and S.M. Tillman, 2006, "Plyometric exercise in the rehabilitation of athletes: Physiological responses and clinical application," Journal of Orthopaedic & Sports Physical Therapy 36(5): 308-319. © Orthopaedic Section and the Sports Physical Therapy Section of the American Physical Therapy Associationより許可を得て引用。

運動であると説明されてきた[2,6,7]。一方，プライオメトリック・エクササイズは，最大努力または最大下努力を必要とするかどうかにかかわらず，ストレッチ・ショートニング・サイクルを含む運動であるともいわれてきた[8,9]。**プライオメトリック**という用語は，アメリカのアイオワ大学の陸上競技コーチである Fred Wilt が考え出したとされている。そのため，プライオメトリックという用語は，ほとんどが試合におけるパフォーマンス向上を目指す陸上競技の選手たちによって使われ，ホップ，ジャンプ，バウンディングからなるエクササイズとして記述されるようになった。

一部の著者は**プライオメトリック**という用語と**ストレッチ・ショートニング・サイクル**という用語を同じ意味を指すものとして使っている[10]。これに対して，ギリシャ語の pliometric（plio＝より多くの，plythein＝増加させる，metric＝測定）という言葉の訳"より遠くへ距離を延ばす"と区別するため，プライオメトリックの代わりにストレッチ・ショートニング・サイクルという用語を用いている者もいる[2,11]。用語の使用は，しばしば研究分野によって異なるようである。生理学の文献では，ストレッチ・ショートニング・サイクルという用語は，ランニング，ジャンプ，スローイングなどの活動を表現するときに用いられている[2,12]。しかし，リハビリテーションやコンディショニングに関する文献では，**プライオメトリック**という用語は，最大筋力の強化やパフォーマンス向上のために SSC を活かすためのトレーニングの一部を説明する場合に用いている[2,13]。

アモチゼーション（償還）という用語は，プライオメトリック活動について説明をするのに用いられると混乱の原因となる。アモチゼーション（償還）という言葉は，"徐々に絶滅，消滅させる，消すこと"を意味する[2,14]。デプス・ジャンプに関する文献では，アモチゼーション（償還）についてさまざまな説明がされてきた。例えば，初期接地から動作の転換までの時間[1]，初期接地から離地（ストレッチ・ショートニング・サイクル全体）までの時間[2,15]，筋の伸張と短縮の間の移行期間[8,16,17]としてである。本書では，**アモチゼーション（償還）**という用語は，拮抗筋群の遠心性筋収縮と求心性筋収縮の間の移行を説明する際に連結期と同じ意味として用いている。

プライオメトリック・トレーニングへの関心の高まりとともに，その活用は近年進化してきた。現在，プライオメトリック・エクササイズは，コンディショニング・プログラムにおいて最大下のレベルで実施されることが多く，また，スポーツで適切な生体力学的技術の習得[2,18,19,20]や傷害予防[21,22]を目的に行われている。このような手法によるトレーニングは，パフォーマンスの向上だけでなく，下肢の傷害を減少させることにも効果があった[21,22,23,24,25]。プライオメトリック・トレーニングは，リハビリテーションの分野にも浸透していった[2]。最近発表されたリハビリテーション・プロトコルでは，機能を改善してスポーツへの復帰を促進するための手段として，プライオメトリック・エクササイズが利用されている[2,8,9,26,27,28,29,30]。

本書ではプライオメトリック・エクササイズを，関節における力の発生やパフォーマンスを向上させるため，SSC のメカニズムを利用するエクササイズのことと定義する。簡単にいえば，プライオメトリック・エクササイズは，筋ができるだけ短時間に最大の筋力を発揮することを可能にするエクササイズと定義できる。この速度−筋力発揮の能力は，パワーとして知られている。多くのコーチやアスリートは，パワーが重要であることを認識しているにもかかわらず，パワーを向上させるために必要なメカニズムについて理解してる人は少ない。プライオメトリック・エクササイズを理解するためには，筋の生理学の重要な点が理解できていなければならない。次項では，プライオメトリック・トレーニングをいかにパフォーマンス向上に結びつけるかという，簡単だが複雑な問題について検証する。

アスリートが競技能力向上のためにプライオメトリック・トレーニングを用いるようになって以来，研究者によってプライオメトリック・エクササイズの効果や安全性を確認するため多くの努力が続け

られてきた。当然ながら，これらの研究結果は雑多である。さまざまなスポーツのさまざまなコンディショニングレベルのアスリートと，トレーニングされていないアスリートが，さまざまな内容について比較された。この研究で見過ごされた点は，アスリートの競技能力の向上には，個々に時間曲線があるということである。6週間，12週間，24週間のテスト期間では，アスリートとしてのキャリア全体を通して起こるような長期的な向上を反映させることができない。その期間は，あるアスリートにとっては1シーズンかもしれないし，ほかのアスリートにとっては30年間にわたる高いレベルでの競技活動であるかもしれない。したがって，プライオメトリック・トレーニングは，アスリートの年齢，技術レベル，傷害の既往など，運動能力の向上にかかわるさまざまな条件を考慮しなければならない。このように，応用研究を通して，現実的な予想を設定することを学ぶことができる。

プライオメトリック・エクササイズの生理学

プライオメトリックの効果，つまり筋組織のSSCの効果を支持している生理学的研究は，多くの著者によって報告されてきた。ほとんどは，①腱と筋線維をつくるアクチン，ミオシンの架橋（クロスブリッジ）特性を含む筋の直列弾性要素，②伸張反射を活性化するための迅速な筋の伸張にかかわる筋の緊張をあらかじめ設定し，感覚入力を伝達する役割を担う筋紡錘（固有受容器）の感覚器官，の2つの重要な因子について言及している。

筋の弾性は，単純な求心性筋収縮に比べ，SSCがいかに多くのパワーを発揮することが可能かを理解するために重要な要因である。筋は，迅速な伸張によって高められた張力を一時的に貯蔵することができる，一種の潜在的な弾性エネルギーをもっている。似たような例として，ゴムバンドが伸ばされるとすぐにもとの長さにもどろうとする能力がある。

伸張反射は，ストレッチ・ショートニング・サイクルに不可欠なもう1つのメカニズムである。伸張反射の一般的な例としては，大腿四頭筋腱をゴム性の小槌で軽くたたくと引き起こされる膝蓋腱反射がある。軽くたたくことで，大腿四頭筋腱の伸張が生じる。その伸張を大腿四頭筋が感知し，その反応として収縮が起こる。

筋が引き伸ばされて反応する筋の伸張反射は，ヒトにおける最も速い反射の1つである。これは，刺激が筋の感覚受容器から脊髄の細胞へ直接伝わり，そして筋収縮を引き起こす筋線維にもどるためである。ほかの反射は反応が誘発される前にいくつかのチャネル（介在ニューロン）を介して中枢神経系（脳）に伝達されるため，伸張反射より時間がかかる。伸張反射の遅れがごく短いため，筋はSSC中にほかのいかなる方法より速く活動する。筋の伸張に対して随意的，つまり考えてから反応したのでは，ジャンプ，ランニング，スローイングなど，アスリートが用いるにはあまりにも遅すぎる。

プライオメトリック・エクササイズをいかにスポーツ・パフォーマンスへ結びつけるか決定するときには，反応時間のほかに，反応する強さも考慮に入れる。たとえトレーニングの後で伸張反射の反応時間がほぼ同じであっても，トレーニングによって筋活動の反応の強さが変化する。筋が伸張，つまり長さを増すとき，伸張後に起こる求心性収縮力は，筋が伸張する速度が速くなるほどその強さは増すだろう。急速に伸張された筋は，個人の自重（ランニング，ジャンプなど），あるいは外力（砲丸，ブロッキング・バッグ，対戦相手など）による物体の慣性に打ち勝つためにより強い収縮をもたらす。

プライオメトリック・エクササイズの期分け

プライオメトリック・エクササイズの期分けに関する記述は，文献的に混乱を招いている分野の1つである。プライオメトリック・エクササイズは，遠心性筋収縮と求心性筋収縮からなる二期性[2,11]，あるいは遠心性と求心性の間に移行期を加えた三期性[9,31]からなるとされている。さらに，三期に分

16 PART I プライオメトリックに必要な知識

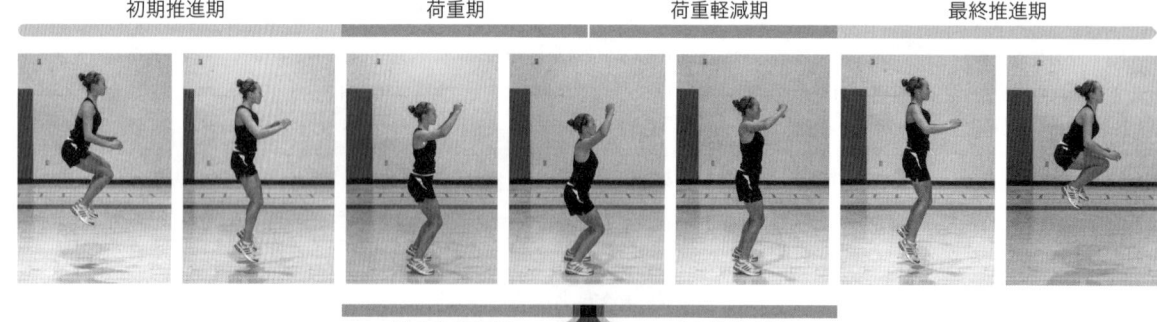

図2.1 下肢のプライオメトリック・エクササイズの期分け

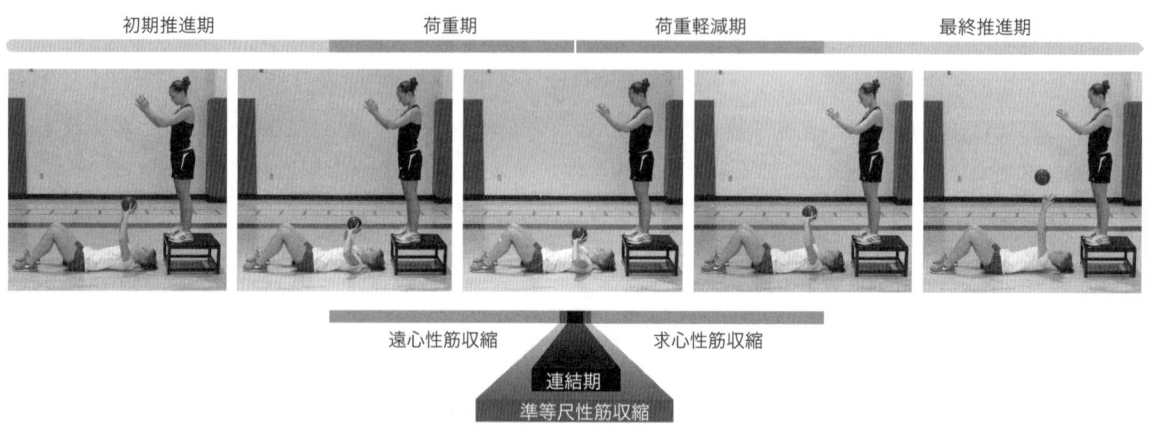

図2.2 上肢のプライオメトリック・エクササイズの期分け

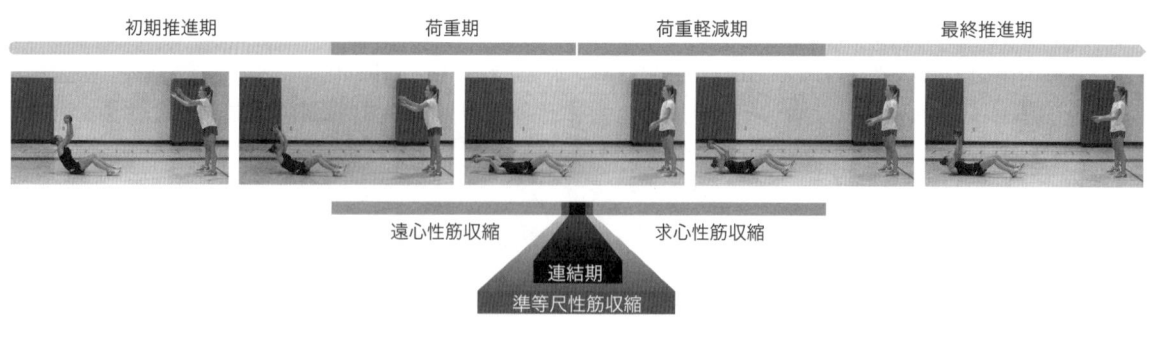

図2.3 体幹のプライオメトリック・エクササイズの期分け

けた前と後に推進期を加えて，5つの段階に分ける著者もいる[2,6]。

本書では，動作を三期に分けて説明する。期分けには，**荷重期，連結期，荷重軽減期**，または**遠心性筋収縮，等尺性筋収縮，求心性筋収縮**という用語を用いる。次項からは，プライオメトリック・エクササイズの各期で起こる生理的反応について述べる。**図2.1〜図2.3**に，下肢，上肢，体幹のプライオメトリック・エクササイズの期分けを示した。

荷重期

筋が急速に伸張するプライオメトリック運動の初期段階は荷重期と呼ばれる。この期は，その他にも**遠心性筋収縮，減速期，たわみ期**（抵抗下の柔軟性），**カウンタームーブメント**または**コッキング期**など多くの呼び方をされているが，各著者が主に解説しているプライオメトリック運動によってさまざまである[2,4,15,31,32,33,34]。本書では，運動エネルギーまたは負荷が関節にかかり，結果として主動作筋と共同筋群の筋–腱単位が伸張する段階をプライオメトリック・エクササイズの荷重期と定義する[2]。運動エネルギーは先行動作，例えば先行するジャンプからの跳躍（**図2.1**参照），または近づいてくるメディシンボール（**図2.2**，**図2.3**参照）など外部刺激による場合もある。また，カウンタームーブメント，すなわち拮抗筋群の求心性収縮による場合もある[2]（**図2.4**参照）。

荷重期における筋–腱単位の伸張によって，ストレッチ・ショートニング・サイクルが引き起こされる。それによって伸張されないときと比較して，力の発揮とパフォーマンスが強化される[3,4]。筋–腱単位が，重力や先行動作に対抗しはじめることで荷重期がはじまる。これはレジスタンス・トレーニングの分野では，負の仕事と呼ばれる[2,12]。荷重期の終期に関してはさまざまに記述されているが，一般にそのポイントは，ジャンプによるプライオメトリック・エクササイズ中，重心が最も低い位置に達し，重心移動の速度がゼロになるところである。

荷重期中の活動筋の伸張は，ストレッチ・ショートニング・サイクルに付随する筋の増強作用，伸

図2.4 カウンタームーブメント・スクワット・ジャンプは，拮抗筋群が最初の推進力を引き起こすプライオメトリック・エクササイズの例であり，膝関節の深い屈曲（a）がジャンプ（b）の前に行われる

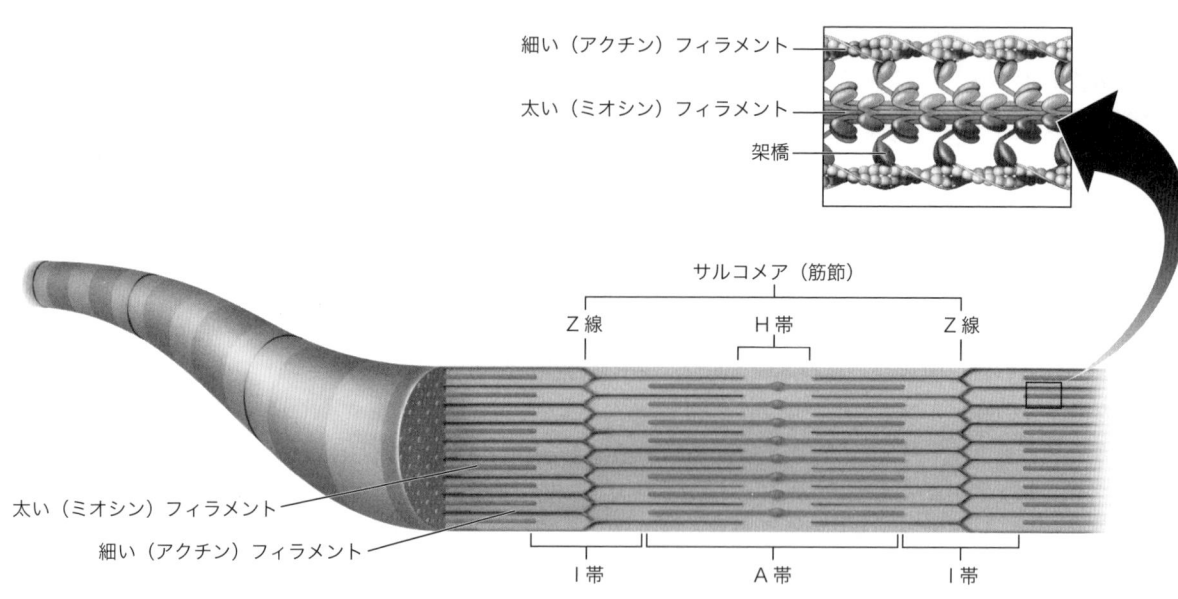

図2.5 筋線維の構造（アクチンとミオシンを示す）

張反射，直列弾性要素の3つのメカニズムによって力の出力を増大させる[2,35,36]。筋の増強作用とは筋の収縮特性が変化することであり，筋サルコメア（筋節）のわずかな伸張を引き起こすことによって，アクチンとミオシンがより近づくようになる（**図2.5**）。接近度が増すことによって，より高い力の産生を誘発する架橋形成が増加する[2,36]。

力の産生が増加される第二のメカニズムは，伸張反射によって得られる可能性がある。興味深いことに，伸張反射のメカニズムは，プライオメトリック活動中，伸張されたすべての筋で同時に引き出されるというわけではなく，むしろ筋の反応は，その筋がまたぐ関節の数と目的とする活動の種類によって決まる[2]。例えば，ヒラメ筋（**図2.6**）のようにストレッチ・ショートニング活動中，1つの関節（単関節）だけをまたぐ筋の反射的な筋活動は明らかである[37]。しかし，足関節においてヒラメ筋の共同筋である腓腹筋のように，2つの関節（二関節）をまたぐ筋の反射的筋活動は一貫していない[2,38,39]。単関節筋と二関節筋における反射的な筋活動の違いは，荷重中の筋長変化の違いによって説明できる。筋束が伸張されなければ，筋紡錘が刺激される可能性はない。そして，それはプライオメトリック活動中，複数の関節をまたぐ筋の反射的な活動に一貫性がないことと関連しているだろう。単関節筋は，伸張反射による力の増幅に関して，二関節筋よりも大きな利益を得る可能性がある。また単関節筋は，伸張反射から強化された効果出力から利益を得る可能性がある[2]。

SSCと関連した第三のメカニズムは，直列弾性要素における弾性位置エネルギーの蓄積である[2,40]。直列弾性要素（筋のアクチンフィラメント，ミオシンフィラメントと腱）は関節に負荷がかかるときに伸張する[41]。しかしながら，腱が筋-腱単位の長さ変化の主な要因であり[40,41]，弾性位置エネルギーの貯蔵場所であることが確認されている[2,41,42]。腱にある感覚受容器であるゴルジ腱器官は，腱の伸張に

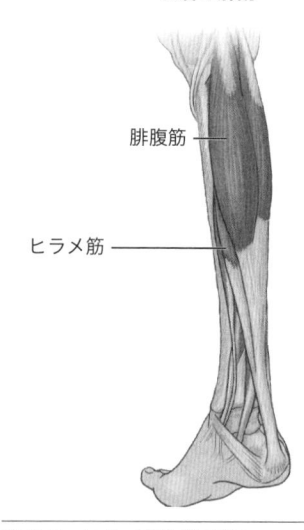

図2.6 ヒラメ筋と腓腹筋

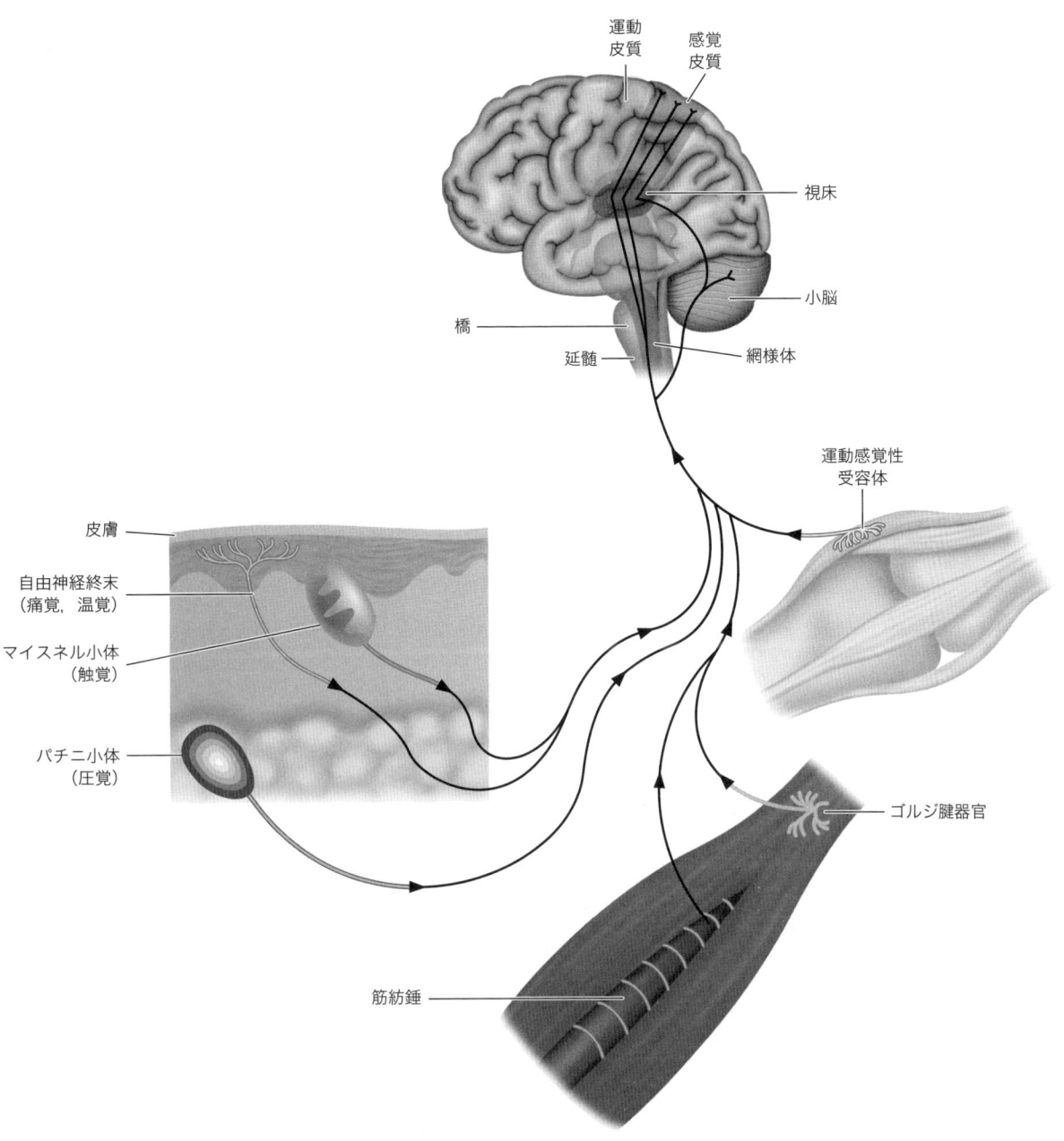

図 2.7 ゴルジ腱器官と神経系の関係

よって刺激される[43]。ゴルジ腱器官からの感覚情報は介在ニューロンにシナプス伝達され，抑制性フィードバックが収縮している筋に送られる（**図 2.7**）[44]。

かつて，抑制性フィードバックは，筋を過剰な緊張から保護する手段としてゴルジ腱器官を機能させ[44,45]，プライオメトリック・エクササイズ中の力の発生を妨げると考えられていた[8,30,31]。しかし，ゴルジ腱器官は最大下の力に反応することが可能なため[43]，この仮説には疑問がもたれた[44,45]。さらに，興奮性反射は運動中，ゴルジ腱器官によって開始されるため，実際にプライオメトリック・エクササイズ中も有効に力の発生を補助している可能性がある[2,46]。最終的に，弾性位置エネルギーの

蓄積によってパチンコ（引き伸ばされたゴムが放される）効果が起こるため，プライオメトリック運動の連結期にはじまる正の仕事への移行を助けることができる。

連結期

プライオメトリック・エクササイズの荷重期（負の仕事）から荷重軽減期（正の仕事）への移行期間を連結期（図2.1～図2.3参照）と呼ぶ。この段階は一般にアモチゼーション（償還）期[8,30]，またはトランスミッション（伝達）期とも呼ばれていた[47]。連結期はSSCにより得られた相乗効果を最終的に決める，プライオメトリック・エクササイズの決定的な段階である[6]。荷重期と荷重軽減期の間の移行が連続的に急速に起こらないと，連結期が遅延し，得られたエネルギーは熱として消失する[2]。

アモチゼーション（償還）期の長時間の遅れ，つまり運動が休止されると，ストレッチ・ショートニング・サイクルの利点が失われ，運動はもはやプライオメトリックであるとはみなされない[2]。実際，連結期が25ミリ秒以上になると，貯蔵された弾性エネルギーの減少がみられる[48,49]。カウンタームーブメント・ジャンプにおける連結期は平均23ミリ秒であり，理想的な連結期は15ミリ秒未満とされている[6,36]。アモチゼーション（償還）期の休止や遅れがあるトレーニングでも，筋力を強化する効果はある。しかし，パワーと力の発生の向上を目的にプライオメトリック・エクササイズを実施する場合は，SSC中に関節運動を中断するような動作は避けなければならない[6]。

荷重軽減期

プライオメトリック活動のこの最終段階は，リバウンド期，ショートニング期，プッシュ・オフ期，推進期とも呼ばれていた[2,6,50,51]。プライオメトリック・エクササイズの荷重軽減期は，連結期の直後に起こり，筋–腱単位の短縮を伴う[2,12,52,53]。ある1つの下肢関節に特定してみると，荷重軽減期は関節の運動が逆方向に向うときにはじまり，床反力がゼロになったときに終了する[36]，あるいは筋–腱単位の短縮が開始するときにはじまり，足尖離地で終了すると定義されてきた[54]。文献で報告されているプライオメトリック・ジャンプの二相分析法では，荷重軽減期は重心が上方へ移動するときにはじまり，足趾が地面から離れたときに終わる[51]。

荷重軽減期は，プライオメトリック活動の荷重期に引き出されたメカニズムが効率よく力を生み出すことを助けるため，しばしば報酬，つまり結果が得られる段階とみなされている[2]。改善された効率と力の生成は，貯蔵された弾性エネルギー[12,55,56]，筋の相乗作用[3,56,57]，伸張反射の貢献[2,58]から得られる。

アスリートの動きの解剖学

機能解剖と競技における動きに対する理解が深まるに従って，興味深い現象が観察されるようになってきた。アスリートが解剖学的により効率的な方法で身体を動かすと，けがのリスクが低下するだけでなく，パフォーマンスも改善する。したがって，コーチは最適な動きのメカニズムを理解するために，力を吸収し，力を発揮する筋骨格系の複雑な役割を認識しなければならない。プライオメトリック・トレーニングは，スポーツの動作分析のために用いることができる。またプライオメトリック・トレーニングによって，アスリートが解剖学的に効率のよい，機能的な動きのパターンを獲得するための情報をフィードバックする機会が得られる。

最も基本的なジャンプを分析するときに，主動作筋から足の内在筋にいたるまでジャンプに必要な解剖を見直すことが必要である。高いレベルのアスリートが，バイオメカニクスや機能の詳細につい

て考えることなく，ただマシンに座り，多くのセット数をこなしていた日々は終わった。アスリートが，トレーニングを行うときは，実施するスポーツにおけるパフォーマンスが改善されるものでなくてはならない。プライオメトリック・エクササイズによって，最適なスポーツ・パフォーマンスに不可欠な動きにパワーとタイミングを付加することによって，次のレベルに達することができる。

　プライオメトリック・エクササイズに基づいて動作を分析するためには，7つの重要な筋群に焦点をあてなければならない。また，プライオメトリック・エクササイズにおいて，いろいろな筋群が果たす役割を認識する必要がある（**図2.8**）。以下に述べる7つの筋群は，下肢のスピードとパワーを向上させる際に，主動作筋として，また安定化装置として必須の筋群である。

1. **殿筋群**。殿筋群の筋は人体で最も大きく，最も能力を秘めた筋である。殿筋群の筋はパワー発生のために最大の可能性を備えている。殿筋群で大きな力を発揮することができると，強い力が地面へ伝えられ，また身体にもどってくることになる。その大きな力によってストライドが長くなって身体を動かすため，動作を起こすとき身体による慣性を克服することができる。この筋群の筋力は，大腿を地面と平行にした深いスクワット姿勢をとることによって高めることができる。
2. **股関節屈筋群**。股関節屈筋群はその大きさと横断面積によって，力強い動作のために2番

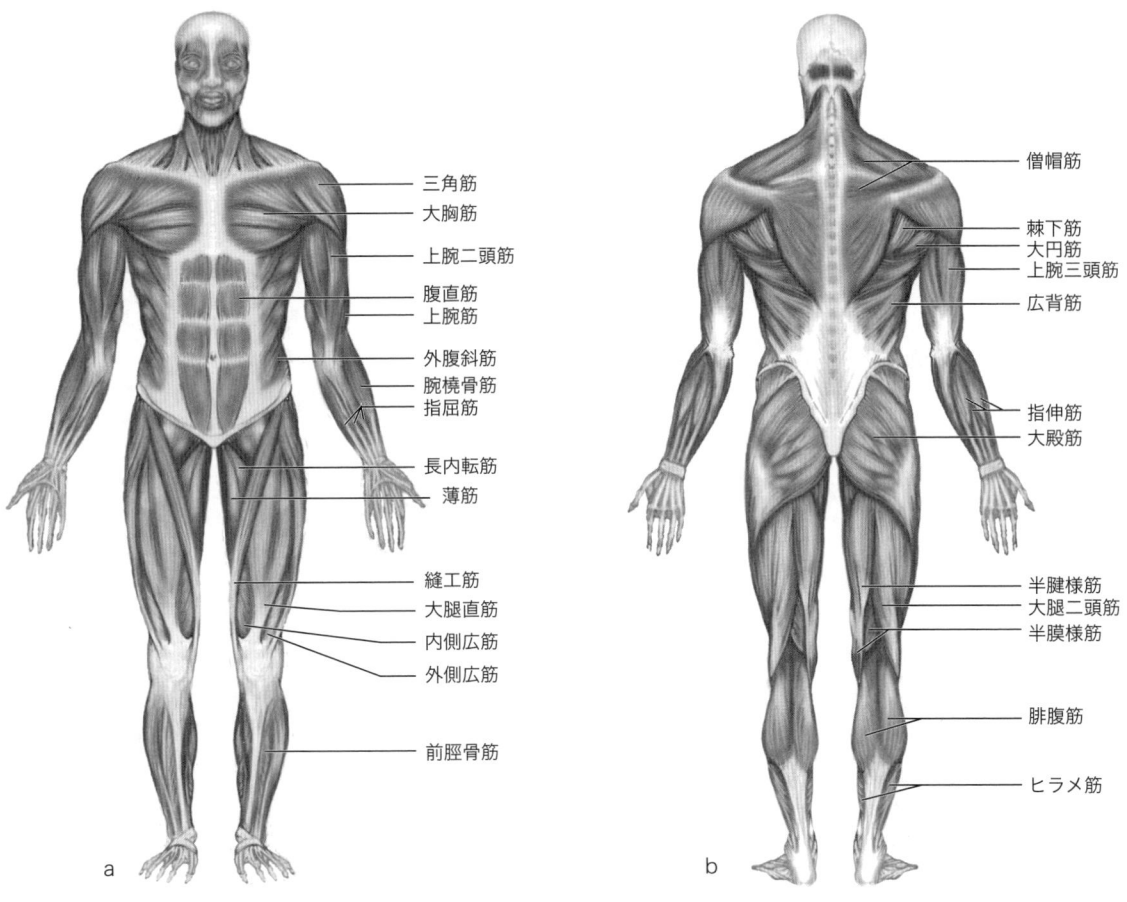

図2.8 身体の主な筋群：(a) 前面，(b) 背面

目に大きな能力をもっている。これらの筋は，ジャンプ動作やランニング動作のすべてにおける膝の推進力または引き上げ動作に関係する。ランニング中，身体を前方へ動かす推進力を生むためには，これらの筋群の発達が不可欠である。

3. **大腿四頭筋群**。大腿四頭筋には，必要不可欠な多くの役割がある。これらの筋群は，ランニングの際の動的な緩衝装置になる。遠心性筋力を発揮する大腿四頭筋の能力なしに，ランニングやジャンプはできない。これらの筋群は，脚の伸筋と膝の安定化装置として，ランニングやジャンプに際し非常に重要である。

4. **ハムストリングス**。ハムストリングスにも，さまざまな重要な役割がある。ハムストリングスは，股関節伸筋として活動する一方で，後部の安定化装置，膝の屈筋としての役割を果たす。したがって，ハムストリングスは，殿筋群が身体に前方の推進力を供給するのを助けることになる。

5. **腓腹筋**。腓腹筋は下肢における膝関節に対する後方支持として多くの役割がある。腓腹筋はプッシュ・オフ時に運動連鎖の最後となる足関節底屈をもたらす。腓腹筋は膝関節を屈曲させるだけでなく，足関節から地面に力を伝える際にも大変重要である。

6. **前脛骨筋**。前脛骨筋は腓腹筋の拮抗筋である。見落とされがちであるが，この筋は足関節を安定させるために非常に重要である。前脛骨筋は足部が接地しているとき，足の上で身体を前方へ引く助けとなる。前脛骨筋は足部が接地するときに足関節を固定させるため，ランニングやジャンプをする際に，足関節と足部がより効果的に力を伝達するレバーになる。

7. **腹筋群**。腹筋群は，身体前部のコアとなる。腹筋群は，上半身と下半身を結びつけるために不可欠である。下肢の筋群が収縮し引きつけを行う動作は上半身に影響を与えるため，これは重要である。体幹と腹筋群は，ともに身体の柱部分を支え，下肢の筋が行う仕事を効率的にする主要な土台を形づくる。

プライオメトリック・トレーニングの準備の一環として，筋力トレーニングで用いるそれぞれの筋群について説明しなければならない。以下に示した筋群は，基本的に左右対称であり，身体の反対側にあるため，筋力と柔軟性のバランスのための筋力プログラムに適切に組み入れる必要がある。このような適切な筋力強化プログラムを実施した場合にのみ，効果的なプライオメトリック・トレーニングを行うことができ，また望ましいパフォーマンスの向上を得ることが可能となる。

以下の筋は，プライオメトリック・トレーニングで重要な役割を果たす筋である。

1. 脊柱起立筋群
2. 広背筋
3. 僧帽筋
4. 肩甲骨安定化筋群
5. 回旋筋腱板
6. 三角筋
7. 上腕二頭筋
8. 上腕三頭筋

これらの筋は，下肢のプライオメトリック・トレーニングにおいて明らかな役割はないように思われるが，実際の役割は大きい。最初の3つの筋群（脊柱起立筋，広背筋，僧帽筋）は，腱または筋膜を介して骨盤に直接つながっている。シャツをズボンの中に押し込んだときのことを考えてみよう。もしシャツを強く押し込んでいたら，かがむのが困難になる。これら3つの筋は，脊椎を支持して

身体をまっすぐに保つ姿勢筋群であり，体幹の安定性に貢献する多くの筋の一部である。

　回旋筋腱板と肩甲骨安定化筋群は，上肢のプライオメトリック・エクササイズにおいて大きな役割を果たす。これらの筋群の筋力が低下すると，投げる動作，手での体重の支持，ボクシングや格闘技などで相手を打つときの腕のパフォーマンスが低下する。また腕は，床面からのジャンプ動作中にも重要な働きをする。筋力とパワーのバランスは，上肢が関係するパフォーマンス発揮のために不可欠である。

　腕と肩にある3組の小さな筋は，ある種の活動中における筋力とパワーの発揮に関与している。三角筋，上腕二頭筋，上腕三頭筋はグループをつくり，肩と肘の機能と安定化に対して重要な役割を果たす。これら筋群の筋力の向上によって，プライオメトリック・ドリルを含む，さまざまな活動のパフォーマンスが向上する。

　必要な解剖学的分析の理解を深めるために，両脚による垂直跳び（**図2.1**を参照）をみてみよう。実際のジャンプ動作に備える，またはそれに先行するカウンタームーブメントの力学と動きは，重心を急速に降ろす必要性から，デプス・ジャンプの着地技術に似ている。カウンタームーブメントの推進力を高めるために必要な負荷は，箱から飛び降りたとき，またはジャンプ開始前の迅速な踏み込み（デプス・ジャンプなど）によって得られる。広背筋は，腰椎の伸展を補助しつつ腕を力強く引き下げる働きをする。急激なバネの解放の準備として，下肢の筋群へ遠心性に負荷するときにスクワット動作が起きる。このバネのようなメカニズムによって，殿筋，大腿四頭筋，ハムストリングス，腓腹筋で張力（貯蔵されたエネルギー）が発生する。この時点で，身体は圧縮されているバネのように作用していると考えられる。腹筋は，骨盤（股関節）上の安定性を維持するために等尺性に収縮し，その結果，脚からのエネルギーを体幹へ伝達する。

　次に，短期間のアモチゼーション（償還）期が起こる。この時点で瞬間的な等尺性の活動が起こる。プライオメトリック・トレーニングの究極の目的は，この移行にかかる時間を最短にすることである。カウンタームーブメントから求心性活動へ急速に移行することによって，カウンタームーブメント中の遠心性負荷から得られるエネルギー量が最大になる。

　最終的に，バネが急に解放されたかのように，アスリートは上方へ爆発的にジャンプする。急速な降下によって得られた貯蔵エネルギーは，このとき発揮する準備ができる。腕を上方へ放つために，上腕二頭筋，三角筋，僧帽筋が爆発的に収縮する。一方腹筋は，骨盤を安定した状態に保ち，連鎖的にエネルギーを移動するために用いられる。殿筋は股関節を伸展させるために働き，ハムストリングスはこの伸展を補助する。大腿四頭筋群は膝関節を力強く伸展させ，腓腹筋は足関節を底屈して足尖離地を手助けする。腓腹筋は足尖離地で効果的な力の伝達を行うためにアキレス腱の弾性特性を引き出し，連続的で爆発的なジャンプに貢献する。

　以下のキーポイントはコーチやアスリートが正確な技術を習得する際の助けとなる。

- 体重を左右の足に均等にかけるだけでなく，足全体に体重が均等に分布されるよう維持する。
- 足関節・膝関節・股関節をすべて屈曲させる。この準備姿勢によって，アスリートを垂直推進期の間，大腿と殿筋の筋組織を最大限に利用することができる。
- 体幹をわずかに前傾させ，腕は身体の正中より後方へ引く。

　また，コーチは，膝関節の安定性を監視しなければならない。よくみられる技術的な誤りとしては，膝がつま先より外側に出たり，内側に崩れる（外反膝やX脚になる）ことがあげられる。

重心と動き

　身体の重心は，安定性と動きに対して重要な役割を果たす。重心は，バランス・ポイント（すべての粒子が均一に分布する身体の位置）を表わしている。重心は，身体の分節が互いに関連して動くときに動く理論上の点である。重心は，身体内にあるとはかぎらない。パイク姿勢（身体を二つ折りにする姿勢）の場合，重心は身体の外に置かれている。重心は，身体が支持基底面の真上にあるとき最も安定する。つまりバランスのとれた状態にある。そして通常は床面に対する足部の位置によって決まる。支持基底面が広いほど立位における重心は低くなり，より安定が得られる。

　立位における重心は，実際的には臍のあたりにある。重心は，体重がどのように分布しているかによって異なる。質量，つまり体重が脚により多く分布している人は，脚の細い人より重心が低くなる傾向がある。立位での重心が高い位置にあることは，高跳びを行うアスリートにとって有利であることは明らかである。このために，コーチたちはこの特定の種目に関し，背の高いアスリートを採用したいのだろう。立位の重心が高いアスリートほど，身体を空中に投げ出し，最終的に特定のバーの高さを越えるための努力が少なくてすむ。背の低いアスリートが高跳びでエリート・レベルの高さに達するためには大変な能力が必要であり，筋の発達と筋線維タイプが非常に恵まれていなくてはならない。

　アスリートは，重心の高さにかかわらず，素早く横に移動したり，方向転換が容易にできなければならない。これらのスキルによって，重心が足から離れても素早く立ち直ることができるようになる。重心が足から離れることで結果的に不安定な姿勢になり，素早い反応で姿勢を立て直らせなければ倒れてしまうことになる。

　逆さまの漏斗の概念（concept of the inverted funnel）（John Frappier が最初に提唱した）は，競技動作の多くは身体の重心が足から離れることが必要となるが，アスリートはバランスと安定性を取りもどすために，素早く姿勢を立て直らせるという事実に基づいている。フラピエ・フットワーク・ドリル（CHAPTER 9 を参照）は，アスリートが足を全方向に素早く動かす際，比較的一定の姿勢で，重心を維持するよう指導するために考え出された。このドリルにより運動感覚の認識，つまり身体が環境下のどこにあるのかという感覚が改善される。これらの運動は大部分が最大下のプライオメトリック・ドリルであることに注意してほしい。以降の章では，プライオメトリック活動で，重心と体幹のコントロールを最適化するのを助けるためにコーチが用いることのできる，フィードバック方法とプライオメトリック・テクニックについて述べる。

● まとめ ●

- 正しいプライオメトリック・エクササイズは，遠心性収縮に先行された運動でなければならない。これにより，急速な伸張を感知できる固有受容器を刺激するだけでなく，直列弾性要素（腱と筋線維の架橋）に対し，もとにもどれる張力で負荷をかける結果となる。
- 潜在的運動エネルギーを使用する際に重要な点は，最短のアモチゼーション（償還）期による荷重軽減期の開始である。短時間の接地により，離地の際により大きな力が生まれる。
- スポーツ活動でみられる動きの多くは，身体の重心を足の下から離れさせ，素早く姿勢を立て直らせることが必要である。それは逆さまの漏斗の原理で説明が可能であり，多くの動きのドリルを計画し，実行する際に使われる。

CHAPTER 3

プライオメトリックはどのように作用するか

　この章では，コーチやアスリートがプライオメトリック・エクササイズによる最適なパワーの向上のために，重要な点を理解する助けとなる概要について述べる。パワーのための最適なトレーニング方法が探し求められてきたことから，さまざまなトレーニング方法が開発され用いられるようになった。伝統的に筋力の向上とその後のパフォーマンスの改善のためには，レジスタンス・トレーニングが用いられてきた。レジスタンス・トレーニングは，一般的に最大挙上重量（1 RM）の80〜95％のウエイトを使用して，1〜4回繰り返す。最近では，爆発的パワーを強化するために，プライオメトリック・エクササイズと動的なウエイトリフティングなどのようにさまざまなトレーニング方法を組み合わせる傾向にある（トレーニングの一体化についてはCHAPTER 10で詳述する）。

　トレーニングにおける筋力とパワーの関係は，ときとして複雑である。通常は，抵抗が増すに従って，動きのスピードは遅くなる。最大努力でウエイトを持ち上げようとすると，動きのスピードは非常に遅くなる。全般的な抵抗が減少すると力の発生スピードが速くなり，パワーも増加する。パワーの発揮がスポーツにおける成功の鍵となるので，筋力を得るために，重い（しかし遅い）抵抗を用いたレジスタンス・トレーニングではなく，速い動きによるトレーニングに移行する必要がある。素早い力の吸収（ジャンプからの着地など）と力の発生（ジャンプの開始）からなるプライオメトリック・トレーニングは，筋力をパワーに変換するためにきわめて重要である。

　研究では，外部からの抵抗である重いウエイトの挙上とプライオメトリックを用いたトレーニングで，パワー発揮が効率的に改善できることが示唆された。このことから，両方のシステムを組み合わせることによって，より大きな改善がみられる可能性があることが示された。そして，特に垂直跳びのようなスキルを必要とする分野では，それが正しいことが証明された。次の問題は，最大筋力と対照的に，最大パワー発揮のためのウエイトリフティングに効果があるかどうかということである。

パワーのためのレジスタンス・トレーニング

　パワーの増大に重点を置いたレジスタンス・トレーニングでは，リフティングは本来，より動的に行わなければならない。ジャンプ・スクワットは，この種のエクササイズの例である。この種のエクササイズでは，1 RMの約30〜60％の負荷を用いる。エクササイズは，高強度のプライオメトリック・エクササイズのために必要な筋収縮の基本的な構成要素をすべて使用する必要がある。目的は，エクササイズによる力学的パワー出力を最大にする抵抗負荷を使用することである。5-5-5スクワット（図3.1）はこの原理を具体的に示したものである。

5-5-5 スクワット

　5–5–5 スクワットは，自重かメディシンボールまたはバーベルで 1 RM の 60％の負荷を用いて実施する。足を肩幅に開き，つま先をわずかに外側に向け，腹筋に力を入れ，脊柱をわずかに伸展させた開始姿勢をとる（**図 3.1a**）。ウエイト（使う場合）は，首の後ろの肩の上にあてる。大腿が床面と平行になるまで下げるコントロールされたスクワットを 5 回行う（**図 3.1b**）。最も低い姿勢で動きを止めるか，等尺性のキャッチ・ポジションをとる。立ち上がり動作では，加速することに集中しながら立位にもどる（**図 3.1c**）。この最初の動きは，6 秒間でしゃがみ，1 秒間スクワット姿勢を保持し，2 秒間で立位姿勢にもどる 6–1–2 のテンポで行うのがよい。次に，5 回素早くスクワット姿勢をとる。クイック・スクワットは，より速く 2–0–2 のテンポで行う。素早くスクワット姿勢をとり，一番低い位置で静止し，また素早く立ち上がる。両脚は完全に伸展させなければならないが，足底は床面から離してはならない。最後に，5 回続けてスクワット姿勢をとり，垂直方向に急速に立ち上がる。各繰り返しの後には，足部を床面から離す。非常に速く 2–0–1 のテンポで行う。ウエイトが肩からはずれてけがをすることがあるので，ジャンプ中，ウエイトは肩にしっかりつけていなければならない。

図 3.1　5–5–5 スクワット：(a) 開始姿勢，(b) スクワット姿勢，(c) 急速な立ち上がり

多くの研究によって，上肢・下肢とも軽いウエイトを用いて非常に加速度的な運動を行うことにより最大筋力レベルが向上することが明らかにされてきた。東欧の文献では，この種のトレーニングは，複合トレーニングの方法の1つとされている（もう1つの方法はコントラスト・トレーニングと呼ばれ，重いウエイトを使用して，ウエイトを落としたり，離すことによって，アスリートを抵抗から素早く解放する方法である）。最大パワー・トレーニングとプライオメトリック・エクササイズを一体化して実施することで，パワーを急速に増大させることができるが，この種のトレーニング強度は，長期間のトレーニング（1サイクルが12週間以上）にはストレスが強すぎる。しかし，短期間であれば実施することが可能であり，しばしばピリオダイゼーション・トレーニング計画の周期の後半（オフシーズン）に用いられる（周期またはピリオダイゼーション・トレーニングの詳細についてはCHAPTER 8を参照）。この種のトレーニングによって，急速に力を発揮する身体能力に磨きをかけることができる。結果的に，ジャンプ，ランニング，スローイングを行う際に必要な，より大きな力を発達させることが可能になる。

デプス・ジャンプの研究

多くの研究者が，デプス・ジャンプの研究に魅了された。この最大努力によるプライオメトリック・トレーニング（ショック・トレーニング）は，爆発的なスピードと筋力の向上のために，ロシアのアスリートによって最初に紹介された[1]。トレーニングのショック方法の研究では，安全の範囲を超えた約3mもの高さからのドロップ・ジャンプについて調査された。この研究はまた，東欧の人々がプライオメトリックを用いた効果追求のためならば，強度の限界に挑戦することを厭わない姿勢を示した[2,3]。幸いにも現在は効果を制限したり，減少させる原因を示した研究もあり，これらが推奨される強度の指針となっている。具体的にいうと，この初期のソビエトにおける研究によって，デプス・ジャンプがスピードと筋力を向上させる有効な手段であることが確認できた。

Yuri Verkhoshansky博士のトレーニング・プログラムは，さまざまなジャンプの様式を強調したレジスタンス・トレーニングとドリルに基づいている。ソビエト・オリンピックにおける陸上競技の成功は，世界が注目するもとになった。世界の国々が同じドリルやエクササイズを実施しはじめるのにそう長くはかからず，アメリカではプライオメトリックとして知られるようになった。Verkhoshanskyは，コーチとしてトレーニングの決定に関してエビデンスに基づく研究（多くの人々によって行われた）を頼りにしていた。彼のトレーニング・プログラムが詳細に書かれた著作は，世界中のトラック競技のコーチによって崇拝された。

Verkhoshanskyは，遠心性筋収縮から求心性筋収縮のストレッチ・ショートニング・サイクルの段階へ切り替わる際に最大スピードを獲得しようとするとき，0.8mの高さから降りるのが理想的であることを明らかにした。また，最大動的筋力を発揮するためには，1.1mが理想であるとした。さらに，トレーニングは週2回までとし，1回のトレーニングでは40回以上のジャンプはすすめられないとした。セットの間に軽いジョギングと柔軟体操を実施することで，リカバリーが促進された。今日，プライオメトリック・トレーニングは，それほど厳格に適用されておらず，最大下の努力での動きのスキルを教えるために修正されている。加えて，プライオメトリック・トレーニングは，運動能力の向上にとって安全であるだけでなく，現在では，子どもやエリート・アスリートの傷害のリスクを低下させるためにも用いられている[4,5,6,7,8,9]。

VerkhoshanskyとTatyanによる最近の報告[10]では，3つのアスリート群を対象に比較し，デプス・ジャンプは，ウエイト・トレーニング，ジャンプ・アンド・リーチ，またはホリゾンタル・ホップ（横へのジャンプ）よりも，スピードと筋力を向上させるのに最も効果があることが示された。これは，

多くのプライオメトリック・エクササイズの特異性を表わしている。デプス・ジャンプは床面から垂直方向へジャンプする速度を向上させるのに最も効果的であり，その速度によって最終的にどれくらい高くジャンプできるかが決まる。Adams[11]，BoscoとKomi[12]，AsmussenとBonde-Peterson[13]などの研究者も，デプス・ジャンプにおける最適な高さに関する研究を行った。アメリカやヨーロッパで実施された多くの研究は，問題を混乱させただけだった。1970年代後半からアメリカで実施された研究では，デプス・ジャンプによってほとんどのアスリートの垂直方向へのジャンプ能力がテストの環境下で向上したことが示された。デプス・ジャンプの効果に関する研究結果の不一致は，おそらく多くの実験デザインが用いられたことによる。研究結果によって，デプス・ジャンプがすべての不適切なトレーニングの解決策ではないことが明らかになった。アスリートは，自身のスポーツにとって必要となるスキルに重点を置いた包括的なトレーニング・プログラムが必要である。

最近では，デプス・ジャンプおよびカウンタームーブメント・ジャンプによるトレーニングの違いについて調査されている[14,15,16]。これらの2つの活動の力学的な違いは，カウンタームーブメント・

デプス・ジャンプの適切な高さの決定

実際的な面から，デプス・ジャンプの適切な高さの決定は，デプス・ジャンプの後に，身体の重心を最高位まで引き上げるアスリートの能力による。デプス・ジャンプの高さが下肢の筋力にとって高すぎる場合，下肢は着地時の衝撃吸収のために多くの時間を必要とする。結果的に，下肢は筋の直列弾性要素と伸張反射の効果を利用して，遠心性負荷を瞬時に転換することができなくなる。そのため，ジャンプは筋力に依存したものとなりパワーに欠ける。この場合，アスリートの接地時間が長くなる。

コーチやアスリートは，できるだけ高い所からジャンプし，アモチゼーション（償還）期を最短にできる適正な高さを見出すべきである。ドロップ・ジャンプの高さをできるだけ高くすれば，次に起こる大腿四頭筋の活動が増大することが明らかになったため，最近の研究ではこの主張が支持されている[4]。しかし，60 cmの高さから降りた研究では，離地段階における接地時間が増加した。加えて，最も高い位置からの降下では，垂直方向の床反力が増加し，着地の際により膝が伸びた状態になった。この研究の著者は，筋の活動と最も高い位置からのデプス・ジャンプにより膝の運動パターンが変化したことでプライオメトリック・トレーニングの効果が減弱し，膝傷害の可能性が増すと述べた。

以下にデプス・ジャンプの最高位の決定のために，多くの著者が述べている方法の1つを概説する。

1. スタンディング・ジャンプ・アンド・リーチの高さをできるだけ正確に測定する（スタンディング・ジャンプ・アンド・リーチの高さ測定のために，頭上に目標となる物を吊るか，壁に印をつける。足を肩幅に開いて立ち，わずかにスクワットして上方へ爆発的にジャンプし，目標物または印のほうに手を伸ばす。ジャンプの前に助走はつけない）。
2. 男性は約60 cm，女性は約45 cmの高さからデプス・ジャンプを行い，離地後，可能なかぎり高く手を伸ばし，ステップ1で行ったスタンディング・ジャンプ・アンド・リーチの測定結果と同じ高さに届くよう試みる（この高さに届かない場合は，下記の「注意」を参照）。
3. この課題を達成できたら，より高いボックスへ進んでよい。高さは15 cm単位で高くする。
4. スタンディング・ジャンプ・アンド・リーチの高さで失敗するまでステップ2と3を繰り返す。失敗する前の高さからこのドリルを開始する。

注意：60 cm（男性），45 cm（女性）の高さからのデプス・ジャンプでスタンディング・ジャンプ・アンド・リーチの結果に届かなければ，高さを低くするか，筋力が向上するまでデプス・ジャンプを断念する。基本の高さである60 cm（男性），45 cm（女性）から反跳することができない場合，デプス・ジャンプに必要な筋骨格系の準備ができていないと考えられる。

ジャンプでは求心性筋収縮を使い垂直方向にジャンプする前に，股関節，膝関節，足関節を屈曲させて素早く身体の重心を低くするということだけである。これは，まさにジャンプ・アンド・リーチ・テストのときに行っていることである。一方，デプス・ジャンプは自重を使い，決められた高さからの降下によって，筋の遠心性負荷が必要とされる。デプス・ジャンプでは，降下中にタイミングを測ることが要求され，足が接地した刺激を感じたら即時に降下から逆の筋活動（遠心性筋活動から求心性筋活動へ）をする準備をする。前述したデータは，デプス・ジャンプ（ストレッチ・ショートニング運動）のようなプライオメトリック・エクササイズによって，ほかの活動よりピーク・パワー，垂直跳びの高さが向上するようにトレーニングされたことを示している。

　トレーニング・プログラムでデプス・ジャンプを効果的に活用するためには，運動学習（モーター・ラーニング）が主な要因となることは疑いない。最大の結果を得るためには，タイミングと姿勢に関する要因について学び，トレーニング・プログラム中それを着実に実施しなければならない。そのため，これらのエクササイズのパフォーマンスの技術をしっかりと指導することが非常に重要になる。Young, Pryor と Wilson[17]は，アスリートに与える指示が，ジャンプ能力の向上に重要な役割を果たすことを明らかにした。彼らは，対象となる3つのグループには，高さの到達点，接地時間，最大の高さと最短の接地時間という，垂直跳びにおける異なる局面をそれぞれ強調するように指示し，4番目のグループは，カウンタームーブメント・ジャンプによってトレーニングした。

　この研究では，アスリートに対して異なる指示（口頭指示）やフィードバックを与えると，ジャンプの特徴に明らかな違いが出現したことが示された。ジャンプの目標が高さのときは，接地時間に関係なくデプス・ジャンプとカウンタームーブメント・ジャンプによる高さは同じであった。しかし，接地時間を短縮することに重点を置いたときは，デプス・ジャンプの技術が変わり，実験結果に大きな違いが生じた。接地時間が短くなると，デプス・ジャンプとカウンタームーブメント・ジャンプでのジャンプの高さに大きな差がみられるため，できるだけ実施するスポーツに合ったトレーニングをすることが重要である。例えば，そのスポーツが静的スクワット姿勢からのジャンプを必要とする場合（バレーボールのブロックなど），特定の姿勢からの移動を最適化するため，構えの姿勢を伴うカウンタームーブメント・ジャンプの技術でトレーニングを行うべきである。しかし最適なパフォーマンスのために素早い負荷とジャンプを必要とする場合（バレーボールおけるアタック時のスウィングなど）は，デプス・ジャンプによって最大の効果が得られる可能性がある。

　デプス・ジャンプの実施は比較的単純なため，研究を簡単な作業にした。研究者は，デプス・ジャンプをランニングやジャンプにおけるスタート時のスピード，加速，絶対的なスピードの改善と関連づけようとした。しかし，研究者らはホリゾンタル・ジャンプ（スタンディング・ジャンプ，マルチ・ジャンプ，バウンディング）の捉えにくい役割を無視する傾向があった。今日，デプス・ジャンプはスポーツ・パフォーマンスに関連した最も研究された運動の1つであるだけでなく，アスリートの傷害のリスク評価にも一般的に用いられている[18]。しかし，ランニングやジャンプには水平および垂直の両方の構成要素が含まれるので，両要素を含んだジャンプ・トレーニングが動きの改善の一因となることは理にかなっている。

垂直跳びの力学

　垂直跳びは，多くのスポーツ活動の構成要素である。一般の人は，アスリートは本能的に垂直跳びをする方法を知っていて当然だと思っていることが多い。しかし実際には，垂直跳びはアスリートに教えるべきスキルである。少し詳細に動きを調べると，ジャンプには重心が急速に下がるカウンタームーブメントが先行することに気がつく。これは股関節，膝関節，足関節の屈曲として観察される。

体幹はわずかに前傾し，腕は身体の正中線より後方に位置する。

　身体が垂直に動く前に，股関節，膝関節，足関節の素早い伸展が起こる。それは主に腕および下肢が発揮する力による。腕は素早く前方へ移動させ，肩より前・上方に出すべきである。重心を下げるための迅速な膝関節の屈曲は，腕を身体の後方に動かし肩関節を伸展させるのと同時に起こる。腕をこの位置に置くことよって，腕を前に出すときに床面に対する力を生み出すことができる。

　腕は，床面に向って振り下ろすときだけ，床面に力を伝えることに貢献できる。床面に伝えられた力は，腕が正中線を通過し肩の前方へ移動するときに取りもどされる。下肢のスクワット姿勢と同時に腕を素早く振り下ろすことは，ちょうどバネが縮まったことを想像するとよい。その後，下肢の伸展がはじまり，腕が正中線を通って移動するにつれて，バネの圧力が解放され，上方へ跳ぶ。したがって，最大の力を発揮するためには，腕をできるだけ後ろに引き，できるだけまっすぐに伸ばさなければならない。

　肘関節を曲げるほど腕の振りは速くなるが，全体的な力の発揮への貢献度は低くなる。実際的には，三段跳びのエリート選手の腕の振りと，高跳びのエリート選手の腕の振りとを比較するとよい。長いレバーは，より多くの力を発揮することができ，短いレバーは，より速く動かすことができる。三段跳びの選手にとって最大の力発揮が重要であるのに対して，フロップ・テクニックを用いる高跳び選手は，効果的にその技術を実行するために，腕のスピードに頼らなければならない。

　米軍環境医学研究所の Everett Harman らによる研究[19]では，カウンタームーブメント（まさに伸張反射）が力の発生にとってきわめて重要で，総ジャンプ高の6％にまで貢献できることを示した。また腕の振りによって，達成できる総ジャンプ高を21％増加させることができた。研究者は，ジャンプの初期の段階で腕を振ったことで身体の下方への力が加わり，プラスの効果が出たという結論を下した。また，腕は大腿四頭筋と殿筋がより長い時間にわたって力を発揮できるよう，身体の姿勢を保持した。もう1つの結論は，カウンタームーブメントが，ジャンプ高に与える影響に対して重要な働きをしなかったことから，多くのスポーツで効果的に動くためには，大きなカウンタームーブメントは必要ないということであった。バレーボールのブロックなどでは，動きのスピードと反応時間がきわめて重要であり，膝関節をわずかに屈曲させた状態からのジャンプのほうが効果的な可能性がある。言い換えると，最大の高さを達成する必要がない場合は，小さなカウンタームーブメントのほうが明らかに効果的である。

　全般的なジャンプの高さにとって腕の貢献度が大きいため，すべてのジャンプ・トレーニング・プログラムに腕の筋力を強化するためのレジスタンス・トレーニングを含まなければならない。以下に，ジャンプに必要な腕の筋力向上に効果的なエクササイズを示した。

- リバース・プル・ダウン
- トライセプス・ディップ
- ショルダー・スイング・ウィズ・ダンベル
- ストレート・アーム・プル・ダウン
- シーテッド・ロー
- バックワード・メディシンボール・スロー
- アンダーハンド・メディシンボール・スロー

プライオメトリック・トレーニングを最適化するための筋生理学

　これまであげた例や研究結果から，プライオメトリック技術を微妙に変化させることで，ストレッチ・ショートニング・サイクルに関するパワー発揮とスポーツに関連するパフォーマンスに大きな影

響を与えられることは明らかである。ほとんどのスポーツスキルでは，遠心性（伸張）の筋活動の後，すぐに求心性（短縮）の筋活動が続く。例えば，幅跳び選手が踏切板と接触するときはいつも，股関節，膝関節，足関節をわずかに屈曲させることで，着地時のショックを身体が吸収する。この後，足の離地と下肢の急速な伸展が続き，選手が踏切板から離れる。

スラムダンクをするバスケットボール選手について考えてみよう。選手がバスケットに向かって最後のステップを踏むとき，支持脚は全体重を支えなければならず，助走による水平方向への慣性も止めなければならない。これにより下肢は筋の急な伸張と遠心性筋収縮による負荷を受けることになる。神経受容体が筋に情報を伝達することで，求心性の活動が生じる。筋におけるこれらの反応は，選手が意識することなく行われるが，これらの反応なしでは膝はくずれ，床に倒れてしまう。これらの筋活動について考えるもう1つの方法は，バネの例を思い出すことである。バスケットボール選手の場合，助走によってテイクオフ（離地）側の脚に圧力が加わるが，これはバネを圧縮することに相当する。バスケットボール選手が床を離れるとき，バネに蓄えられたエネルギーが放出される。

アモチゼーション（償還）期は，平均的なアスリートとエリートアスリートを見分ける際にきわめて重要である。このタイミングはプライオメトリック・ドリルによるトレーニングと運動学習によってうまく調節できるようになる。スピードやパワーに関しては，個人個人で遺伝的な限界がある。しかしながら，適切に指導されたりトレーニングされれば，能力を最大にする機会が得られる。もし適確な時間調整が行われれば，たとえそれが小さな違いであっても素晴らしい結果を導くことができる。

偉大な跳躍選手や短距離選手，つまりスピードと自身の筋力に依存しているエリートアスリートを対象にした研究では，スポーツ動作中，地上で多くの時間を費やさないことが示されている。エリートアスリートは，遠心性筋活動中にエネルギーが貯蔵され，求心性筋活動中には部分的に回復することが身についている。しかし，遠心性筋活動の後，求心性筋活動がすぐに続かない場合は，この過程で蓄えられた位置エネルギーが熱の形で失われることがある。

プライオメトリック活動は連結期に獲得され，荷重軽減期（ジャンプの飛翔時やボールを投げた後のフォロースルー）に生成された力によって体節に勢いのついた推進期で終了する[2]。つまり，推進期に達することができるジャンプの高さなどのパフォーマンスは，同様の動作においてストレッチ・ショートニング・サイクルの恩恵を得ないパフォーマンスに勝るものになる[20]。推進期におけるパフォーマンス強化の度合いは，力の大きさ[21,22,23]とプライオメトリック活動中の動きの速さ[20]によって決まる。特に，より大きな力はより短時間の連結期[24]，直列弾性要素により蓄えられる大きなエネルギー[23]と関連している。

パフォーマンスは，接地時間の合計（荷重期から荷重軽減期）の結果でもある。接地期間が短くなるにしたがって，より大きな力と関節モーメントが発生し[25]，腱の仕事への貢献度が増す[2,26]。前述のように，遠心性筋収縮と求心性筋収縮の連結は素早く，開始から終わりまで100分の1秒以内である。通常，エリートの高跳び選手の接地時間はわずか0.12秒である。

プライオメトリック・エクササイズの全体の構造は，アモチゼーション（償還）期をできるだけ短くすることに重点が置かれていた。そして驚くべきことに，アモチゼーション（償還）期の長さは，主に学習によって決まるようである。筋力と生まれながらのスピードは重要ではあるが，学習とスキルトレーニングを筋力向上の基礎に適用することによって，アモチゼーション（償還）期を短くすることができる。

プライオメトリック・エクササイズ開始の基準

プライオメトリック・エクササイズは強度が低くても，関節はかなりの力と動きのスピードにさら

される[27]。プライオメトリック・エクササイズによって関節に高い負荷が加わるため，それを和らげるために十分な神経筋制御を維持できていないアスリートには適していない。動的な下肢プライオメトリック・エクササイズを行う前に，まず，中間位の膝アライメントを維持しつつ，わずかに体幹を前傾をさせた，良好な姿勢での自重のスクワットが実施できなくてはならない。そうでないとプライオメトリック・エクササイズを実施するとき，高い負荷がかかることによってこれらの機能的な欠陥が悪化する可能性がある。さらにアスリートは，誤った技術で強化したり進展させることがなく適切にプライオメトリック・エクササイズを実施できるように，全関節可動域と基礎レベルの十分な筋力，持久力，神経筋制御能がなくてはならない。

プライオメトリック・エクササイズをはじめるためのガイドラインは，十分ではない。開始基準のほとんどは，高い強度のエクササイズ（ショック・トレーニング）をもとにした古い文献によるものであり，研究の結果というよりもむしろ専門家の見解に基づいている。例えば，あるものはプライオメトリック・エクササイズは，最低限の筋力レベルを獲得した段階ではじめるべきであるとしている。下肢のために指示された筋力レベルは，自重の1.5～2.5倍のフリーウエイトでフル・スクワットを行えるか，体重の60％の重さのウエイトで5秒以内に5回スクワットができるかであった。また，上肢のために必要な筋力レベルとしては，体重と同じフリーウエイトでベンチ・プレスを行えるか，ハンド-クラップ・プッシュ・アップを5回行えるかであった[28]。これらのガイドラインでは，女性アスリートや若年アスリートの多くが床反力が自重の5～7倍もある競技への参加が許されているにもかかわらず，プライオメトリック・エクササイズを実施できない可能性がある[29,30]。

経験的なエビデンスでは，たとえ推奨されたガイドラインでプライオメトリック・エクササイズをすぐに開始できなくても，伝統的なレジスタンス・トレーニング時に中等度の負荷に耐えることができ，正しいフォームの機能的動作パターンを行うことが可能ならば，プライオメトリック・エクササイズをはじめられることが示唆されている。下半身のプライオメトリックのために，コーチはしばしば下肢筋力の最低の基準と彼らが考える値を見出す。より適切な基準では，初心者であっても身体的に成熟した高校生であれば，自重と同じウエイトでバック・スクワットを3回行えなければならない。その時点で，中等度のレベルのプライオメトリック活動は問題なく実施することができる。これらの目標を達成できたとき，プライオメトリック・エクササイズは通常，総合的な神経筋トレーニング（CHAPTER 10を参照）と組み合わせたプログラムで実行される。

● まとめ ●

- プライオメトリック・エクササイズによるトレーニングによってパフォーマンスは強化され，動きの高度な力とより速いスピードを与えられたときに最適化される。
- アモチゼーション（償還）期は，ストレッチ・ショートニング・サイクルによってパフォーマンスが強化されるかどうかの鍵となる決定要素である。
- 接地時間が長くなると，プライオメトリック・トレーニングから得られる効果が制限されてしまうため避けなければならない。さらに，接地時間が長いと荷重期（遠心性）中の強度が過剰になる場合がある。
- 荷重期と荷重軽減期の移行が連続的に行われないと，ストレッチ・ショートニング・サイクル（SSC）の効果が失われる。

PART II

考慮すべき問題

CHAPTER 4

プライオメトリック・トレーニングと若年アスリート

　多くの子どもや若者たちが，学校やクラブ・スポーツなどの個人プログラムで，スポーツやコンディショニング活動に参加しはじめるに従って（ときに，作業負荷が累積されることが十分に考慮されていない），コーチや教師には，競技パフォーマンスを向上させ，スポーツによる傷害のリスクを軽減させるために，アスリートの年齢に適したプライオメトリック・トレーニングのガイドラインが必要である[1]。この章では，若年者の筋力向上とコンディショニングのためのプライオメトリック・トレーニングの実践に関する科学的なエビデンスを見直す。また，さまざまなプライオメトリック活動を組み合わせて，安全で効果的に，楽しく実施できるよう年齢に適したプログラムを示す。若年アスリートのためのプライオメトリック・トレーニングは，若年者の身体的および心理社会的特徴を理解している資格のある専門家によって行われる年齢に適した教育と指導が不可欠である。

トレーナビリティ

　これまで，若年者の筋力トレーニングやプライオメトリック・トレーニングの安全性および有効性に関しては懸念がもたれていた[2]。しかし，レジスタンス・トレーニングやプライオメトリック・トレーニングを含むトレーニングへ定期的に参加することは，そのプログラムがよく考えられ，注意深く進められ，また適切に指導された場合，子どもや青年期の者にとってかなりの効果（健康とフィットネス）が得られるという根拠は増えつつある[3,4,5,6,7]。これは，特に向上心に燃える若いアスリートにとって重要である。子どもや若者の自由時間における身体活動が減少しているため，スポーツの実践や試合での身体的，心理的な要求に対しての準備が不足している状態となっている[8,9]。

　最近，適切なトレーニングの量と強度からなるレジスタンス・トレーニングとプライオメトリック・トレーニングを実施したときの若年者のトレーナビリティに関して詳しい調査が行われている。それらの研究では，若年者が漸進性のトレーニング・プログラムを実施した後，いくつかのパフォーマンスに有意な改善がみられたことが明らかにされた[10,11,12,13,14,15,16,17,18]。報告では，卓越したアスリートは，通常，若い段階ですでに複雑なスキルを実施できる方法を学んでいることが指摘されている。プライオメトリック・トレーニングは，若年者が複雑なスキルの基本を実行する方法を学ぶのに役立つトレーニングとなる。現在では，レジスタンス・トレーニング，プライオメトリック・トレーニング，スピード・トレーニングにおいて観察される効果が，子どもや若年者の標準的な成長や発達による効果よりも大きいことが知られている。子どもが必要な動きの質を獲得せずに，オリンピックのアイススケート選手に成長していくことを想像することは難しい。ホッピング，スキッピング，ランニング

やスローイングの動作スキルを学ばず，そしてこの種のトレーニングに接していない場合には，スキルを身につける機会を逃してしまう可能性があるだろう．

　筋力とパワーを向上することに加えて，漸増的なレジスタンス・トレーニング，プライオメトリック・トレーニング，そしてスピード・トレーニングへ定期的に参加することは，健康面やスキル面における適切性に関して，いくつかの測定可能な指標に明らかな影響があり，それによりスポーツ傷害の危険性を減らせる可能性がある[3,4,6,19]．さらに，資格のある指導者によるプライオメトリックを利用した筋力プログラムやコンディショニング・プログラムへ定期的に参加することによって，意欲的な若いアスリートが正しいエクササイズ・テクニックを学び，身体能力に対する自信をつけることができ，安全性や健康的な生活（正しい栄養摂取や十分な睡眠など），いくつかの基本的な問題について教育を受けることができる[1]．

危険性と注意すべき点

　レジスタンス・トレーニングやプライオメトリック・トレーニングは，適切に理にかなった指導をしていけば，若年者にとっても安全で，効果的で，楽しく実施することができる[3,4,20,21]．しかしながら，適切に指導されなかったり，トレーニング・プログラムの計画が不十分な場合は傷害を招くこともあるため，資格のある専門家がトレーニングを指導すべきであり，すべての参加者のニーズ，興味，能力に合ったエクササイズ・プログラムを計画しなければならない．資格のある指導者がいない場合，若年者は，自身の能力を上まわる重いウエイトに挑戦したり，まちがったエクササイズ方法で過剰に繰り返しを行いがちである[22,23,24]．

　プライオメトリック活動を行った若いアスリートにおけるトレーニングによる傷害の予防方法に焦点をあてた研究は少ない．しかし，傷害を予防する最善の方法は，若年者のトレーニング・ガイドラインを理解している資格のある専門家を雇うことである．これらの専門家には，若年者のニーズ，興味，能力に合ったトレーニングについての哲学があるべきで，それに基づいた監督と指導をしなければならない．参加者の年齢や経験に関係なく，若年者のレジスタンス・トレーニングやプライオメトリック・トレーニングにおいては，正しいエクササイズ技術，適切な動作力学，エクササイズ器具の安全な使用，そしてウエイト・ルームでのエチケットの指導に焦点を当てるべきである[1]．

教育と指導

　安全で，効果的で，楽しくプライオメトリック・トレーニングを実施するには，適切な教育と指導が重要である．年齢に応じた教育と適格な指導は，基本的な動作の習得，エクササイズのバリエーションや進行，確実なリカバリーなど，さまざまな構成要素をうまく一体化させるために必要である．これらの構成要素については後述する．

　体育授業，レクリエーション活動，スポーツのためのトレーニング・プログラムによって筋力トレーニングやコンディショニング活動に触れる学童期の子どもたちが多くなっている．したがって，個人のニーズ，目標，能力に合った適切で熱心な指導の重要性を過小評価してはならない[1]．プライオメトリック・トレーニング・プログラムに参加する若年者たちは，エクササイズで使用する用具（箱，メディシンボール，レジスタンス器具など）や，危険の可能性があることについて知っていなければならない．正しいと認められたトレーニング・ガイドラインと安全な手順に従わないと，傷害を受ける危険性があることを認識する必要がある．最終的には，教育と指導によってプライオメトリック・トレーニングの各構成要素で達成可能な成功のレベルが決まる[1]．

基本となる動きの習得

レジスタンス・トレーニングやプライオメトリック・トレーニングに参加するにあたっての最低年齢が決められていないにもかかわらず，すべての参加者はコーチの指導に従ってトレーニング・プログラムのストレスに耐えられなければならない。一般的に，スポーツへの参加の準備ができていると考えられる7～8歳になると，通常はいくつかの種類のレジスタンス・トレーニングを実施することができる[3]。しかし，開始年齢にかかわらず，若年者はすべて，プライオメトリック・トレーニングで使用する器具の正しい使用方法や，必要以上の高さから降下することの危険性についての安全指導を受けるべきである。トレーニングを受けていない参加者は，自らの身体能力を過大評価する傾向があり，傷害の危険性が増す可能性があるため，このことは，学校やレクリエーション・センターで特に重要である[1,25]。質の高い指導によって，参加者の安全性やトレーニングを経験することの楽しみが増す。さらに，レジスタンス・トレーニングやプライオメトリック・トレーニング中に，若年者に直接指導をすることで，プログラムが確実に行われるように改善したり，筋力の強化を最適化することができる[26]。

トレーニングを行う若年者の傷害の発生を減らすためには，基本的な動きのスキルを正しく進歩させ，プライオメトリック・トレーニングを漸進的に進めていくことに重点を置くべきである[1]。若年アスリートが，低い強度レベルで基本的な動作のスキルを習得できていない場合，エクササイズ中に出現する欠陥は，トレーニングの強度が上がるにしたがって，より大きなものになることが予想される。資格を有するインストラクターが，各エクササイズ・セッション中や後に，すべての参加者に絶え間なく，即時のフィードバックをするべきである。このことによって，正しい動作力学に対するアスリートの意識が改善できるであろう。また望ましくない，つまり潜在的に傷害を招く可能性のある姿勢を改善し，プライオメトリック・トレーニングによって達成されるパフォーマンスを高めることができる。

若年アスリートがプライオメトリック・トレーニングを行う際に鏡やビデオ機器を使用することで，傷害を引き起こす可能性のあるバイオメカニクスに気づくようになる[27,28]。視覚や口頭によるフィードバックによって，若年アスリートが理解したパフォーマンス・テクニックと，実際のテクニックとを一致させることができる。その他，若年者がレジスタンス・トレーニングを実施する際の傷害の危険要因のうち，修正可能なものには，指導者，環境，器具の保管と使用法，運動に関する指示，エクササイズ・テクニックがある[29]。

さまざまな筋力トレーニングやプライオメトリック・トレーニングは，若年者にとっても安全で効果的であることが示されている[7,19,30,31,32,33,34]。ウエイト・マシーン，フリー・ウエイト（バーベルやダンベルなど），メディシンボールは，若年アスリートのための広範囲のプログラムに確かに役立つが，筋力やコンディショニング・テクニックの向上のためのトレーニングは，外部からの抵抗を加えることなしに開始することができる[35]。例えば，プログレッシブ・レジスタンス・トレーニング，プライオメトリック・トレーニング，スピード・トレーニングは，抵抗として自重だけを用いてはじめることができる。

スクワットなどの自重を利用したエクササイズは，柔軟性やコアの筋力が不足している若い重量挙げ選手にとって実施することが困難な場合もあるが，エクササイズをする際に外部からの抵抗が加えられるようになる前に基本的な動きをマスターしておくべきである[1]。

資格をもったインストラクターが，正しいエクササイズ・テクニック，正確な動きの力学，理にかなった反復回数を念頭に置いて指導をすることで，成功の可能性が増大する。例えば，経験の少ない

若い重量挙げ選手は，スクワット・エクササイズにおいて正しい腰椎前弯姿勢（過剰なアーチ状にならない中間位の脊椎アライメント）を維持することができず，脛骨と体幹を過剰に前方へ傾けてしまう者もいる[35]。インストラクターはフィードバックと注意を与え，適切なエクササイズを実際にやってみせる。そして各段階の進行中には，動作力学について継続してフィードバックを与えることで，これらの技術的な欠陥を修正すべきである[1]。

プライオメトリック・トレーニングをはじめたいと思っている若年アスリートは，基本的な動作スキルによって，正しいエクササイズ・テクニックを習得しなければならない。スクワットは，子どもにプライオメトリック・トレーニングを指導する際に最も基本的で重要な動作の1つである。股関節ヒンジを身につけ，姿勢をコントロールし，ジャンプと着地で使用する主動作筋を発達させることで正しくスクワットを行うことは，より高度な技術が要求されるプライオメトリック活動へ進行するために非常に重要なことである。

基本的な動作の進行：スクワット

第1段階　ボール・スクワット

スイス・ボールを利用してスクワットを行う。エクササイズを完了するためにスイス・ボールを支えにして体重を後方に移動させるようにするとよい（**図4.1**）。最も深いスクワット姿勢のときに，膝が足関節より前に出ないように，足はボールより十分に離した位置に置く。エクササイズをはじめたら，膝関節を伸展位で固定しないようにする。

図4.1　ボール・スクワット：(a) 開始姿勢，(b) 終了姿勢

第2段階　ボックス・タッチ・スクワット

アスリートの後ろに箱を置き，足を肩幅に開いて開始する（図4.2）。箱の高さまでしゃがみ，箱に軽く触れたら静止せず，開始位置にもどる。このスクワットは，アスリートが適切なスクワットの深さを判断するのに役に立ち，エクササイズが確実に行えるようになる。箱にタッチした際にアスリートの背部が伸びるよう，箱は十分に離した位置に置く。このエクササイズを行うとき，膝関節が足関節の前に出すぎないように注意する。

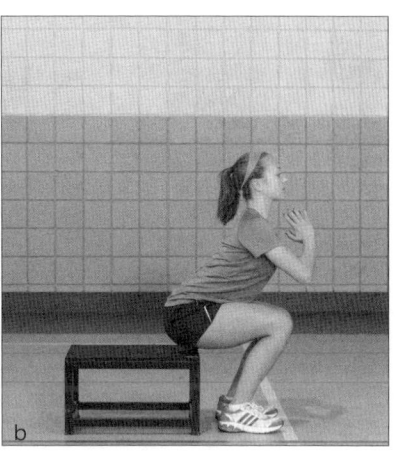

図4.2　ボックス・タッチ・スクワット：(a) 開始姿勢，(b) 終了姿勢

第3段階　オーバーヘッド・ブルームスティック・スクワット

足を肩幅に開き，長い棒を持って腕を頭上に挙上する（図4.3）。大腿が床面と平行になるまでスクワットを行う。大腿が床面と平行になったら，静止せず，開始位置にもどる。スクワット動作中，腕と棒は頭部の後方に保持する。

図4.3　オーバーヘッド・ブルームスティック・スクワット：(a) 開始姿勢，(b) 終了姿勢

第4段階　アシステッド・シングル・レッグ・スクワット

　片脚で立ち，大腿が床面と平行になるまでゆっくりスクワットを行い，その後，スタート位置にもどる（**図4.4**）。アスリートの体重が踵へ正しく移動できるようにバンドによる補助が必要である。このエクササイズでは，スクワット動作中，片側下肢の筋力と制御を改善する。シングル・レッグ・スクワットは，外からの負荷を加えないで強度を増すことができる。このシングル・レッグ・スクワットを取り入れることによって，片脚の優位性がある若年アスリートに対し，筋力とパフォーマンスの非対称の改善に役立つ。

図4.4　アシステッド・シングル・レッグ・スクワット：(a) 開始姿勢，(b) 終了姿勢

第5段階 ボックス・ドロップ・オフ・ウィズ・ディープ・ホールド

　このドリルには前方，側方，回旋からなる実用的な3つのバージョンがある。3バージョンとも高さ20～25 cmの箱の上に立って開始する。前方バージョンでは，箱からまっすぐに飛び降り，両脚で着地したと同時に深い姿勢を保持する（**図4.5**）。側方バージョンでは，箱から横に飛び降り，両脚で着地したと同時に深い姿勢を保持する（**図4.6**）。回旋バージョンでは，箱から飛び降りながら90°回旋し，両脚で着地したと同時に深い姿勢を保持する（**図4.7**）。

図4.5 フォワード・ボックス・ドロップ・オフ・ウィズ・ディープ・ホールド：(a) 開始，(b) 飛び降り，(c) 着地，(d) 深い姿勢を保持

図4.6 ラテラル・ボックス・ドロップ・オフ・ウィズ・ディープ・ホールド：(a) 開始，(b) 飛び降り，(c) 着地，(d) 深い姿勢を保持

図4.7 ローテーショナル・ボックス・ドロップ・オフ・ウィズ・ディープ・ホールド：(a) 開始，(b) 飛び降り，(c) 着地，(d) 深い姿勢を保持

第6段階　スクワット・ジャンプ

　足部全体を床につけ，つま先をまっすぐ前に向けたアスレティック・ポジションから開始する（**図4.8**）。床，または踵に手が触れるように可能なかぎり膝関節，股関節，足関節を屈曲してから，最大の垂直跳びを行う。まっすぐ垂直にジャンプし，可能なかぎり高く手を伸ばす。着地と同時に，ただちに開始姿勢にもどり，再び最初のジャンプを繰り返す。指定された時間，あるいはジャンプ技術が悪くなるまで動作を繰り返す。

　垂直にまっすぐ上にジャンプし，できるだけ手を頭上高く伸ばすように指導する。ディープ・スクワット姿勢にもどるときには，直立姿勢を維持し，同じ場所に着地することを心がける。床に着地する際には，腰を曲げた前屈姿勢にならないようにする。視線は前方に維持し，足と膝はまっすぐ前に向け，両腕は足の外側に位置させる。

図4.8　スクワット・ジャンプ：(a) 開始姿勢，(b) 屈曲，(c) ジャンプ (d) 着地

エクササイズのバリエーション

　筋力とパワー（仕事量/時間）の強化に用いられるプログラムの構成とエクササイズは無限にあるが，インストラクターは，参加者の身体の大きさ，フィットネス・レベル，経験に適したエクササイズを選択する必要がある[1]。レジスタンス・トレーニングやプライオメトリック・トレーニングをはじめようとするすべての若年アスリートにとって，効果的で安全な単一のエクササイズはないが，特に若い初心者のためには自重を使ったトレーニングが役に立つ。この種のトレーニングによって，より強度の強いトレーニング・プログラムに移行するときに役立つ基本的な動きのスキルを身につけることができるようになる。自重エクササイズは，外部から動きを乱したり，動きに影響を与えることがないため，若年アスリートが動きのテクニックを習得するのに効果的である。

　フリーウエイトやメディシンボールを用いたエクササイズに進むことによって，若年アスリートにとって望ましい筋の適応が得られ，筋パワーの増大，コアの安定性の改善，バランスの強化が可能になる。さらなる研究が必要であるが，さまざまなレジスタンス・トレーニングを組み合わせることによって，トレーニングへの適応が最適化され，パフォーマンスの向上がみられなくなる時期を減らすことができる[33,35]。

　パフォーマンスに対するコア・トレーニング（骨盤，腹部，体幹，股関節のトレーニングなど）だけの効果をこれまでの文献で評価するのは難しいが，最近のシステマティックレビューで，コアの安定性トレーニングによって，競技パフォーマンスにわずかに効果があることが示された[36]。しかし一方で，コアに重点を置いた神経筋トレーニングの効果は十分にあり，プライオメトリック・トレーニングを補足すると考えられる[37]。例えば，バランス・トレーニングと組み合わせたコアの筋力トレーニングによって，動的なバランスと安定性を改善することができる[38,39]。動的なバランスの向上によって，プライオメトリック・トレーニング中，身体の遠位部に発生する強い力によりよく反応するために必要なコアの動的な安定性が得られる[7,19,40]。若年アスリートに対しては，外部抵抗を用いることなく，コアの筋群を安全に，効果的に強化することができる[35]。

　コア・トレーニングを計画し進行させるときには，多くの要因（年齢，フィットネス・レベル，エクササイズの選択，トレーニングの漸進的負荷など）を考慮に入れるべきであるが，コアの筋力を強化するための筋力トレーニングとコンディショニングの重要性も見落としてはならない[1]。

　腰部の筋力，筋持久力，安定性が十分でないと，青少年の現在あるいは将来的な腰痛の原因となることがある[41,42]。したがって，若年者におけるスポーツに関連した腰部障害の重症度や有病率をできるだけ低下させるための予防的な介入として，レジスタンス・トレーニングやプライオメトリック・トレーニング・プログラムに漸増的なコアの筋力強化エクササイズを組み込むべきである。コア・トレーニングの効果は，若年アスリートのトレーニング・プログラムに機能的バランスとコアの筋力の強化を取り入れることによって最良の結果を得ることができる[1]。

　すべてのトレーニング様式と同様に，プライオメトリック活動は，正しい方法で行うことができる動作からはじめるべきであり，要求された動きが適切な姿勢で動的に制御できた場合にだけ次の段階に進むべきである[1]。プライオメトリック・トレーニングは強度，トレーニング量，セット間の休息を考慮に入れ，エクササイズを慎重に進めなければならない。プログラムをいつ変えるかは，アスリートのパフォーマンスとトレーニングの目的に基づいて行い，その他の活動（スポーツの練習や試合など）も週ごとのプログラムの一部として同様に考慮する。

コア動作の進行

　以下に示すトレーニング・プロトコルは，コア・トレーニングとプライオメトリック神経筋トレーニングを組み合わせてあり，若年アスリートの体幹と股関節の制御に関するパフォーマンスを強化することを目的に行う[31]。動的活動中の体幹を制御する能力とコアの安定性を向上させるために漸進的に計画された5段階のエクササイズを行う。各段階でエクササイズの強度が漸増する。コア・ムーブメントの進行における最終段階では，体幹を前額面上で減速し，制御することを強いるため，体幹外側に外乱を加えるエクササイズを取り入れ，指示されたテクニックを効率よく実行できるようにする。

コア動作の進行：ペルビック・ブリッジ

第1段階　ペルビック・ブリッジ

　背臥位になり，股関節と膝関節を屈曲させ，足は床面に置く（図4.9）。次に，股関節を伸展し体幹を床面からもち上げてペルビック・ブリッジを行う。この姿勢を3秒間保持し，繰り返す。このエクササイズは殿筋を動員させることで股関節を動かす動きのパターンを確立するために実施する。

図4.9　ペルビック・ブリッジ：(a) 開始姿勢，(b) 終了姿勢

第 2 段階　BOSU 上でのペルビック・ブリッジ

　背臥位になり，股関節と膝関節を屈曲し足は BOSU の平らな面に置く（**図 4.10**）。次に，股関節を伸展させて体幹を床面からもち上げペルビック・ブリッジを行う。この姿勢を 3 秒間保持し，繰り返す。

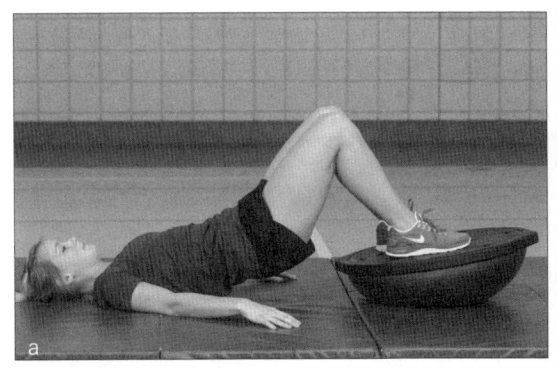

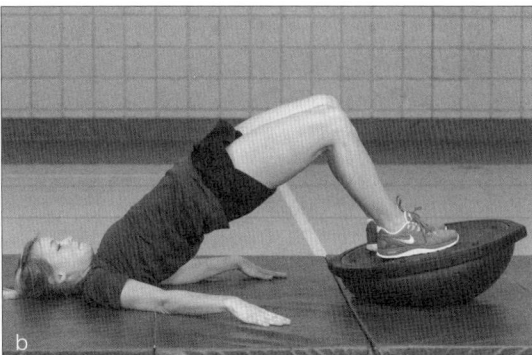

図 4.10　BOSU 上でのペルビック・ブリッジ：（a）開始姿勢，（b）終了姿勢

第 3 段階　BOSU 上でのシングル・レッグ・ペルビック・ブリッジ

　背臥位になり，股関節を屈曲する。片側の膝関節を屈曲して足を BOSU の平らな面に置き，対側の脚は伸展させる（**図 4.11**）。次に，股関節を伸展させて体幹を床面からもち上げペルビック・ブリッジを行う。この姿勢を 3 秒間保持し，繰り返す。

図 4.11　BOSU 上でのシングル・レッグ・ペルビック・ブリッジ：（a）開始姿勢，（b）終了姿勢

第4段階　BOSU上で外転，回旋させるシングル・レッグ・ペルビック・ブリッジ

　背臥位になり，股関節を屈曲する。片側の膝関節を屈曲し足をBOSUの平らな面に置き，対側の脚は伸展する（**図4.12**）。次に，股関節を伸展させて体幹を床面からもち上げ，ペルビック・ブリッジを行う。筋力，バランス，体幹の制御にさらなる負荷を与えるため，ブリッジ姿勢を保ちながら伸展した脚を外転・外旋させる。次に，開始姿勢にもどる前に，脚を完全伸展させまっすぐ伸ばしたブリッジ姿勢をとる。このエクササイズを行う際は，骨盤の高さを保持し，脚を外転させるときに骨盤が回旋しないよう注意する。

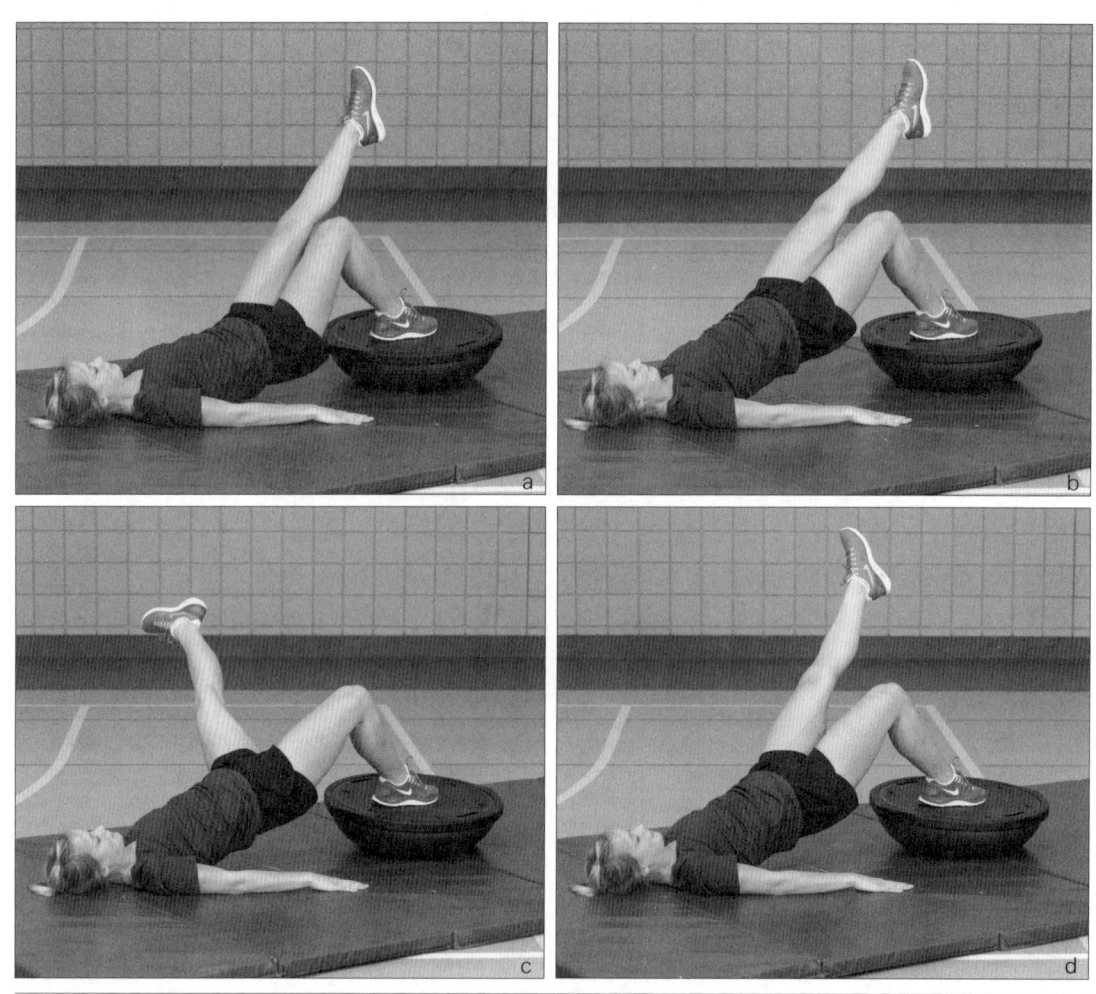

図4.12　BOSU上で外転，回旋させるシングル・レッグ・ペルビック・ブリッジ：(a) 開始姿勢，(b) ブリッジ，(c) 外転，(d) 回旋

第5段階　ベンチ上でのシングル・レッグ・ペルビック・ブリッジ

　肩をウエイト・ベンチあるいはプライオメトリック・ボックスに置き，股関節を屈曲させて背臥位姿勢をとる。一方の膝関節を屈曲させ，ウエイト・ベンチあるいは椅子の上に踵または足を置く。もう一方の脚は完全に伸展させる（図4.13）。次に，非支持側の脚を天井のほうへ突き出しながら，股関節を伸展させて体幹を床面からもち上げるように，ペルビック・ブリッジを行う。この姿勢を3秒間保持し，繰り返す。

図4.13　ベンチ上でのシングル・レッグ・ペルビック・ブリッジ：（a）開始姿勢，（b）終了姿勢

筋力とプライオメトリック動作の進行

　プライオメトリック・トレーニングとレジスタンス・トレーニングの一体化は，付加的な効果をもたらす可能性がある[1]。研究では，プライオメトリックとスクワットを組み合わせたトレーニングを行った対象者のほうが，プライオメトリック・トレーニングまたはスクワット・トレーニングのいずれかを単独で行った対象者より，垂直跳びにおいてより大きな効果が得られた[43]。これらの見解を支持したほかの研究でも，プライオメトリック・トレーニングとレジスタンス・トレーニングを組み合わせて行ったときの効果は，それぞれのトレーニングを単独で行ったときより大きかったと報告された[1,44]。したがって，コアの安定化トレーニングと同様に，レジスタンス・トレーニングはプライオメトリック・トレーニングで得られるパフォーマンスの向上を補足するようである。

ストレングス動作の進行：ウォーキング・ランジ*

第1段階　フロント・ランジ

　立位姿勢から開始し，足を前に踏み出す（図4.14）。ステップは，前へ踏み出す足の膝関節が90°に屈曲し，下腿が完全に垂直になるように大きく踏み出す（踏み出した脚の膝関節がつま先より前に出ないように注意する）。後方の脚はできるだけまっすぐにし，体幹は直立の状態にする。この姿勢を保持している間は，股関節をできるだけ低くすることに重点を置く。このエクササイズは前方の脚を引きもどし，開始姿勢にもどることで完了する。

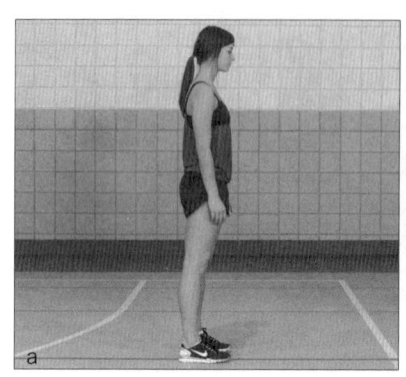

図4.14　フロント・ランジ：(a) 開始姿勢，(b) ランジ

第2段階　ウォーキング・ランジ

　ランジを行い，開始姿勢にもどらずに後方の脚を前に踏み出し，また反対側の脚で前方へランジを続ける（図4.15）。エクササイズ中は，踏み出した脚の膝関節が足関節より前へ出ないよう，十分遠くへ踏み込むよう促す。もう1つ指導することとしては，各ランジの実施中，重心を常に低く保持するよう指示することがあげられる。このエクササイズは強度を増すことで，スポーツでよく使用する動きをまねることができる。

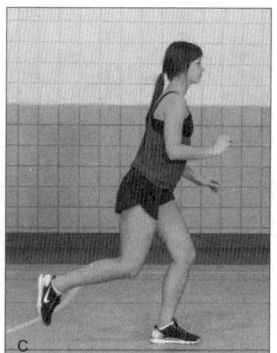

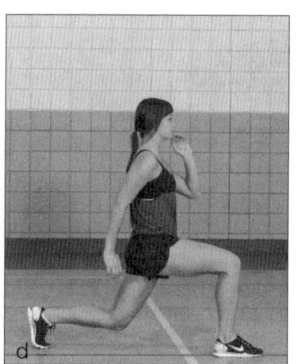

図4.15　ウォーキング・ランジ：(a) 開始姿勢，(b) ランジ，(c) ステップ・スルー，(d) 反対側のランジ

*Clinics in Sports Medicine 27(3) G.D. Myer, D.A. Chu, J.L. Brent, and T.E. Hewett, "Trunk and hip control neuromuscular training for the prevention of knee joint injury." 425–448, 2008 より Elsevier の許可を得て引用。

第3段階　ウォーキング・ランジ・ユニラテラリー・ウエイティッド

　立位姿勢から開始して，ウエイト板またはダンベルを片手で持つ（**図4.16**）。ウエイトを持つ腕と反対側の脚で踏み込むウォーキング・ランジを行い，プレートを持つ手を変えずにウォーキング・ランジを続ける。エクササイズ中は，踏み出した脚の膝関節が足関節より前へ出ないよう，十分遠くへ踏み込むよう促す。次に反対側の手でウエイト板またはダンベルを持ち，このエクササイズを繰り返す。

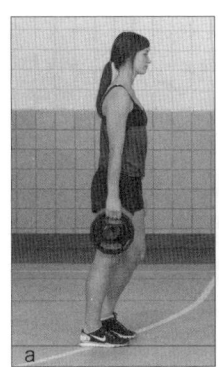

図4.16　ウォーキング・ランジ・ユニラテラリー・ウエイティッド：(a) 開始姿勢，(b) ランジ，(c) ステップ・スルー，(d) 反対側のランジ

第4段階　ウォーキング・ランジ・ウィズ・ウエイト・クロスオーバー

　立位姿勢から開始し，胸の前に両手でウエイトを持つ（**図4.17**）。ウエイトを持ったままウォーキング・ランジを行う。各ランジの際，ウエイトを身体の横に置くように，前方の脚と同じ方向に体幹を捻る。ステップ中は体幹は前方に向け，ウエイトは胸の前で保持する。エクササイズ中は，踏み出した脚の膝関節が足関節より前へ出ないよう，十分遠くへ踏み込むよう促す。

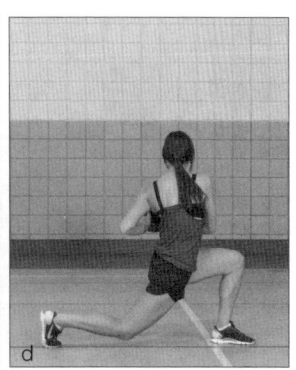

図4.17　ウォーキング・ランジ・ウィズ・ウエイト・クロスオーバー：(a) 開始姿勢，(b) 体幹を捻りながらランジ，(c) ステップ・スルー，(d) 反対側へ体幹を捻りながらランジ

第5段階　ウォーキング・ランジ・ウィズ・ユニラテラル・ショルダー・プレス

　立位姿勢から開始し，頭の高さでダンベルを持つ。ウエイトを持つ腕の肩関節と肘関節の角度はそれぞれ約90°にする。ランジを行う（**図4.18**）。ステップをする前やランジ中もダンベルの位置を保持する。すぐに次のランジに入らずに，後方の脚を前方に移動させて足をそろえ，頭上にダンベルを押し上げる。次に他側の足を前方に踏み出してランジを行い，後方の脚を前方に移動させて足をそろえ，再びショルダー・プレスを行う。ウエイトの上げ下げは，ランジと同じテンポと方向で行う。エクササイズ中は，踏み出した脚の膝関節が足関節より前へ出ないよう，十分遠くへ踏み込むよう促す。

図4.18　ウォーキング・ランジ・ウィズ・ユニラテラル・ショルダー・プレス：(a) ランジ，(b) ステップ，(c) ショルダー・プレス，(d) 反対脚でランジ

CHAPTER 4 プライオメトリック・トレーニングと若年アスリート

プライオメトリック動作の進行：タック・ジャンプ

第1段階　シングル・タック・ジャンプ・ウィズ・ソフト・ランディング

　足を肩幅に広げた立位姿勢から開始する（**図 4.19**）。垂直跳びは，腕を身体の後方に伸ばしながら，軽くしゃがみ込んだ姿勢からはじめる。まっすぐ上へジャンプする際は，同時に腕を前方へスイングさせ，膝をできるだけ高く引き上げる。ジャンプの最も高い位置で，大腿が床面と平行になる姿勢をとる。つま先から中足部を使って柔らかく着地する。着地の際の強い力を制御できなかったり，膝のアライメントを正しく保つことができない場合は，このジャンプを続けてはならない。膝を適切な高さにまで上げることができない場合，膝を抱えて大腿を水平の高さまでもち上げてもよい。

図 4.19　シングル・タック・ジャンプ・ウィズ・ソフト・ランディング：(a) 開始姿勢，(b) しゃがみ込み姿勢，(c) タック，(d) 着地

第2段階　ダブル・タック・ジャンプ

このエクササイズは，シングル・タック・ジャンプと同様に行うが，最初のジャンプの直後にさらに次のジャンプを行う（図4.20）。よい姿勢の保持と，ジャンプの間の接地時間を最短にすることに重点的に取り組む。

図4.20　ダブル・タック・ジャンプ：(a) 1回目のタック・ジャンプ，(b) 着地，(c) 2回目のタック・ジャンプ，(d) 2回目の着地

第3段階　リピーテッド・タック・ジャンプ

足を肩幅に広げたアスレティック・ポジションから開始する。垂直跳びは，腕を身体の後方に伸ばしながら，軽くしゃがみ込んだ姿勢からはじめる（図4.21）。まっすぐ上へジャンプする際は，同時に腕を前方へ振り，膝をできるだけ高く引き上げる。ジャンプの最も高い位置で，大腿が床面と平行になる姿勢をとる。つま先から中足部を使って柔らかく着地する。着地後すぐに次のタック・ジャンプを開始する。最初は，完全なテクニックで4〜6回の反復を目標にする。動作を習得できたら，反復の回数を増やす。

図4.21　リピーテッド・タック・ジャンプ：(a) しゃがみ込み姿勢，(b) 1回目のタック，(c) 着地，(d) 2回目のタック

第4段階　サイド・トゥ・サイド・バリア・タック・ジャンプ

　ライン（または障害物）の横に足を肩幅に広げたアスレティック・ポジションで立って開始する。腕を身体の後方に伸ばしながら，軽くしゃがみ込んだ姿勢で，ラインを飛び越えるように垂直跳びをはじめる。ラインを飛び越えてジャンプをする際は，同時に腕を前方へスイングさせ，膝をできるだけ高く引き上げる（**図4.22**）。ジャンプの最も高い位置で，大腿が床面と平行になる姿勢をとる。着地後は，ラインの反対側にもどるように，すぐに次のタック・ジャンプを開始する。

図4.22　サイド・トゥ・サイド・バリア・タック・ジャンプ：(a) ライン上でのタック・ジャンプ，(b) 着地，(c) 着地側からもどるタック・ジャンプ，(d) 反対側への着地

第5段階　サイド・トゥ・サイド・バリア・タック・ジャンプ・ウィズ・リアクション

　ライン（または障害物）の横に足を肩幅に開いたアスレティック・ポジションで立って開始する。垂直跳びは，腕を身体の後方に伸ばしながら，軽くしゃがみ込んだ姿勢からはじめる（**図4.23**）。ジャンプをする際は，同時に腕を前方へスイングさせ，膝をできるだけ高く引き上げる。ジャンプの最も高い位置で，大腿が床面と平行になる姿勢をとる。着地後すぐに次のタック・ジャンプを開始する。指示をされたら，リズムを崩さずにラインの反対側へタック・ジャンプをする。ラインの反対側へ移動する指示があるまで着地した側にとどまり，タック・ジャンプを繰り返す。

図4.23　サイド・トゥ・サイド・バリア・タック・ジャンプ・ウィズ・リアクション：(a) 指示された側にタック・ジャンプ，(b) 着地，(c) 着地した側でタック・ジャンプ，(d) 着地

安定性と敏捷性動作の進行

　増えつつあるエビデンスから，低い強度のエクササイズからはじめ，正しいフォームで機能的な動きのパターンを身につければ，プライオメトリック・エクササイズは安全にはじめられるということが明らかになっている[1]。注目すべきことに，若年者はレジスタンス・トレーニングを行ったことがなくても，エクササイズが個々の能力とトレーニング経験と一致していれば，プライオメトリック・エクササイズのテクニック・トレーニングとフィードバックによって効果を得ることができる。

　以下に述べる段階的な進行によって，下肢のプライオメトリック・エクササイズをはじめる前の動作パターンをチェックすることができる。まず，若年アスリートが安定性の段階を習得できたら，敏捷性と動きの段階をそれらのプログラムに組み込むことができる。

安定的な動作の進行：シングル・レッグ・ムーブメント・パターン *

第1段階　ステップ・アンド・ホールド

　足をそろえた立位姿勢から開始する。まず，前方に素早く足を踏み出し（図4.24），踏み出した足上でバランスをとりながら深い姿勢を保持し続ける。

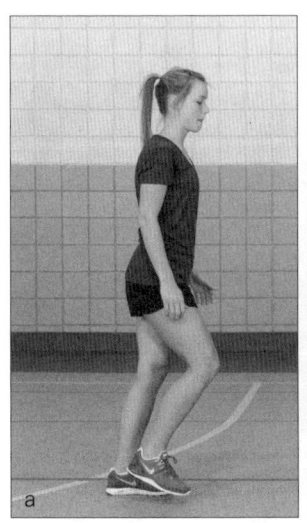

図4.24　ステップ・アンド・ホールド：(a) ステップの開始，(b) ステップ，(c) 深い姿勢の保持

＊ Clinics in Sports Medicine 27（3）G.D.Myer, D.A.Chu, J.L.Brent, and T.E.Hewett, "Trunk and hip control neuromuscular training for the prevention of knee joint injury."425.448, 2008 より Elsevier の許可を得て引用。

第2段階　ジャンプ・アンド・ホールド

　このエクササイズは，アスレティック・ポジションから開始する（図4.25）。前方にジャンプし，着地後，片脚でバランスをとりながら深い姿勢を保持する。

図4.25　ジャンプ・アンド・ホールド：(a) 開始姿勢，(b) ジャンプ，(c) 深い姿勢の保持

第3段階　ホップ・アンド・ホールド

　片脚でバランスをとった姿勢から開始する（図4.26）。次に，前方にホップし，片脚で着地後，バランスをとりながら深い姿勢を保持する。

図4.26　ホップ・アンド・ホールド：(a) 開始姿勢，(b) ジャンプ，(c) 深い姿勢の保持

第4段階　ホップ・ホップ・アンド・ホールド

足をそろえた立位姿勢から開始する。前方に2回素早くホップし、2回目のホップの着地後、片脚でバランスをとりながら深い姿勢を保持する（図4.27）。

図4.27　ホップ・ホップ・アンド・ホールド：（a）開始姿勢，（b）ジャンプ，（c）深い姿勢の保持

第5段階　クロスオーバー・ホップ・ホップ・ホップ・アンド・ホールド

片脚でバランスをとった姿勢から開始する。脚を交替させながら前方に素早く3回ホップする（図4.28）。3回目の着地後，片脚でバランスをとりながら深い姿勢を保持する。

図4.28　クロスオーバー・ホップ・ホップ・ホップ・アンド・ホールド：（a）3回目のホップ，（b）着地の準備，（c）着地，（d）深い姿勢の保持

敏捷性動作の進行：ラテラル・アジリティ（横への敏捷性）

第1段階　ラテラル・ホップ・ホップ・アンド・ホールド・オポジット・レッグ・ウィズ・バリア

片脚でバランスを保持した姿勢から開始する。上げている脚側に3つの障害物を置く（図4.29）。横にホップしてそれぞれの障害物を越え，反対側の脚で着地後，深い姿勢になり，3秒間この姿勢を保持する。次に，着地している脚で反対方向に同じ運動を繰り返す。この運動は，それぞれの脚でそれぞれの方向に行う。

図4.29　ラテラル・ホップ・ホップ・アンド・ホールド・オポジット・レッグ・ウィズ・バリア：(a) 開始姿勢，(b) ホップして着地，(c) ホップして着地，(d) ホップして反対の脚で着地し姿勢の保持

CHAPTER 4 プライオメトリック・トレーニングと若年アスリート

第2段階　ラテラル・ホップ・ホップ・アンド・ホールド・オポジット・レッグ・ウィズ・フォー・バリア

　片脚でバランスをとった姿勢から開始する。上げている脚側に4つの障害物を置く。横にホップして最初の2つの障害物をそれぞれ越え，後の2つの障害物は1回のホップで越え，反対の脚で着地後，姿勢を保持する。この姿勢を3秒間保持する。同じ動作を反対方向に繰り返す。この運動は，それぞれの脚でそれぞれの方向に行う。

第3段階　ダイナミック・ラテラル・ホップ・ウィズ・フォー・バリア

　片脚でバランスをとった姿勢から開始する。上げている脚側に4つの障害物を置く。横にホップして最初の2つの障害物をそれぞれ越え，後の2つの障害物は反対側の脚で1回のホップで越える。その足が接地したら素早く反対方向に運動を繰り返す。最初の2つの障害物をそれぞれホップして越え（行きと反対脚で着地），後の2つの障害物を1回のホップで越え，開始時の支持脚にもどる。この運動は，それぞれの脚で行う。

第4段階　ラテラル・ホップ・90°ホップ・アンド・ホールド・ウィズ・バリア

　片脚でバランスをとった姿勢から開始する。上げている脚側に障害物を置く（**図4.30**）。横にホップして最初の障害物を越え，すぐに最大努力で90°ターンしながらホップし2つめの障害物を越え，両脚で着地する。着地した姿勢を3秒間保持する。この運動は，それぞれの脚でそれぞれの方向に行う。

図4.30　ラテラル・ホップ・90°ホップ・アンド・ホールド・ウィズ・バリア：(a) 開始姿勢，(b) 最初のホップ，(c) 90°ターンしてホップ，(d) 着地して姿勢の保持

| 第5段階 | ラテラル・ホップ・ホップ・90°オポジット・トゥ・スプリント・ウィズ・バリア |

片脚でバランスを保持した姿勢から開始する。上げている脚側に2つの障害物を置く。正面を向き，横にホップして2つの障害物を越え，ただちに最大努力で90°ターンしてホップし，スプリント運動を行う（5〜10 m）。この運動は，それぞれの脚で行う。

漸増的エクササイズ

漸増的エクササイズは，プライオメトリック・トレーニングの重要な構成要素である[45]。漸増的エクササイズは5つ以上の段階があり，コアの安定性を強化しながら，基本的な動きを習得する能力の向上を促進するために用いられている。最後の段階には，反応，減速，指示された技術を上手に実行するための体幹の制御が必要とされる，予想外の外乱（ボール・トスまたはプッシュなど）を組み入れることも可能である[1]。

現在の漸増的エクササイズの初期の段階のエクササイズは，傷害の危険や危険因子の減少が報告された過去の文献から選ばれた[46,47,48,49]。パフォーマンスを最大限に強化するときに，スポーツによる傷害の危険性を完全になくすことは，非現実的な目標である。しかしながら，漸増的レジスタンス・トレーニング，プライオメトリック・トレーニング，スピード・トレーニングからなる多面的なプライオメトリック・プログラムは，若年アスリートにとって安全なだけでなく，スポーツの練習や試合中の傷害を減らし，パフォーマンスを向上させることが明らかにされている[50,51,52,53]。シーズン前やシーズン中における漸増的レジスタンス・トレーニング，プライオメトリック・トレーニング，スピード・トレーニングの実施によって，傷害の予防に対して最適な効果が得られる[51,52]。

適切なエクササイズ・テクニックの重要性は，プライオメトリック・トレーニング期間を通して強調し，強化しなければならない。この種のプログラムをはじめる若年アスリートの多くは，レジスタンス・トレーニングの経験が少ない[1]。したがって，若年アスリートに対しては，自己改善を取り入れながら徐々に段階を上げていき，適切な技術によってより高度な動作ができる能力に満足感を得られるようにする必要がある。トレーニング記録をつけることによって，自身の進歩をみつめ，コーチからの注意を思い出し，自身の目標に向かって努力できるようになる[1]。

トレーニング量とリカバリーのガイドライン

若年アスリートのパフォーマンス強化のためにプライオメトリック・トレーニングを実施する際に推奨されるアプローチは，年間を通じてトレーニング量と強度を定期的に変更する漸増的コンディショニング・プログラムにレジスタンス・トレーニング，プライオメトリック・トレーニング，スピード・トレーニングを組み込むことである。個人的な努力，質の高い指導，そして適切なリカバリーを加えたトレーニング・プログラムを計画的に体系化することによって，レジスタンス・トレーニング，パワー・トレーニング，スピード・トレーニングなどのトレーニング効果が得られる。

一般的に，トレーニングの強度や頻度を増やす前に，神経筋制御を確実に獲得するために，はじめに個々のプライオメトリック活動の量（回数やセット数）を増やす。若年アスリートが高いレベルのパフォーマンスを維持するためには，セット間に適切なリカバリー時間を取る必要がある。しかし，研究では，成人と若年者では身体活動に対する反応に違いがあるため，成人にすすめられる休息の間隔は，青少年の能力と必要性には合わない可能性があるとしている[54,55]。したがって，この種のトレーニングを実施する青少年にとっては，セット間の休息は短時間（約1〜2分）でよいかもしれない[1]。

若年者のためのコンディショニング・プログラムでは，トレーニング・セッション間の十分なリカ

バリーの重要性が見逃されがちであり，しばしばセット間またはトレーニング・プロトコルを完成させるために割り当てられた時間の空いた時間に休息を入れているだけのように思われる。プライオメトリック・トレーニング・プログラムにおいては，アスリートが何歳であっても，トレーニングの要求とリカバリーとのバランスをとる必要があることを忘れてはならない。そして，その両方がトレーニングに対する適応に必要なのである。これは特に複数のスポーツに参加し，プライオメトリック・トレーニング以外で別のコンディショニングを行う際に注意が必要である[1]。

　1回のセッション（回数とセット数）で行われる作業全体がエクササイズの量である。ある特定のトレーニング要素の量だけをもとにした，非プライオメトリックなエクササイズ・プログラムでは，試合，練習，その他のコンディショニングによる作業負荷の蓄積を考慮していないことがよくみられる[1]。例えば，1回のプライオメトリック・トレーニングの量に関するガイドラインでは，アスリートの経験レベルに基づくとし，成人の初心者で1セッションあたり80～100回のフットコンタクト（足が接地する回数），経験豊富な成人で1セッションあたり120～140回のフットコンタクトとされている[56]。トレーニングを積んだ成人アスリートに関する別のガイドラインでは，エクササイズの強度が低ければ400回のフットコンタクト，強度が高ければ最大200回のフットコンタクトが適切であるとしている[57]。しかし，これらの推奨量は，トレーニング，試合，レクリエーション活動など，その他の複雑な条件による影響を度外視し，単一の条件だけしか考えていないため用いることはできない[1]。成人のための推奨量が普及していたり，複数の条件を考慮する必要があるため，若年者のための適性な運動量のガイドラインを決定することは困難である。

　したがって，若年アスリートに対するトレーニング量を決めるときは，特に技術的なパフォーマンス，疲労に対する反応，エクササイズの強度および経験のレベルなど，その他のトレーニングに関する要因を考慮する必要がある。さらに，若年アスリートにおける総トレーニング量を評価するときは，プライオメトリック・トレーニング以外で行われる活動（ほかのトレーナーやコーチの指導によるエクササイズなど）を考慮に入れなければならない。要するに，若年アスリートは，成人のミニチュアではない。オーバートレーニングや傷害を避けるために，筋力トレーニングやコンディショニング・エクササイズを実施するときは，十分に注意して指示しなければならない[32,33,35,58]。

　プライオメトリック・エクササイズ・プログラムで指示したエクササイズ，セット数や回数は，達成可能な目標でなければならないが，必要に応じて修正しなければならない。適切な技術でエクササイズを行う方法を学ぶために，最初のトレーニング量は少なくする。運動量（または適用できるときは抵抗の大きさ）を増やすのは，エクササイズを指示された量と強度で，適切に行うことができた後にする[1]。アスリートを指導する専門家は，指示したエクササイズの正しいスキルを認識することに熟練しているべきで，適切なときに建設的なフィードバックを与えなければならない。アスリートが各進行段階のすべてのエクササイズが上達したら，次の一連の段階へ進む[1]。

　また，若年アスリートは，特定の動きのパターンの学習を強化するために，定期的に低強度でのトレーニング・エクササイズ（LITF）に参加すべきである[59]。リカバリーは，すべてのトレーニング・プログラムに不可欠な要素である。そのためトレーニングに対する適応を最大にし，オーバートレーニングの危険を最小限に抑えるために，高強度または量の多いトレーニングを行ったときは，低強度でのトレーニング・エクササイズでバランスをとるだけでなく，ほかのリカバリー方法も実施するようにする[59,60]。

　若年者は毎日60分以上の身体運動を行うことがすすめられているが[61]，高強度のトレーニングを実施するのは1週間に2～3回，連続しない日にしなければならない。このことにより，トレーニング・セッションの間におけるリカバリーの時間が割り当てられる[3]。若年アスリートのなかには，1週間

に3日以上筋力トレーニングやコンディショニングに参加する人もいるかもしれない。しかしながら，トレーニング量や強度，エクササイズの選択，栄養摂取などの要因は，トレーニングに対する適応やトレーニングからのリカバリー能力に影響するため，よく考えなければならない。

トレーニング・プログラムがより高度になるに従ってセッションの頻度がより高くなるため，適切なエクササイズ・テクニックを強化することの重要性を見落としてはならない[1]。さらに，若年者をコーチする者は，オーバートレーニングの症状（数日間続く筋痛，パフォーマンスの低下，トレーニング意欲の低下など）に気づかなくてはならない。また，筋骨格系が相対的に未発達で，チームメイトのほとんどが耐えられるトレーニング量をこなすことができない子どもがいることも理解しなくてはならない。最近のデータでは，グループで行うスポーツ活動では，60分間の中等度から高度の身体活動が必ず実施されるわけではないことが示されている[62,63]。個々の必要性や目標，能力に合っていて，注意深く時間をかけて進歩させたプライオメトリック・トレーニングは，生涯を通した身体活動において，安全かつ健康志向のアプローチになりうるだろう。

● まとめ ●

- 若年者のためのすべてのフィットネスの構成要素を一体化させた広範囲にわたるプライオメトリック・トレーニング・プログラムは，競技パフォーマンスを強化し，動きのバイオメカニクスを改善して，スポーツによる傷害の危険性を減らすことができる。
- 若年者のためのプライオメトリック・トレーニング・プログラムは，資格をもった専門家が，最初に基本的なトレーニング・ガイドライン，器具の正しい使用法，安全なトレーニング方法に重点的に取り組んだ場合に最も有益になる。同時に専門家は，若年アスリートがプライオメトリック・トレーニング活動を行う能力について積極的に認識し自己改善するよう促さなければならない。
- 基本的なスキルと能力が習得できしだい，若年アスリートは，トレーニングに対する適応を最適化する適切な強度と量によるレジスタンス・トレーニングやプライオメトリック・トレーニングを開始できる。
- 若年アスリートにとって適切なトレーニングを計画するためには，コーチとインストラクターは子どもや青年期の身体的および心理社会的特徴を理解しなければならない。注意深く時間をかけて進歩させ，個々の必要性や目的，能力に適したプライオメトリック・トレーニングは，生涯にわたる健康指向のための安全な身体活動の一部となりうる。

CHAPTER 5

女性アスリートのためのプライオメトリック・トレーニングと神経筋トレーニング

　女性は男性と異なったトレーニングを受けなければならないという神話はいまも存在しているようである。しかし，女性アスリートが男性と同程度のスキル，熟練度，強度でプライオメトリック・トレーニングを実施してはならない理由はない。しかしそのためには，女性も男性と同じように基礎的筋力を確立しなければならない。適切な筋力トレーニング・プログラムに参加していない女性アスリートは，プライオメトリック・トレーニングをはじめるために必要な能力を備えていないかもしれない。

　さらに，女性アスリートは，前十字靱帯（ACL）損傷の危険性を増加させる神経筋系に問題が生じやすい可能性がある。しかし，プライオメトリック・トレーニングは，神経筋系の問題を改善し，女性アスリートの傷害の予防に有効であることが示されている[1,2,3]。したがって，コーチやアスリートは，プライオメトリック・トレーニングを試みるために，アスリートの筋力を向上させる責任がある。

　本章では，女性アスリートにおけるACL損傷の危険性が増加するメカニズムに関する新しい理論について，これまで発表された報告を概説する[4,5]。また，これまでの報告から，傷害の危険性の増加につながる発症機序についてもまとめる。アスリートのパフォーマンスを高めると同時に，さらに傷害の危険性を低下させる，プライオメトリック・トレーニングとサポーティング・レジスタンス・トレーニングの技術についても概説する[4,5]。

傷害の危険性

　ACL損傷の治療に関する多くの科学的な進歩があるにもかかわらず，ACL損傷を受傷した人は変形性関節症（OA）の発症率[6]が，治療方法（保存的，外科的）に関係なく[7] 10倍にもなる。若年期におけるACL損傷はアスリートや所属チームに多大な経済的負担がかかるとともに，個人およびプロとしての機能障害の原因ともなる[8]。財政的コストやほぼ確実に発症するOAは別にしても，若年アスリートがACL損傷を受傷すると，シーズン中スポーツに参加できなくなる，奨学金が受けられなくなる，学業成績が低下する[9]，長期間にわたる身体的不自由さ[10]の可能性を考慮しなければならない。そのため，ACL損傷の予防は，スポーツ医学における最大の懸案事項となっている[11]。

　ACL損傷の多くは，人と人の接触がない場合に発生している[8]。スポーツ現場における非接触型

CHAPTR 5 の本文の一部と表は Clinics in Sports Medicine 27(3), G.D. Myer, D.A. Chu, J.L. Brent, and T.E. Hewett, "Trunk and hip control neuromuscular training for the prevention of knee joint injury," 425-448, 2008 より Elsevier の許可を得て引用。

のACL損傷のほとんどは，方向転換，カッティングと減速の組み合わさった動き，膝関節が完全伸展またはそれに近い状態でのジャンプからの着地，膝関節が完全伸展に近く足関節が底屈状態でのピボットなどのときに発生する[8,12]。若いアスリートが最も頻繁に受傷するのは，動的な外反（外反膝）と，着地における回内足（扁平足）の肢位で，体重が受傷側の脚に乗ったまま減速した際に起こり，膝関節の動揺があるかどうかにかかわらず，膝関節の内部には強い伸展トルクが生じる[8,12]。

解剖学的危険因子

どの解剖学的危険因子も，年齢と性に関してACL損傷の増加率と直接関係しているという決定的な証拠はない[8,12]。さらに，解剖学的構造を修正することは困難なため，解剖学的因子が原因となる傷害が予防できる可能性は比較的小さい。しかし，いくつかの解剖学的な問題点は，ACL損傷につながるバイオメカニクスを理解するために考慮すべきである。

神経筋系の危険因子

すでに知られていた下肢のバイオメカニクスと傷害の危険性との関係によって，傷害予防のための神経筋のトレーニングおよびプライオメトリック・トレーニング・プログラムの開発につながった[13,14,15,16,17,18,19]。傷害予防のために最も効果的なトレーニング・プロトコルでは，傷害の危険を減少させる生体力学的適応を引き起こすために，主としてプライオメトリック・エクササイズが利用された[2,15,16,20]。これらのプログラムの効果は，若いころから開始し青年期にわたって実施することで最も明らかになる[21]。最も重要なことは，最近の研究では，傷害の危険性が増えたり，パフォーマンスを妨げるような点を確認し，その改善を目標にするためにプライオメトリック・トレーニングが有用であることが示されているということである[22]。成人になるまでプライオメトリック・トレーニングを経験したことのない若い女性アスリートは，パフォーマンスを改善したり，傷害の危険を減少させるための神経系のトレーニングやプライオメトリック・トレーニングに最もよく反応するようである[19]。

ACL損傷の危険性の増大に関連した女性アスリート特有のバイオメカニクス

スポーツ活動中における下肢の神経筋制御の低下は，膝関節の運動を正常な運動面から（側方と回旋方向へ）逸脱させ，プライオメトリック活動中には膝関節に過剰なストレスがかかる。これは女性アスリートにおけるACL損傷の危険性を増加させる[14]。具体的にいうと，ジャンプ−着地動作において外反膝で着地する若い女性アスリートは，ACL損傷の危険性が高くなる[14]。女性では，プライオメトリック活動やスポーツ活動において外反膝で着地する傾向がよくみられるが，このことは膝の傷害の危険性が大きいことに関係している[23,24,25,26,27,28,29,30,31,32,33,34,35]。

コーチやインストラクターは，特に女性を対象にプライオメトリック・トレーニング・プログラムを実施するときは，傷害の危険にさらすバイオメカニクスについて理解しておく必要がある。また，目標とした技術トレーニングが成功するために，誤った着地方法が潜在的な原因であることも理解しなければならない[5]。

成長とコアの危険性のメカニズム

膝の傷害は思春期直前のアスリートに起こる可能性があるが，少年における違いは急速な成長前に明らかになっている[36,37,38]。対照的に，成熟中の少女における膝傷害の危険性のピークは16歳頃で

ある[39]。さらに，急速な成長を終えた10代の女子は，男子より膝関節捻挫の発生率が高く，この不幸な傾向は，プライオメトリックの実施の有無にかかわりなく成熟期まで続く[40]。

　思春期の最も急速に成長する時期には，脛骨と大腿骨は男女とも相対的に同じ率で成長する[41]。この人間の身体で最も長い2本のレバー（脛骨と大腿骨）の成長により身長が急速に伸びはじめ（重心が高くなる），プライオメトリック活動中の体幹のコントロールが難しくなる[5]。これに加えて，体幹のコントロールを難しくするのが，成長期のアスリートの急激な体重の増加である。この長骨の成長と体重の増加により，膝関節により大きな力が加わることになる。この膝関節にかかる力に対処する方法はあまりない。高速度での着地動作時にバランスをとり衝撃を弱めるための十分な能力を生まれつきもっていなかったり，プライオメトリック・トレーニングでトレーニングされていない若い女性アスリートは傷害を受ける危険性が高い[28,42,43]。一般的な理論では，成熟による身体的な変化の開始によって，神経筋制御システムからの要求は増加するが，トレーニングにより股関節周囲筋の筋力向上や，筋の動員が正しく行われなければ，プライオメトリック活動中に，コアの安定性と体幹の運動制御が損なわれてしまうだろう[44]。外反膝での着地のように，傷害発生の危険の高い生体力学的な傾向がみられる根底には，成熟に伴うコアの安定性の低下がある[5]。

　これまで報告されたように，アスリートのコア安定性と股関節の筋力やパワーは，プライオメトリック活動中の高い負荷を調整する能力と強い関連がある[5]。成熟期の若い女性のプライオメトリック・トレーニングは，体幹部の運動中に体幹と股関節の安定器を予備活性（pre-activate）し，傷害に結びつく下肢の位置を制御することを学ぶのに役立つ[5,45,46,47]。アスリートが正しく体幹と股関節の安定器を予備活性できない場合は，体幹の側方動揺性が増し，両膝が近寄る方向に大きな力が働くことになる[48]。外反膝での着地やジャンプは，プライオメトリック・トレーニングやスポーツ活動におけるパフォーマンスを低下させる。女性アスリートのコアの安定性と，体幹・股関節安定装置としての筋の共同作用が減少すると，パワーの必要な活動中のパフォーマンスがさらに低下し，傷害の危険性が増す[5,49,50]。

体幹のための神経筋トレーニング

　表5.1～表5.5には，体幹と股関節制御の欠如から引き起こされるパフォーマンスの低下や，傷害の危険性を回避することを目的とした，女性アスリートのための神経筋トレーニングのプロトコルを示した[4]。ここに示した5つのエクササイズの段階における，プライオメトリック・トレーニングとストレングス・トレーニングは，プライオメトリック中の体幹機能向上を目的としており，スポーツにおける成功に必要なコアの安定性を改善することに役立つ。それぞれの表において，エクササイズの強度は徐々に高くなる。最終ステージでは，体幹外側に対する外乱を組み入れている。指示されたエクササイズを効率よく習得するために，アスリートに対し，体幹外側面で動作を減速させてコントロールすることを強いる手法である。指定されたセットと回数は，アスリートが目標を達成できるよう，柔軟性のあるガイドラインである。若い女性が実施できるプライオメトリック・トレーニング・プログラムの補強として重要な進行と考えるべきである。これらの進行過程は，アスリートがさらに高度なプライオメトリック・トレーニング・プロトコルを成功させるために必要な，股関節と体幹の制御を発達させるのに役立つ。

表 5.1 段階 1

エクササイズ	時間	回数	セット	
ラテラル・ジャンプ・アンド・ホールド		8		
ステップ・アンド・ホールド		8	右	左
BOSU（球状面を上）スーパーマン		10		
BOSU（球状面を上）ダブル・ニー・ホールド	20秒			
シングル・レッグ・ラテラル・エアレックス・ホップ・アンド・ホールド		4	右	左
シングル・タック・ジャンプ・ウィズ・ソフト・ランディング		10		
フロント・ランジ		10	右	左
ランジ・ジャンプ	10秒		右	左
BOSU上でのペルビック・ブリッジ		10		
シングル・レッグ・90°ホップ・アンド・ホールド		8	右	左
BOSU（球状面を上）ラテラル・クランチ		10	右	左
ボックス・ダブル・クランチ		15		
スイス・ボール・バック・ハイパーエクステンション		15		

表 5.2 段階 2

エクササイズ	時間	回数	セット	
ラテラル・ジャンプ	10秒			
ジャンプ・ウィズ・シングル・レッグ・ホールド		8	右	左
BOSU（球状面を上）トウ・タッチ・スイマー		10	右	左
BOSU（球状面を上）シングル・ニー・ホールド	20秒		右	左
シングル・レッグ・ラテラル・BOSU（球状面を上）・ホップ・アンド・ホールド		8	右	左
ダブル・タック・ジャンプ		6		
ウォーキング・ランジ		10		
シザー・ジャンプ	10秒			
BOSU上のシングル・レッグ・ペルビック・ブリッジ		10	右	左
シングル・レッグ・90°エアレックス・ホップ・アンド・ホールド		8	右	左
ボックス・ラテラル・クランチ		10	右	左
ボックス・スイベル・ダブル・クランチ		15	右	左
スイス・ボール・バック・ハイパーエクステンション・ウィズ・ボール・リーチ		15		

表 5.3　段階 3

エクササイズ	時間	回数	セット	
ラテラル・ホップ・アンド・ホールド		8	右	左
ホップ・アンド・ホールド		8	右	左
プローン・ブリッジ（肘と膝）・ウィズ・ヒップ・エクステンション・アンド・オポジット・ショルダー・フレクション		10		
スイス・ボール・バイラテラル・ニー	20秒			
シングル・レッグ・ラテラル・BOSU（球状面を上）・ホップ・アンド・ホールド・ウィズ・ボール・キャッチ		4	右	左
リピーテッド・タック・ジャンプ	10秒			
ウォーキング・ランジ・ユニラテラリー・ウエイト		10	右	左
ランジ・ジャンプ・ユニラテラリー・ウエイト	10秒		右	左
BOSU（平面を上）シングル・レッグ・ペルビック・ブリッジ・ウィズ・ボール・ホールド		10	右	左
シングル・レッグ・90°エアレックス・ホップ・アンド・ホールド・ウィズ・リアクション・アンド・ボール・キャッチ		6	右	左
BOSU（球状面を上）ラテラル・クランチ・ウィズ・ボール・キャッチ		8	右	左
BOSU（球状面を上）スイベル・ボール・タッチ（足を上げる）		15		
スイス・ボール・ハイパーエクステンション・ウィズ・バック・フライ		15		

表 5.4　段階 4

エクササイズ	時間	回数	セット	
ラテラル・ホップ	10秒		右	左
ホップ・ホップ・アンド・ホールド		8	右	左
プローン・ブリッジ（肘とつま先）・ヒップ・エクステンション		10	右	左
スイス・ボール・バイラテラル・ニー（パートナーによる外乱）	20秒			
シングル・レッグ・フォー・ウェイ・BOSU（球状面を上）・ホップ・アンド・ホールド		3サイクル	右	左
サイド・トゥ・サイド・バリア・タック・ジャンプ	10秒			
ウォーキング・ランジ・ウィズ・ウエイト・プレート・クロスオーバー		10	右	左
シザー・ジャンプ・ユニラテラリー・ウエイト	10秒		右	左
スーパイン・スイス・ボール・ハムストリング・カール		10		
シングル・レッグ・180°エアレックス・ホップ・アンド・ホールド		8	右	左
スイス・ボール・ラテラル・クランチ		15	右	左
BOSU（球状面を上）ダブル・クランチ		15		
スイス・ボール・ハイパーエクステンション・ウィズ・ボール・リーチ（外側）		15	右	左

表 5.5 段階 5

エクササイズ	時間	回数	セット	
X ホップ		6サイクル	右	左
クロスオーバー・ホップ・ホップ・ホップ・アンド・ホールド		8	右	左
プローン・ブリッジ（肘とつま先）・ウィズ・ヒップ・エクステンション・アンド・オポジット・ショルダー・フレクション		10	右	左
スイス・ボール・バイラテラル・ニー・ウィズ・ラテラル・ボール・キャッチ	20秒			
シングル・レッグ・フォー・ウェイ・BOSU（球状面を上）・ホップ・アンド・ホールド・ウィズ・ボール・キャッチ		3サイクル	右	左
サイド・トゥ・サイド・バリア・タック・ジャンプ・ウィズ・リアクション	10秒			
ウォーキング・ランジ・ウィズ・ユニラテラル・ショルダー・プレス		10	右	左
シザー・ジャンプ・ウィズ・ボール・スイベル	10秒		右	左
スイベル・ロシアン・ハムストリング・カール		10		
シングル・レッグ・180°エアレックス・ホップ・アンド・ホールド・ウィズ・リアクション・アンド・ボール・キャッチ		8	右	左
スイス・ボール・ラテラル・クランチ・ウィズ・ボール・キャッチ		8	右	左
BOSU（球状面を上）・スイベル・ダブル・クランチ		15	右	左
スイス・ボール・ハイパーエクステンション・ウィズ・ラテラル・ボール・キャッチ		15		

　ここに示した体幹に焦点をあてたプロトコルのために選択したエクササイズはすべて，これまでの ACL 損傷の危険性または危険因子の減少を報告した疫学的調査や介入調査をもとにつくられている[1,4,51,52,53]。段階的なプロトコルは，過去にこれらのトレーニング・プロトコルに従った女性アスリートで膝の外転負荷が減少したことを報告した生体力学的調査に基づいて作成された[15,17,18,19]。このトレーニングの斬新さは，プロトコルに体幹を外乱するエクササイズが組み込まれていることである。このことによって女性アスリートが体幹のコントロール，コアの安定性を改善して，傷害の危険がある外反膝による着地を誘発するメカニズムを減少させるのに役立つ[4]。体幹トレーニングを推奨した予備的研究では，立位で股関節筋群を活性化することによって，女性アスリートにおける弱いコア筋群の有害な影響を修正できるとしている。前述のように，このプログラムは，成長過程の女性アスリートのためのプライオメトリック・トレーニング・プログラムであり，重要な補強と考えるべきである。

● まとめ ●

- 動的な神経筋トレーニングおよびプライオメトリック・トレーニングによって，青年期および成熟期の女性アスリートにおける ACL 損傷が減少するようである。
- 傷害予防のために，成長期の早い段階からトレーニングを開始する。このことで，16 歳前後の女子に高い ACL 損傷の発生率を減らすことができる可能性がある。
- 具体的には，体幹制御に重点をおいた神経筋トレーニングを思春期の直前から開始する。それは最も効果が期待できる予防的介入であり，女性アスリートに高いリスクのある運動力学的因子を改善できる可能性がある。

CHAPTER 6

リハビリテーションのためのプライオメトリック・トレーニング

　健康な四肢でも練習や競技中に身体にかかる衝撃に耐えるのがしばしば困難な場合があることを考えると，傷害を受けたアスリートが安全にまた確実にスポーツ活動にもどるには，いくつかの手段を考える必要がある。理学療法士などのリハビリテーションの専門家は，筋骨格系の傷害に対するリハビリテーションを実施する際に遠心性筋力の重要性を認識しはじめている。研究では，傷害を受けたアスリートがスポーツに復帰するためには，遠心性筋力を増大させることがきわめて重要であることが示されている。

　遠心性筋力を向上させることは，プライオメトリック・トレーニングを成功させるめの前提である。傷害を受けたアスリートが，リハビリテーションの最終段階でプライオメトリック・トレーニングを行えるようになる前に，下肢の安定性と遠心性筋力の増大に重点を置いたトレーニングを終了させなければならない。1つの関節だけを使ったり（オープン・キネティック・チェーン運動），単平面上での動作を行うレジスタンス・トレーニングは，スポーツ活動に復帰するための十分なリハビリテーションとはいえない。簡単に言うと，椅子に座ってスポーツはしないということである。

　アスリートが必要とする足部，足関節，膝関節，股関節を含めた機能的で多面的な動きのパターンで下肢をトレーニングするクローズド・キネティック・チェーンによる運動は，有効なリハビリテーション・エクササイズとして最も重要になりつつある。プライオメトリック・トレーニングも，クローズド・キネティック・チェーン運動に分類される。リハビリテーションのための機能的トレーニングやプライオメトリック・トレーニングの最終的な目標は，全可動域にわたって主要筋群を強化し，アスリートがより高度なプライオメトリック・トレーニングの段階に進むことができるよう，十分な筋力をつけるということである[1]。

　プライオメトリック・エクササイズのドリルとスキルは，傷害を受けたアスリートが競技復帰のための準備が整っているかを判断する機能テストとして用いることができる。競技会などの環境では，大きな精神的・身体的ストレスを受けるため，アスリートが体力的に自信がない場合，悲惨なパフォーマンスとなる危険があり，さらに悪いことに再受傷の危険さえある。

69〜73ページはT.L. Chmielewski, G.D. Myer, D. Kauffman, and S.M. Tillman, 2006, "Plyometric exercise in the rehabilitation of athletes: Physiological responses and clinical application," Journal of Orthopaedic & Sports Physical Therapy 36(5): 308-319. © Orthopaedic Section and the Sports Physical Therapy Section of the American Physical Therapy Associationより許可を得て引用。

リハビリテーションのためのガイドライン

リハビリテーション中のプライオメトリック活動に耐えられなければ、スポーツ活動への復帰に耐えられる可能性はさらに低い。さらに、最近の下肢の損傷予防プログラムには、しばしば下肢に焦点をあてたプライオメトリック・エクササイズが含まれている。これらのプログラムでは、プライオメトリック・トレーニングによってスポーツへの段階的な復帰を助けるだけでなく、傷害を予防する効果もあり[2,3,4,5,6,7]、おそらく再受傷の可能性を減らす効果もあるというエビデンスも得られている。それでもやはり、リハビリテーションでプライオメトリック・エクササイズを行う際は、疼痛の増悪や関節の腫脹などスポーツへの段階的な復帰を遅らせるような反応を避けるために慎重に実施すべきである。

各種のプライオメトリック・トレーニングのガイドラインやプライオメトリック・エクササイズを開始するための基準は、もともと傷害を受けていないアスリートのために発展してきたため、主として強度の高いプライオメトリック・エクササイズが中心になっている。そのため、これらのガイドラインでは、傷害を受けたアスリートに対する特殊なトレーニングには対処できない。エクササイズのバリエーションはリハビリテーションを計画するうえで最も考慮すべき課題である。したがって、リハビリテーションの専門家は、リハビリテーション・プログラムの一部としてプライオメトリック・エクササイズを取り入れるとき、頻度、強度、量、リカバリー、進行などについてよく検討し、慎重に実施しなくてはならない（リハビリテーション以外に用いる場合の頻度、量、リカバリーに関してはCHAPTER 8を参照）。リハビリテーション・プログラムには、組織の治癒期間、組織の反応（腫脹や疼痛など）など代謝に関することや、技術的なパフォーマンス・スキルなどの習得も含めなければならない。これらについては、以下の項目で詳細に述べる。リハビリテーションの専門家が、これらのことを十分に考慮して実行することによって、高い強度の遠心性エクササイズや新しいエクササイズを行う際によくみられる遅発性筋痛を回避することができる[2,8]。

エクササイズの頻度

エクササイズの頻度とは、1トレーニング・サイクル中に、何回エクササイズを行うかということである。健康な人の場合は、強度の高いプライオメトリック・エクササイズを1週間に2回行い[9]、完全なリカバリーのために、プライオメトリック・エクササイズのセッション間に48〜72時間の休養を入れる[2,10]。リハビリテーションの最終段階でプライオメトリック・エクササイズを開始するときは、週に1回、低い強度の1つのエクササイズからはじめ、適切な学習とトレーニング間のリカバリーを確実にする。この段階では学ぶことが非常に多いため、アスリートは情報を吸収し、トレーニング間には自身で準備をする時間が必要である。疼痛、腫脹、能力などのパラメータが上手に制御されていれば頻度は速やかに増加できるはずである。リハビリテーションにおいては週2回が一般的な頻度である。多くの場合、リハビリテーションにおけるプライオメトリック・エクササイズは低い強度から開始するため、関節の炎症や筋痛が発生することなく、より頻回のエクササイズ（1週間につき最高3回）に耐えることができる[2]。

エクササイズの強度

強度とはエクササイズを実施するためにどの程度の努力が必要かということで、負荷の量と関係がある[2]。伸張負荷（運動エネルギー）を増加させるエクササイズであれば何でも、プライオメトリック活動の強度は増加する[11]（メディシンボールの重さを増やしたり、降りる高さを高くするなど）。

トレーニング・プログラムでは，多くの場合，強度と頻度は反比例する。一般的に，プライオメトリック・エクササイズの強度を上げるときは，適切なリカバリー期間のことを考え頻度は減少させる[2]。

プライオメトリック・エクササイズの適切な強度は，主に外部からの負荷に対処できる治癒組織の能力，そして望ましいパフォーマンス技術でリハビリテーション活動ができるアスリートの能力と関係してくる。ほかのトレーニング（傷害を受けていないアスリートのためのレジスタンス・トレーニングやプライオメトリック・トレーニングなど）と同様に，リハビリテーションのために用いるプライオメトリック・エクササイズの強度は，アスリートの悪い反応を回避するために，低強度から高強度へと徐々に進めていくべきである[2]。

リハビリテーションの専門家は，下肢のプライオメトリック・エクササイズの強度を下げるために，体重による負荷をかけないような器具を用いる。その後，全体重を負荷した強度でエクササイズを行うことにより，プライオメトリック運動の強度を上げることができる。ジャンプの高さや飛び降りる箱の高さを段階的に上げたり，ジャンプやバウンディングの距離を徐々に長くすることで（片脚でのエクササイズができるようになることが最終目標），片脚の傷害に対するリハビリテーション中の弱点を解決する役に立つ。

さらに，リハビリテーションの際に，体操用のマット上でプライオメトリック活動を行うことによって，関節への衝撃を減らすことができる。ただし，体操用のマットの使用によってアモチゼーション（償還）期が長くなり，全体的なプライオメトリック・トレーニングの効果が減る場合があることは念頭に入れておくべきである。したがって，リハビリテーションを受けているアスリートは，最終的には適応を促し動きの質を改善するために，スポーツ特有のより堅い床などへと進めていく必要がある[2]。

上肢のプライオメトリック・エクササイズは，重力の影響を軽減させたり（床でのプッシュ・アップの代わりに壁でのプッシュ・アップを行うなど），軽い（450〜900 g）メディシンボールを使用することにより低い強度からはじめることができる[2]。同様に，より重い抵抗を用いることで強度を上げることもできる。また，身体やボール（13 kg以下）を動かす距離を長くしたり，動きのスピードを速くしたり，両腕を使った活動から片腕への活動にすることでも強度を上げることができる[2]。

エクササイズの量

リハビリテーション中，最も重要なことはエクササイズの量の調整である。エクササイズの量は，ほとんどの場合，床面またはボールなどの物体との接触の回数によって定義される。エクササイズの推奨量は，通常，1つの特定の条件に基づいている[2]。リハビリテーションの専門家は，エクササイズ強度，プライオメトリック動作における技術的パフォーマンス，運動に対する反応やアスリートの経験レベルなど，ほかの条件を必ず考慮に入れなければならない[2]。例えば，投手の肩のリハビリテーション・プログラムの場合であれば，試合中に何球投げるかを予想して調整する（投手は1試合で100〜120球を投げる）。最終的にエクササイズ量の目標は，それに近づけるべきである。

エクササイズの量は，アスリートがエクササイズ技術を完璧に習得し，現在のエクササイズ量を維持でき，関節に異常な反応がみられないときにのみ増やしてもよい。一般的に，高強度で少ない量の活動に進む前に，低強度で量の多い活動に耐えられるかを実際に示さなければならない[9]。さらに，リハビリテーションの専門家が直接監視せずに実施される場合（チームのアスレティック・トレーナーに指導されるドリルなど）のプライオメトリック・トレーニングにおいても考慮が必要で，エクササイズの量は状況に応じて調整しなければならない。アスリート，コーチ，トレーナーは，傷害からの回復から完全なスポーツ復帰まで，エクササイズが適切に進行していることを確認するため，臨床家（医師，理学療法士，アスレティック・トレーナー）と絶えず情報のやりとりをする必要がある。

リカバリー

　リカバリーとは，プライオメトリック・エクササイズの反復やセット，セッションの間の休息時間のことを指す。プライオメトリック・エクササイズにおける運動時間と休息時間の割合は，エクササイズの強度やエクササイズで使用するエネルギー系によって異なる。高強度のプライオメトリック・エクササイズにおける運動時間と休息時間の割合は，エクササイズを適切に行うために必要な十分な休息がとれるよう1：5～1：10がすすめられる[10]。例えば，最大努力でドロップ・バーティカル・ジャンプを行うとき，反復の間に5～10秒間の休息をとる。リハビリテーションのために行うプライオメトリック・エクササイズの強度は一般的に低く，運動時間と休息時間の割合は1：1～1：2で，素早く連続的に行う[12]。一例を上げると，10秒間のライン・ジャンプの後，10～20秒の休息をとることなどがある[2]。

　一般的に，プライオメトリック・トレーニングにおける理想的なリカバリーのためには，セッション間に48～72時間の休息が必要である[10]。セッション間のリカバリー時間は，遅発性筋痛の有無にもよる。もしプライオメトリック・エクササイズの後に過度の遅発性筋痛がみられた場合，痛みはエクササイズの24～48時間後が最も著明で，96時間以内には緩和される[13,14]。

エクササイズの進行

　リハビリテーションのために実施するほかのエクササイズと同様に，プライオメトリック・エクササイズはアスリートが耐えられる最大のレベルからはじめ，エクササイズが正しいフォームで行え，症状が悪化することなしに完璧に実施できた場合にのみ，次の段階へ進むべきである。前述したように，傷害を受けていないアスリートに対する場合と同様に，プライオメトリック・エクササイズの頻度，強度，量，リカバリーは慎重に調整しながら進める。エクササイズの頻度，強度，量などの条件をいつ変更すべきかは，アスリートの経験や経験的証拠にもよるが，最も重要なのはアスリートの反応である。最初に増やすのは，個々のプライオメトリック・エクササイズの量（セットと反復回数）である。これにより，エクササイズの強度や頻度を増やしたり，リカバリー時間を短くする前に，神経筋コントロールと持久力が適切に得られたかを確認することができる。

　関節痛や関節の腫脹など，有害な反応がみられた場合は，プライオメトリック・エクササイズの進行を遅くしたり，あるいは制限することが必要である[15]。このような場合には，機能障害が完全に治まるまでリカバリー期間を延長すべきである。その後，プライオメトリック・エクササイズを再開するときは，エクササイズの量や強度を前に実施していたレベル以下に減らす必要がある。エクササイズ後に関節痛や関節腫脹がみられても，次のリハビリテーション・セッションの前やウォーミングアップ後に症状が治まる場合は，プログラムを次の段階へ進めずに同じレベルで実施し，症状の再発がないかを監視する[15]。これまでの報告では，次のレベルに進む前に，有害な反応なしに特定の強度と量のセッションを2～3回を行えるべきであるとしている[2]。

エクササイズ・テクニック

　リハビリテーションにプライオメトリック・エクササイズを導入する主なねらいは，アスリートのスキルを再獲得する手助けを行い，運動力学的に安全で正しいテクニックを確立することである。そのことによって，アスリートが最高のパフォーマンスを勝ち取ることができるようになる。リハビリテーションの専門家は，傷害に起因したり，最初の傷害の原因に関係する可能性のある潜在的な技術的欠点への対処にも焦点をあてなければならない[16,17]。アスリートが誤った方法でプライオメトリッ

ク・エクササイズを実施し続けた場合，誤った技術が身についてしまう。

　はじめにプライオメトリック・エクササイズを実施するときは，リハビリテーションの専門家は，エクササイズ中やエクササイズ後に絶え間なく口頭によるフィードバックを与える必要がある。この絶え間ないフィードバックにより，危険の可能性のある姿勢だけでなく，正しいフォームやテクニックに対するアスリートの意識を高めることができる[18]。さらに，ビデオを用いたり，鏡の前でエクササイズを行わせたりして，視覚的なフィードバックも与える必要がある[19]。リハビリテーションの専門家は，指導したエクササイズの望ましいテクニックを見極めることに熟練していなければならず，アスリートにできるだけ長い期間完璧なテクニックを維持できるよう指導しなければならない。急に上達がみられなくなったり，技術的な乱れがみられたなど，アスリートに疲労がみられた場合は，活動を止める必要がある。アスリートの目標は，正しいフォームを維持しながら，プライオメトリック・エクササイズの量と強度を増大させることにある。

スポーツ復帰のためのガイドライン

　アスリートが傷害からのリハビリテーションの後，スポーツ活動にもどる前に，リハビリテーションの専門家が，下肢のプライオメトリック技術を評価するとよい[1,20]。具体的にいうと，専門家が最初の傷害に関係している可能性のある下肢の欠陥(荷重時の左右の非対称性や着地時の外反膝)が残っていないかを確認するために，アスリートのデプス・ジャンプとカッティング動作を評価すべきである[21]。これらの欠陥は，多くの場合，フィールド・テストで両脚を比べることで判別できる。一般的には，片脚または両脚で，一定時間内におけるジャンプの回数やジャンプの距離を測定して評価する。スイッチ・マットなどの機器は，接地回数を記録し，アスリートが受傷前のレベルにあるか否かを判断するのに役に立つ。また，これらの装置は両脚の左右差を示す客観的なデータを得る際にも役に立つ。

デプス・ジャンプ・テスト

　アスリートは30 cmの箱から降下する(ジャンプはしない)(図6.1)。コーチやトレーナーは，デプス・ジャンプ中に，下肢の欠陥や非対称性を評価する。

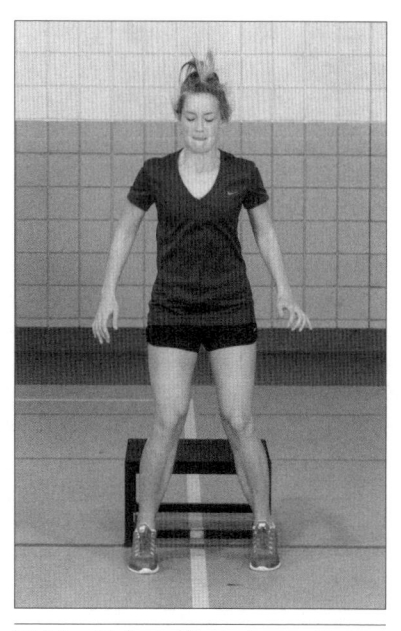

図6.1　デプス・ジャンプ・テスト

カッティング・テスト

プライオメトリック・カッティング動作は，テクニック・パターンとともにスポーツ活動に復帰する前に修正すべき目標である。臨床家やコーチはアスリートに積極的にフィードバックを与え，外反膝を制限した状態での反応性トレーニングを行うよう働きかける。

敏捷性の評価

傷害に対するリハビリテーションの後，タック・ジャンプによってアジリティ・テストとシングル・レッグ・ホップ・テストによってアスリートを評価すべきである。モディファイド・アジリティ・T-テスト（MATテスト）は，多方面へのカッティングと敏捷性の課題によって横方向への動作の欠点を確認するために行う。また，シングル・ポップ，クロスオーバー・ホップ，トリプル・ホップの距離を測定することにより，前十字靱帯の術後における筋力不足やパワー不足を確認できる。CHAPTER 7 で詳述するタック・ジャンプは，ジャンプや着地動作の欠点を確認するために用いることができる。

モディファイド・アジリティ・T-テスト（MATテスト）*

コーンを3つ4.5 m間隔で一直線に並べる（コーン1, 2, 3）。4つめのコーン（コーン4）をコーン2から4.5 m離して配置しT字形にする（図6.2）。スタートとフィニッシュは，T字の下に合わせるようにそれぞれコーン3と1から4.5 mのところに置く。コーチやトレーナーの合図で，スタートからコーン3へ前向きで走り通過した後，横へのシャッフル（すり足）でコーン2を通過，次に後ろ向きでコーン4を通過したら，前方に走りコーン2を通過し，横へのすり足でコーン1を通過，そして後ろ向きでフィニッシュに向う。アスリートがフィニッシュを通過したら時計を止める。次に，フィニッシュからスタートして，同じパターンを反対方向に繰り返す。このテストの目標は課題完了に要した時間の左右差が10％以下で達成できることである。

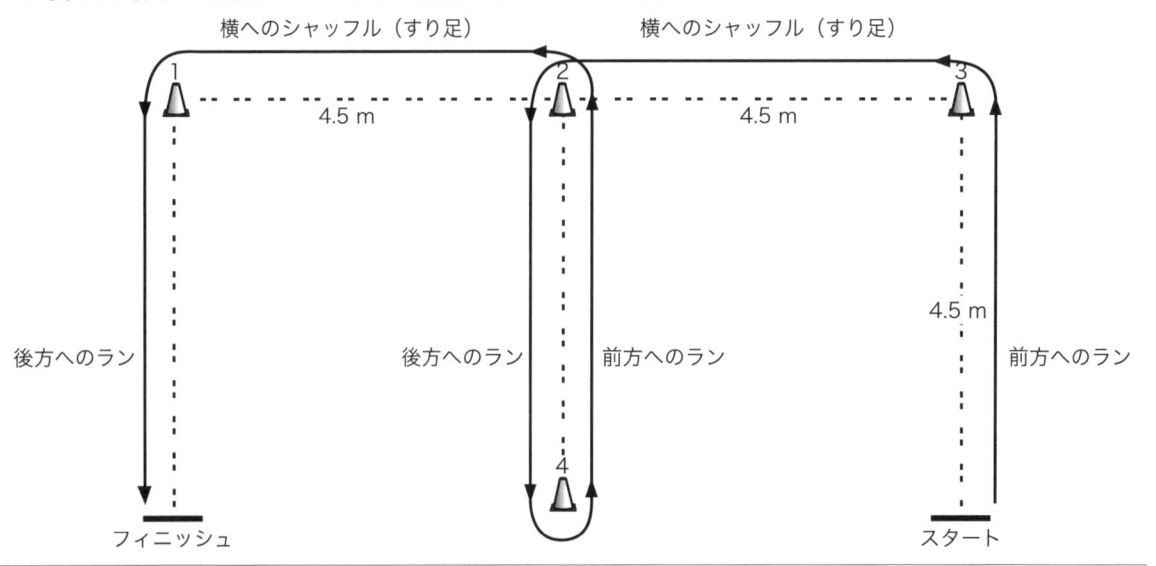

図6.2 モディファイド・アジリティ・T-テスト（MATテスト）のためのコーンの配置

* G.D. Myer, M.V. Paterno, K.R. Ford, C.E. Quatman, and T.E. Hewett, 2006, "Rehabilitation after anterior cruciate ligament reconstruction: Criteria-based progression through the return-to-sport phase," Journal of Orthopaedic & Sports Physical Therapy 36(6): 385-402. © Orthopaedic Section and the Sports Physical Therapy Section of the American Physical Therapy Association より許可を得て引用。

シングル・レッグ・ホップ・ディスタンス・テスト

3種類のシングル・レッグ・ホップ・テストの距離を測定する（図6.3）。

- シングル・レッグ・シングル・ホップ：片脚でバランスをとって立ち，そのまま前方へできるだけ遠くへホップをし，片脚で着地してバランスを保持する。
- シングル・レッグ・クロスオーバー・ホップ：床に描いた直線の脇に片脚で立つ。直線を越えて前方へホップし，次に前方へ開始した側にホップする。さらに再びラインを越えて前方にホップする。それぞれのホップで，バランスとコントロールを維持しながらできるだけ最長の距離を跳ぶ。
- シングル・レッグ・トリプル・ホップ：片脚で立ち，直線上を前方に3回ホップする。バランスとコントロールを維持しながらできるだけ遠くへホップする。

反対の脚で各テストを繰り返す。スポーツに復帰する前に，受傷側の脚で少なくとも健常側の90％の距離をジャンプできるようにする。膝が基準面からはずれたり内側に入るなど，膝のアライメントを視覚的に評価する。

図6.3　シングル・レッグ・シングル・ホップ（左），シングル・レッグ・クロスオーバー・ホップ（中），シングル・レッグ・トリプル・ホップ（右）のフットワークパターン

最終評価

競技的な課題において下肢のパフォーマンスに左右差があったり，その他の欠陥がある場合は，再受傷または二次的な傷害の要因になる。したがって，スポーツに復帰する前に，これらの欠陥を最小限に抑えなければならない[1,20,22]。スポーツ復帰のためのリハビリテーション・プログラムすべての段階において，筋力でだけでなく競技実施の面でも，非対称性を最小限に抑えるようにしなければならない[23,24]。

これらのテストで満足のいく測定値に達していれば，治療を終了し，それぞれのスポーツ・トレーニングやコンディショニング・プログラムに復帰する準備をする。しかし，競技会などへ無制限に完全参加すべきではなく，むしろ練習を再開し，競技会でのプレーに向けて準備をはじめるほうがよい。下肢の傷害からスポーツへ復帰したときは，再受傷の危険が高い期間である[23,24]。

● まとめ ●

- 遠心性筋力の向上は，すべてのアスリート，特に傷害を受けたアスリートのために重要である。
- 傷害を受けたアスリートがスポーツへ完全に復帰する前に，プライオメトリック・テストにより残存する欠陥と四肢の非対称性を評価すべきである。
- プライオメトリックは，リハビリテーション中に獲得した技術がスポーツ・パフォーマンスに適しているかどうかを確認するために重要な移行の手段である。
- プライオメトリックは，リハビリテーションの最終段階で行われ，トレーニングに特異性をもたせるために重要である。プライオメトリック・エクササイズは，いかなるマシンを使用したエクササイズやウエイト・トレーニングより，スポーツ現場で行われる実際のパフォーマンスに近い。プライオメトリック・トレーニングの採用は，アスリートが競技復帰した際，しばしば成功するか失敗するかを決定づけるほどの意味をもつ。

PART III

プライオメトリックの応用

CHAPTER 7

プライオメトリック・トレーニングのための筋力とパワーの評価

　プライオメトリック・トレーニングは，当初，エリート・アスリートがパワーとスピードを向上させるためのエクササイズ・プログラムであるとみなされていた。そのため，筋力を基本とした概念が最優先されていた。アスリートは，最大限の力の発揮と高強度の質の高い活動に耐えるために，高いレベルの下肢筋力が必要になる。そのため，アスリートの技術的なパフォーマンスとこの種の活動に参加するための準備ができているかを評価すべきである。

　旧ソ連の高跳びのコーチであるYuri Verkhoshanskyは，強度の高いプライオメトリック・トレーニングに耐えるためには，体重の2.5倍のスクワット能力がなければならないと述べた[1]。もしその基準を今日に当てはめたとしたら，アメリカのアスリートのほとんどはプライオメトリック・トレーニング・プログラムに参加することができないだろう。13歳の男子アスリートでは，体重の75％でのスクワットはできるかもしれないが，自重でできるのはごく少数にかぎられるだろう。さらに女性アスリートでは，ほとんどが自重でのスクワットができない。

　アスリートが60 cmの高さから単純な降下（デプス）ジャンプを行う場合，着地時には体重の5倍に相当する力が加わる可能性がある。その力は下肢の骨を粉砕するのに必要な力より大きい。着地時の衝撃力は軟部組織（筋，腱，靱帯）によって身体の全体で吸収し分散されるので，実際にこのようなことは起こらない。このことから，アスリートが筋力を向上させることは非常に重要であることがわかる。筋力によって，身体は軟部組織と関節に悪影響を与えることなく効果的に衝撃力を吸収し，分散させることができる。

　下肢筋力が弱いと着地の際の安定性がなくなり，高い衝撃力は身体の受動的な安全装置で過度に吸収することになる。早期の疲労も，下肢筋力が十分に発達していないアスリートには問題となる。これらの要因によってエクササイズ中のパフォーマンスの悪化を引き起こし，オーバーユースに急速に近づく原因となり，傷害を受けやすくなる。

アスリートの評価

　アスリートが高い強度のエクササイズ・プログラムを開始するために必要な筋力の条件についてさまざまに提案されてきたが，Verkhoshanskyのいう体重の2.5倍のスクワットは，すべてのアスリートが実施できたり，あるいは必要であるというわけではない。アスリートがプライオメトリック・トレーニング・プログラムを開始できるかどうか決定するときには慎重さと常識が必要とされる。アスリートがこの種のトレーニングをはじめる準備ができているかどうかを判断するときには，特定の基

準に意味がある。プライオメトリック・トレーニングを行うにはいくつかの考慮すべき要因があるため，開始するにあたっての基準は融通の利かない規則であるべきではないことを念頭に置く必要がある。

まず，アスリートの実際の年齢が，開始するにあたっての基準に影響を及ぼす。アスリートが思春期前の場合，弾性を利用して力を生むエクササイズは優先的でない場合がある。この年齢層における若者は筋，腱と靭帯の張力を改善するために，軽い抵抗によって身体のコントロールと筋力の向上に重点を置く必要がある。この年代の者は空間認識と適切な動作パターンを発達させる必要がある。この点に関する詳しい情報は，Donald A. Chu と Avery D. Faigenbaum による American College of Sports Medicine's（ACSM）Position Paper on Plyometric Training for Children and Adolescents（December 2001），または最近の本では，Donald A. Chu, Avery D. Faigenbaum, Jeff E. Falkel による Progressive Plyometrics for Kids[2]（Healthy Learning, 2006）を参照されたい。

年齢に加えて，性別も考慮に入れるべき大きな要因である。若年女性において，前十字靭帯（ACL）損傷が非常に高い発生率を示すことは立証されている。このことに関係する2つの主な要因は，大腿四頭筋，ハムストリング，殿筋群が相互に作用するやり方と，これらの筋群がプライオメトリック・トレーニング中に正しい膝のアライメントを維持する能力である。男性においては，後部連鎖筋群が脛骨の前方移動を予防し，女性より膝のアライメントを中間位に維持することができる[3]。また適切なプライオメトリック・トレーニング・エクササイズを実施することによって，一部の女性にみられる筋の反応の順序の違いを変化させることも可能である[4]。

アスリートの傷害既往歴もまた，プライオメトリック・トレーニングの実施において重要な要因である。アスリートが足関節，膝関節，股関節にこれまで一度も重大な傷害を受けていない場合，トレーニングに関する制限は少ない。しかし，アスリートが靭帯損傷，骨関節炎，または関節面を含む病変により手術を受けたことがある場合には，トレーニング強度とエクササイズの量に関するより厳しい基準を検討しなければならない。

ほかに考慮するのは，アスリートのトレーニング歴である。アスリートが初心者であるか，これまでに爆発的な動き（ダンスや体操など）を含んだトレーニング・プログラムに参加したことがあるかによって状況は大きく異なる。初心者のアスリートのためには，評価とエクササイズは基礎的なレベルから開始し，そのアスリートのために適切な強度が見つかるまで漸増させていくべきである[5]。

テストと評価方法

トレーニング期間やトレーニング・サイクル前後にアスリートへのテスト（データ収集）を実施し，その評価（パフォーマンスの基準を確立するために集めたデータを比較する）をすることは，改善度を評価し，目標とやる気を与えるために不可欠である。テストの結果は，国内外のデータベースと比較されることが多いが，それによって自分がどれくらいのランクにあるかがだいたいわかる。

プライオメトリック・トレーニングは，アスリートが自らのイメージを改善して自己実現を獲得するのを助ける手段でなければならない。アスリートは自分自身と競うことに専心すべきで，トレーニング中やテスト中も同じようにすることがすすめられる。アスリートが自分の成果に対してだけでなく，標準値に対する自分を評価できるよう，テストはトレーニングの前後で行う必要がある。陸上競技や水泳などの個人競技におけるアスリートの最終的なテストは試合そのものであり，チャンピオンシップ・シーズンであればなおさらである。それは準備と計画に費やしたすべての時間と労力，そしてパフォーマンスを，ピーキングとして知られる最高点に達する瞬間に集約することができたときである。

CHAPTER 7　プライオメトリック・トレーニングのための筋力とパワーの評価

　アスリートの身体能力を評価するために，さまざまな方法が利用できる。これらは通常，フィールド・テストとして知られているパフォーマンス・テストである。そのフィールド・テストは実施するのが簡単で，器具をほとんど必要としない。通常は，巻き尺，ストップウォッチや時間を測定する器具，またプライオボールやメディシンボールなど，投げて距離を測るための物があれば十分である。われわれはテストは4～5つに制限することをすすめる。4～5つのテストであれば，結果を歪曲したり，傷害を受けやすくなる可能性のある疲労を生じることなく，アスリートの状態を測定するのに十分である。テスト結果によって，しばしばアスリートの弱点や欠点が明らかになる。テストの結果は，アスリートが実施するエクササイズの種類，強度，量の決定など，プログラム作成の基準とすべきである。

　300ヤードのシャトル・ラン，垂直跳び，立ち幅跳びなどの体力の標準的なテストは，ベースラインとなるデータを集めるのに役立つ。これらのテストや同じようなテストの結果は，将来的に参考にするため記録しておかなければならない。より上級のアスリートであれば，スタンディング・トリプル・ジャンプ，シングル・レッグ・ホップ（25m以上），90秒ボックス・ドリルなどのスキルのテストが行える。

危険性の高いアスリートのスクリーニング検査

　検査室におけるスクリーニング用の手段は，スポーツ動作中の変化した神経筋の方略や減少した神経筋制御を明らかにするために用いられてきた。プライオメトリック遂行中の動作と負荷に対する下肢関節の運動力学の異常は，アスリートの傷害の危険性を増大させる原因となる可能性があることが示されている[6,7,8,9,10,11]。着地の際の異常な力学は，アスリートが傷害を受ける危険性が高い[7]。

　プライオメトリック活動中の傷害の危険因子の予測は，逆動力学を用いて検査室で行われた。この過程は三次元運動学的および動力学的測定ができる検査室が必要で，非常に複雑である[12]。残念なことに，これらの測定のためには，高価な多くの測定機器のある生体力学検査室が必要とされる。そのため，コーチが現場でトレーニング中にアスリートの危険度を評価する可能性は制限される。このため，現在の研究は，テストに使用することが可能で，さらに重要なことはパフォーマンスを最大限に引き出す方向にアスリートを訓練し，また傷害の危険因子を減少させることができるリアルタイム・フィールド・テストを発展させることに重点が置かれている。

タック・ジャンプ評価（TJA）ツール

　タック・ジャンプ・エクササイズは，プライオメトリック活動中，下肢の技術的な欠点を特定するのに役立つ[13]。タック・ジャンプは，高いレベルの努力が必要とされる。そのため，このテストによって，特に最初の数回の反復で潜在的な欠点をすぐに特定できる可能性がある。加えて，タック・ジャンプはトレーニングによって改善した下肢のバイオメカニクスの評価に用いることもできるだろう[12,13,14]。

　図7.1，図7.2にタック・ジャンプの技術的に望ましいパフォーマンスを示す。タック・ジャンプ評価を行う際には，脚を少なくとも肩幅，できれば35cmに広げたアスレティック・ポジションから開始する（図7.1a，図7.2a）。身体の後方に腕を伸ばしながら，軽くかがみタック・ジャンプを開始する（図7.1b，図7.2b）。それから腕を前方に振ると同時に真上にジャンプし，できるだけ高く膝を引き上げる。ジャンプの最も高いポイントで，大腿を地面と平行になる位置まで引き上げな

図7.1 正面からみた望ましいタック・ジャンプ

図7.2 側面からみた望ましいタック・ジャンプ

ければならない（**図7.1c**，**図7.2c**）。つま先から中足部のアーチを使用した柔らかい着地を行い，各ジャンプで同じ位置に着地するよう心がける（**図7.1d**，**図7.2d**）。着地後すぐに次のタック・ジャンプを開始する。

　図7.3に連続ジャンプや着地動作中の欠点を記録するのに用いることができる技術評価ツールを示す。コーチはトレーニングの前・中・後にタック・ジャンプのパフォーマンスを監視するためにこのツールを用いることができる。具体的には，アスリートが10秒間タック・ジャンプを繰り返し，コーチは視覚的に大まかな基準で採点する。割り当てられた時間内にテクニックが急激に悪化した場合，テストは中止する。さらに，正面および矢状面から普通の2Dカメラで撮影することで，評価の精度を向上させることができる。

　コーチは評価記録用紙を使用してアスリートのテクニックを評価し，最適なスポーツ・パフォーマンスを阻害する欠点を調べる。欠点は最終的な評価スコアによって計算できる。技術上の欠点がみられたアスリートに対しては注意深く観察し，以降のトレーニングの際にフィードバックによって重点

TJ（タック・ジャンプ）評価記録用紙

膝と大腿の動き	前	中間	最終	コメント
1. 着地の際に下肢の外反がみられる（写真 a）				
2. ジャンプの最高点で大腿が平行にならない（写真 b）				
3. ジャンプの際に大腿が左右対称でない（写真 c）				
着地するときの足の位置				
4. 足が肩幅に開いていない（写真 d）				
5. 足が前後にずれていて平行でない（写真 e）				
6. 接地のタイミングが同じでない（写真 f）				
7. 着地の際に大きな接地音が聞こえる				
プライオメトリック技術				
8. ジャンプの間に静止してしまう				
9. 10秒前に技術が悪くなる				
10. 開始時の位置に着地できない（ジャンプ中の過剰な動作）				
合計				

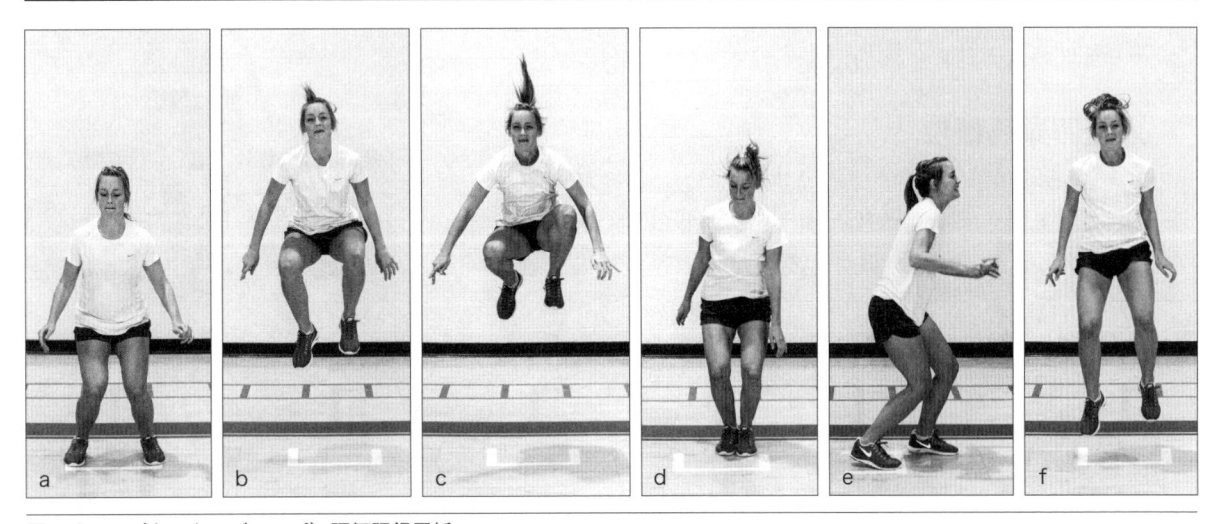

図7.3 TJ（タック・ジャンプ）評価記録用紙

G.D.Myer, K.R.Ford, and T.E.Hewett, 2008, "Tuck jump assessment for reducing anterior cruciate ligament injury risk," Athletic Therapy Today 13 (5):39-44 より許可を得て引用。

的に指導する。ベースラインとなるアスリートのパフォーマンスを測定しておくことで，トレーニングの途中や最終段階におけるジャンプ動作や着地技術が改善されたかどうかを客観的に評価することができる。コーチやトレーナーが，アスリートのパフォーマンス低下や傷害の危険が増す可能性のある欠点を判断するために，評価規準を①靱帯優位，②大腿四頭筋優位，③下肢優位，④体幹優位とコア機能不全の4つの一般的なカテゴリーに分類する。これらのカテゴリーについて，以下に詳しく述べる。

靱帯優位

　靱帯優位は，膝関節の動的安定性における神経筋および靱帯制御間のアンバランスとして定義される[13]。この膝関節における安定性制御のアンバランスは，着地やカッティング動作の際に，前額面において下肢の運動制御ができないことによって証明される。研究室における運動評価では，外的な外反負荷（X脚に見える）は，将来的な傷害の予測因子であり，また受傷時にはACLにストレスを与える原因であると考えられている[12]。

　図7.4にタック・ジャンプ中の下肢の十分な前額面制御が欠如している靱帯優位のアスリートを示した[12]。アスリートは着地時に下肢が外反しており，接地の際にX脚になっている。図7.5に靱帯優位の別の例を示した。この例では，着地時に足を肩幅に開くことができていない。この欠点には，両足が近すぎることや，離れすぎているような状態も含まれる。アスリートが靱帯優位で着地する力学は，前額面上で股関節の制御を欠いていることにより（外反膝の増強が）引き起こされている可能性がある。この両タイプの靱帯優位とも，体幹と股関節に焦点を当てたトレーニングで改善できる可能性がある[4,12,13,15,16,17]。

図7.4　着地時の下肢の外反

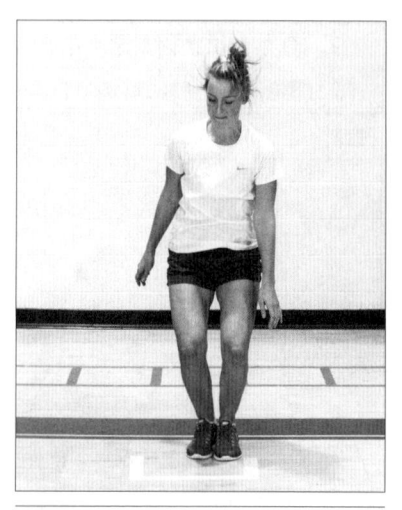

図7.5　足が肩幅に開いていない

大腿四頭筋優位

　大腿四頭筋優位は，膝伸筋と膝屈筋の筋力，筋出力の動員そして協調性のアンバランスと定義される[12,13]。膝の完全伸展に近い肢位での着地が，膝損傷の一般的なメカニズムである[18]。大腿四頭筋に比較してハムストリングの筋力が減少すると，下肢傷害[3,19,20,21,22]や女性アスリートにおけるACL損傷の潜在的な危険性[13]が増大する。関節が，大腿四頭筋の高い活性化を受けたり，あるいは受動的に構造が損なわれそうなとき，ハムストリングと大腿四頭筋の同時収縮による関節安定性が必要な場合がある[23,24]。Withrowらは，ジャンプ着地のシミュレーションにおける屈曲段階において，ハムストリングの力が増大するとACLにかかる相対的な緊張は大きく減少すると報告した[25]。

　女性におけるACL損傷の危険性の増大と神経筋のアンバランスに関して提唱された他の理論は，膝屈筋の動員が（伸筋と比較して）相対的に低いことであり，動的なクローズド・チェーンにおけるハムストリング対大腿四頭筋の最大トルク値を反映している可能性があるとされている[26,27]。例えば，ハムストリングの活性化は，膝の受動的制御装置にかかる負荷を減らし，膝関節の圧縮力を増加させ，外部からの内反・外反負荷から膝を安定させることができる[29]。

　膝屈曲角度が少なく，扁平足の肢位で着地するアスリートは大腿四頭筋優位な特徴を示し，着地時の接地音が大きくなる。この音がタック・ジャンプ評価（図7.3）において明らかであれば，欠点である後方連鎖の筋群と深い膝屈曲に焦点をあてたエクササイズを実施すべきである[3,4,6,13,30]。

下肢優位

　下肢優位は両下肢間の筋力，協調性，制御におけるアンバランスと定義される[12,13]。コーチは危険度評価において神経筋機能，柔軟性，協調性に左右のアンバランスがあるときは，それが重要な傷害の危険性の予測因子でありえることを認識しておかなければならない[7,22,31]。女性アスリートにおける ACL 損傷の危険性に特有な動的外反テストによる下肢の左右差は，傷害を受けた女性では観察されるが傷害を受けていない女性ではみられない。ACL 損傷のある女性における膝に対する負荷の左右差は，健常な女性の 6.4 倍以上であった。女性アスリートでは，ボックス・ドロップ・バーティカル・ジャンプの際，膝外反（外反膝肢位）の左右差が視覚的に明らかで，最大角度を示す傾向がある[10]。さらに女性アスリートでは，最初の傷害の後，次の傷害の危険性が増大するような下肢の左右差がしばしばみられる[32,33]。

　膝関節術後の臨床検査では，どのタイプの患者においても初回評価に関して特徴がみられている。これらの特徴は，左右差の存在を強調するもので，その後の再評価における進行を把握する際に用いることができるかもしれない。術後患者にスクワット動作を行わせると，自重でさえ術側を避ける傾向があり，ランジ動作を行わせると常に術側を支持脚としたステップが短くなる。これらの傾向を記録することで，競技復帰への漸進的な目標として利用できるだろう。

　下肢優位または傷害の後遺症による欠陥は，タック・ジャンプを 3 つの方法で評価することで明らかになる。第一に，空中での大腿の位置が左右非対称な場合である（図 7.6）。片側の大腿が対側の大腿の高さまで届かないときは，しばしば片側の優位性がみられる。第二に，足の位置が前後にずれ，平行になっていない（図 7.7）。アスリートは，着地時に弱い側の下肢にかかる力を最小限にするために，しばしば片足を後ろに降ろすことがある。第三は，接地のタイミングが等しくない場合である（図 7.8）[12]。足が平行にならない場合と同様，弱いほうの下肢を保護するために接地のタイミングを変化させる可能性がある。アスリートの下肢に左右差が認められたら，プライオメトリックと動的安定化を組み合わせたトレーニングによって動的な課題中の非対称性を改善する[6,30]。

図 7.6 大腿が空中で等しい高さになってない

図 7.7 足の位置が前後にずれ，平行になっていない

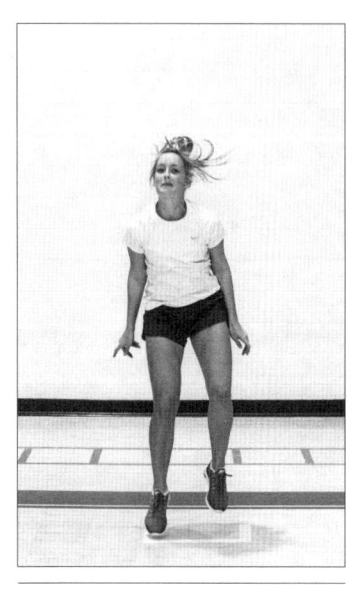

図 7.8 同じタイミングで着地できない

体幹優位とコア機能不全

　体幹優位とコアの機能不全は，体幹の慣性による要求と，それらを調整するコアの協調性と制御の間のアンバランスであると定義できるだろう[12]。HewettとMyerは，身体のコアとして動的な課題中に下肢のアライメントと負荷を調整する重要な役割を担う体幹・下肢機能の概念を発展させてきた[34]。体幹と股関節安定化装置は，体幹運動と拮抗して下肢姿勢を調整するために予備的に活性化（pre-activation）する[34,35,36,37]。体幹と股関節安定機能の予備的活性化が減少すると，膝外反負荷を増す要因となる体幹側屈姿勢を招く可能性がある[34,38]。

　特に女性アスリートにおいて，コアの安定性，体幹の筋の共同作用，股関節の安定性の減少は，パワー発揮が必要な活動におけるパフォーマンスに影響を及ぼす可能性があり，重心のコントロール欠如による二次的な傷害発生を増大させる[32,33,39,40]。ある研究では，コアの安定性に関連した因子によって，女性アスリートにおける膝損傷の危険性を予測できるが，男性アスリートではできないと報告されている[41]。このように，現在のエビデンスでは，体幹・股関節安定器の機能低下は，コアの神経筋制御に関して，女性アスリートにおけるACL損傷の危険性の増大の一因であろうと示唆されている[7,41,42,43]。

　コア機能の不均衡は，いくつかの方法でのタック・ジャンプで明らかになる可能性がある。ジャンプの最高点で大腿が床と平行になっていない（**図7.9**）。これは，一般的にアスリートが脚を適切に上げるために十分なパワーを生み出せない結果である。また，ジャンプを中断したり，あるいは足が同じ位置に着地できない場合がある（**図7.10**）[12]。全身またはコアの制御が行われないと，ジャンプする場所が移動してしまう傾向がある。このような場合，コーチはトレーニングが適切に行われるよう，慎重に原因を決定すべきである。これら欠点のいずれかがみられた場合は，コアの制御を改善するために，体幹と股関節のトレーニングを行わなければならない[15,16]。

図7.9 ジャンプの最高点で大腿が床と平行にならない

図7.10 ジャンプ時と着地時の足の位置が同じにならない

テクニックの完成

　タック・ジャンプ評価ツールは，アスリートが高いレベルでの努力を必要とするエクササイズにおいて，危険性が高い技術を改善するために用いることができる。前述したように，アスリートは，傷害の危険性が増す恐れがある多くの技術的な欠陥をもちつつ，大部分の認知的な努力をこの難しいジャンプのパフォーマンスだけに集中させている可能性がある。しかし，アスリートはジャンプ中の神経筋制御とバイオメカニクスを改善し，跳躍から着地の連続した動作中，制御を維持することができる。このことによって，下肢の動的な神経筋制御が得られ，競技に役立つスキルを習得できる。われわれの研究室における経験的なエビデンスによると，タック・ジャンプ評価ツールのスコアが改善できなかったり，あるいは欠陥のある技術が6つ以上みられるアスリートに対しては，技術トレーニングにさらに重点を置かなければならない。

　われわれの研究室での予備研究では，評価者内信頼性がR＝0.84（範囲0.72〜0.97）と高値であった。これらのデータは，タック・ジャンプによる評価が，コーチがタック・ジャンプの技術的パフォーマンスの変化を確認するために再評価をするときに最も役に立つことを示している[44,45]。

　現場での評価とトレーニング手段を用いることによって，傷害の危険性を低下させる可能性のある適切な介入ができるようになるであろう。傷害の危険因子を修正することを目標にすることは，適切な動作のバイオメカニクスによりパフォーマンスを最大限に引き出すこと，そして最終的には女性アスリートの膝関節靭帯損傷の発生率を減少させるために重要である[12,46,47]。

● まとめ ●

- プライオメトリック・トレーニングをはじめるための方法に関して，さまざまなアドバイスを概説してきたが，いつプライオメトリック・トレーニング・プログラムを開始するべきかを決めるうえでは，慎重さと常識が重要となる。
- テクニックの評価は，アスリートがより強度の高いエクササイズに進行できるかを決定するために重要である。
- タック・ジャンプのようなプライオメトリック・エクササイズは，傷害の危険性を増加させる可能性のある（プライオメトリック・トレーニングによる）技術的な欠陥を評価し，それに対処するために用いることができる。

CHAPTER 8

プライオメトリック・トレーニング・プログラムの導入

　これまでの章で，プライオメトリック・トレーニング・プログラムをはじめるアスリートの準備ができているかどうかの判断をし，傷害の危険因子に対処するための基準について概説した。本章では，アスリートがプライオメトリック・トレーニング・プログラムを開始するにあたって考慮する点とプログラムを立てる際に念頭に置くべき重要な点について述べる。プライオメトリック・トレーニング・プログラムを実行する際に最も考慮しなくてはならないのはアスリートである。年齢，経験，トレーニング歴，競技の完成度は，アスリートの必要性に合わせてトレーニング・プログラムを漸進的に進歩させるために，プライオメトリック・トレーニング・プログラムを修正したり，計画するうえで重要な基準となる。

プログラム計画のための留意点

　基本的なプライオメトリック・プログラムは，初心者あるいは若いアスリートを対象にできる可能性がある。そのため，CHAPTER 4 で述べた安全性の基準と留意点に従うべきである。プログラムがより上級のアスリートを対象とする場合でも同様の基準が当てはまるが，エクササイズがより複雑で強度が高くなるため，基礎的な筋力がより要求されるようになる。以下に述べる留意点は，あらゆるレベルのアスリートにおけるトレーニング・プログラムに影響を与えるものである。

動きのスキル

　コーチは，初心者に遠心性筋力と求心性筋力の重要性など，プライオメトリック活動の背景となる概念を教えなければならない。アスリートが素早くスタートする能力におけるストレッチ・ショートニング・サイクル（下肢のカウンタームーブメント）の重要性を強調すべきである。最初の活動は低強度に設定し，事実上の準備段階とすべきである。コーチは，強度とスキルに必要な進行について認識していなければならない。

　アスリートの足は，着地の際にほぼ平坦になるようにすべきである。母趾球をはじめに接地させるが，残りの足部全体も接地させる。着地後は素早くジャンプし，接地している時間を最短にする。腕によって床面に伝える力を生むため（バネを圧縮するよう）に，肘を身体の正中より後方に振り，その後素早く前方へ振り出す。フォロースルーは，離地の際の腕の求心性活動が終了した後に起こる。この動きは通常，両腕同時スイングとして指導する。

年　齢

　子どもがプライオメトリック・トレーニング・プログラムをはじめる際は，注意が持続する時間に留意しなければならない．子どもは遊びの一部として常に走ったりジャンプしたりするだろう．しかし，成人は決められた規則を厳格に適用しようとして，トレーニング・プログラムから遊びの要素を取り去る傾向がある．

　小学生は，コーチがプライオメトリック・トレーニンであることを伝えないかぎり，それをうまくこなすことができる．この年代の子どもには，森林で小川や丸太をとび越えている動物をイメージさせることが必要である．子どもたちは，シカが森をはねながら駆けることを思い浮かべれば，容易にスキルを視覚化して，認知的に把握することができる．動きのパターンが正しい状況にあれば，子どもたちはプライオメトリック様式でそれを表現してみることができる．実際に，石けりは，素晴らしい初期のプライオメトリック・ドリルである．

　若年アスリートは，思春期に近づくにつれて，トレーニングから多くの影響を直接受けるようになる．思春期に近づいた若年アスリートは，実際のスポーツ場面とより関連づけて考えることができるようになり，コーチが要求したことと，実施しているスポーツが上達することの関連性を見出すことができる．この年代のためのプライオメトリック・エクササイズは，常に低い強度の粗大運動からはじめなければならない．プライオメトリック活動は，まずウォームアップに導入し，その後スポーツ特有のドリルを加えるようにすべきである．

　アスリートを個別化できる段階になると，パフォーマンス向上のための準備となるシーズンオフやシーズン前のトレーニング・プログラムをはじめることができる．これは多くのアスリートとって高校生になるころであるが，特定のスポーツ（アイススケート，体操，水泳，ダイビング，ダンス，陸上競技）においては，より早い年齢で厳格に管理されたプライオメトリックを用いたトレーニング・サイクルを進める必要があるかもしれない．これもアスリートの競技レベルによって決定する．

トレーニング・レベル

　プライオメトリック・トレーニング・プログラムを考えるとき，トレーニング・レベルに関して考慮すべき重要な点が2つある．エクササイズの強度とアスリートの経験である．プライオメトリック・トレーニングにおけるエクササイズと動きのスキルは，初級，中級，上級に分けて漸増させていかなければならない．プライオメトリック活動は，運動する人が弾性を利用した反応的スキルを改善することに焦点をあてるため，身体的にストレスが多いと考えるべきである．各ドリルは，トレーニングに組み込む前に，その強度を評価すべきである．低強度，中強度，高強度のドリルの例をCHAPTER 9に示した．強度によってエクササイズを分類することは，エクササイズの開始時点を選択するときやプログラムを次の段階に進行させるときに役立つ．

　トレーニング・プログラムを考える際に検討すべき他の要因としては，アスリートのトレーニング経験がある．エクササイズは個人個人に適応させなければならない．思春期をわずかに過ぎたくらいのアスリートや比較的未熟なアスリートは，初心者と考えるべきである．初心者には補足的なレジスタンス・トレーニング・プログラムを実施させ，低強度のプライオメトリック・プログラムをゆっくりと慎重に進めるべきである．低強度のプライオメトリックには，スキップ・ドリル，20 cmのコーン・ホップ，15～30 cmのボックス・ドリルがある．

　ウエイト・トレーニング・プログラムを経験したことのある高校生のアスリートであれば，中強度のプライオメトリック・エクササイズを実施することで効果が得られる．また強度の高いウエイト・

トレーニングの経験がある十分に成長した大学レベルのアスリートであれば，問題なく高強度の弾性を利用した反射性エクササイズを行うことが可能である。アスリートが初級，中級，上級のいずれかに分類されれば，プログラムを計画しはじめることができる。

期間，サイクル

　アスリートを評価した後が，プライオメトリック・トレーニング・プログラムの計画を立てるときである。優秀な高校生アスリートのコーチにとって最も困難な作業の1つは，トレーニング・プログラムを組み込む適切な時間をみつけることである。優秀なアスリートは，多くの場合，複数のスポーツを行っている。このようなアスリートは秋のシーズンに1つのスポーツをプレーした後，冬のスポーツへ移行するまで2週間あり，春のスポーツに変わるときにまた同じ状況に直面する。

　研究では，身体は4～6週間にわたって最もよく発達することが示されている。ピリオダイゼーション理論は，特定のトレーニングの目標に合わせて，トレーニング期間を時間のサイクルやブロックに分けるものであり，各サイクルの後に，期待された向上がみられたか否かを再評価する。

　プライオメトリック・トレーニングは筋の爆発的瞬発力と反応する能力を向上させるため，トレーニング・プログラム全体にわたって適切に進展させる必要がある。プライオメトリック・トレーニングは，筋力トレーニング期間を終了した後で，競技シーズン前に段階的に導入しなければならない。陸上競技の跳躍選手などは，プライオメトリック・トレーニングをシーズン全体を通して実施し，チャンピオンシップやシーズンの直前に中止する。プロのバスケットボール選手などは，競技シーズンを通して大きな運動負荷がかかるため，シーズン中に高いレベルのプライオメトリック・トレーニングを実施することは愚かな行為である。

　コーチはこの種の活動を課すために最適な時間を決める必要がある。サッカー，バスケットボール，バレーボールなど年間を通して試合が行われるスポーツの登場で，多くの若年アスリートにおける発達の重要な面を見逃してしまいがちである。試合をすることで若干の身体発育に結びつく場合もあるが，成熟とトレーニング刺激にさらされることによって，軟部組織系の成長が停滞してしまう可能性がある。身体的に発達する機会が与えられなかった場合，最大限の能力が発揮できない可能性がある。

　すべてのアスリートの身体の発達のためにだけでなく，リカバリーのためにもコート外やフィールド外のトレーニングを用いるとよい。身体は，さまざまな刺激にさらされることで最もよく反応する。これは，生物学者であり内分泌学者であるHans Selyeによって，動物がどのようにストレスに反応するのかが示された汎適応症候群の本質的な部分である。身体が新しいストレスや，より強いストレスを経験するかぎり（より重い負荷を持ち上げたり，新しいフォームでジャンプをする），ストレスは精神的，または身体的にプラスでありえる。ストレスは身体に対して衝撃であるため，身体のはじめの反応は警告である。この初期段階は数日から数週間持続し，身体は筋痛，パフォーマンスの低下などの変化を経験する可能性がある。

　次に，身体は抵抗の段階に入る。身体は刺激に適応してストレスに耐えられるようになり，正常な機能にもどる。アスリートは神経性適応（学習）に依存し，筋組織はパフォーマンス向上につながるさまざまな生化学的，構造的，機械的な調整を通して適応する。アスリートの耐えられるレベルを越え，長期間続く持続性の刺激は，オーバートレーニングと関係する消耗段階として知られている第三段階につながる。

　プライオメトリック・トレーニングに特有のさまざまな状況で，さまざまな方法でプログラムを行うことで，適応のための最高の機会が得られる。多様なエクササイズの選択によって，トレーニングがパフォーマンスに最も有益であるように，汎適応症候群が起こる可能性を最適化する。

アスリートのためのプライオメトリック・プログラムを計画するうえで考慮すべきことは，すべて念頭に入れておかなくてはならない．重要でないようにみえるかもしれない詳細な点にも特別の注意を払うことで，最終的にエクササイズの選択，強度レベル，適切な回数や頻度を決定するときに役に立つ．スポーツの特性に応じたプログラム・デザインについては，CHAPTER 11 で詳細に述べる．

プライオメトリック・トレーニングに用いる用具

プライオメトリック・トレーニングは多目的に，屋内でも屋外でも実施することができる．しかし，若干の基本的な必要条件が重要である．1 つは障害物のない適当なスペースである．着地面が適切であれば体育館，広いウエイト・ルーム，屋外のフィールドはすべて適切な環境といえる．過剰な衝撃が下肢に加わることを予防するために，柔らかい着地面も不可欠である．レスリング・マット，バネつき体操の床，芝や人口芝のグラウンドは着地面として利用可能である．

プライオメトリック・トレーニングの大きな利点は，既製の器具をほとんど必要としないことである．以下に，基本的に用意すべきものをあげる．

コーン：高さ 20 ～ 60 cm のプラスチック・コーンは，跳び越える障害物として用いる．万一，コーンの上に着地した場合でも，柔らかいため傷害を引き起こす可能性が少ない．

箱：箱は特別に作製する必要があるが，構造は複雑ではない．さまざまな種類の箱が必要であり，厚さ 1.9 cm 程度の合板または似たような柔軟で耐久性のある木でつくる．着地面をすべらないようにするために，階段で使用するようなすべり止めをつけたり，箱を保護するための塗料に砂を混ぜたり，または着地面にカーペットやゴムを引いた床張りを貼る．学校では体育科と技術科の共同でプライオメトリックのための箱をつくってもよい．作製した学生はできた箱が使われているのを見ることができ，費用の削減と学科間の仲間意識をもたせることに役立つ．プラスチックや木でできた高さが調整できる箱を販売している製造業者もある．

箱の高さは 15 ～ 60 cm にすべきである．ウエイト・トレーニングの経験のあるエリートアスリートであれば，105 cm の高さの箱を使用してもよい．箱の着地面（最上面）は少なくとも 45 × 60 cm は必要である．

プライオメトリックで使用する箱は，長年にわたって多くのバリエーションが開発されてきた．

- 調節可能な箱であればアスリートのさまざまな能力に合わせて高さなどを変えることができる．
- 収納ができるような箱は容器にもなる．一方が開いたままの箱の場合，反対側は非常に頑丈につくる必要がある．
- 特別なエクササイズ刺激を与えるために特殊な形をした箱もある．最も一般的なものは角度のついた箱であり，足関節や下肢の小筋群に重点を置いたトレーニングをすることができる．角度のついた箱を用いることで不規則な表面に着地する方法を教えたり，足関節傷害を予防するのに役に立つ．また，足関節傷害や膝関節傷害のリハビリテーションにも用いることができる．

ハードル：ほとんどの学校には体育の授業で使用するためハードルがある．ハードルによって難易度を調節することができるが，構造が硬いため危険もある．したがって，プライオメトリック・エクササイズの経験が豊かな者だけしか使用すべきでない．折りたたみができるハードルは，どんなレベルのアスリートでもトレーニングに利用できるため理想的である．

障害物（バリア）：スポンジでできたバリアは，体操や宙返りを行うために製造されている．スタイロフォームのシートの一方に切り目を入れて折り畳むことで柔らかい三角形の障害物をつくることもできる．障害物は，木製の棒（直径 1.3 cm，長さ 90 cm）に穴を開け，2 つのコーンの上にわた

すだけで簡単につくることもできる。
　ステップ：プライオメトリック・トレーニングのためには，階段や競技場の階段などが使用可能である。しかし，コーチはアスリートがその上でジャンプする前に慎重に点検し，安全であることを確認しなければならない。コンクリートの階段は表面が弾力性に欠けるため，ジャンプするのに好ましくない。
　重い物体：メディシンボールなど重さのある物は，上半身のエクササイズと下肢のトレーニングを組み合わせるのに役に立つ。メディシンボールはしっかりつかむことが容易で耐久性があり，すべての筋力レベルに適応できるようさまざまな重さのものがある。

最良のウォームアップ・ドリル

　すべてのエクササイズ・プログラムの基本的な理念の1つは，大きな努力が必要なトレーニングは，低レベルの活動の後に行うべきであるということである。ウォームアップはさまざまな形式で行うことが可能であり，実際に一般的な動作やスポーツに特有の動作で行われる。プライオメトリック・ドリルを用いるとき選択すべきエクササイズは，特有の動作またはより努力が必要な動作に関連させるべきである。ウォームアップ・ドリルは，自発的な努力や完遂するために集中する必要がほとんどないため，真のプライオメトリックとは分類されない。しかしウォームアップ・ドリルによって基本的な動きのスキルが上達し，核心温（深部体温）を上げることができる。そのため，傷害予防に役立ち，またスピード発揮やジャンプ能力に影響する動きのパターンを確立する助けになる。
　以下にウォームアップ，つまり最大下強度のプライオメトリック・エクササイズに適切な活動をいくつかあげた。これらのドリルはすべて，コンディショニングのために行うのではなく，特定の動きのパターンを教育し，習熟させることを目的としたスキル強化ドリルとして実施することを念頭に置く。したがって，エクササイズ間には比較的長いリカバリー時間を設定し，10～20 m以上の距離で実施する。この状況では，ドリルは1方向に向って行わせ，歩いてもどらせることが一般的である。これによって，次の繰り返しのために心理的な準備ができるだけでなく，十分なリカバリーが行える。
　通常，核心温を上げ十分なウォームアップとなるためには8～12のエクササイズが必要であると考えられている。それぞれのエクササイズは，アスリートの出来ばえと学習によって2～4回行う。アスリートの能力と指導の必要性に合わせてグループ分けすることで，ウォームアップの管理をすることが容易になる。

マーチング・ドリル

　マーチング・ドリルはランニングの動きを模倣することを目的に行われる。ランニングをその構成要素に分解したように組み立てられている。これによってコーチは姿勢，関節角度，可動域，足の配置や他の生体力学的な特徴など，単純な全身運動を行ったときには見落されてしまう部分を強調することができる。カナダの陸上競技コーチのMach, McFarlane, Biancaniは，ランニング中やその準備のために，適切な股関節，大腿，下腿の動きを強化するこの種のドリルを用いた初期の提唱者である。

ジョギング・ドリル

　ジョギング・ドリルの多くのバリエーションは，本質的にプライオメトリックであり容易に変更できるため，スピードの向上に重点を置くのに用いることができる。踵を接地させないことで素早い地面からの反動を強調した単純なつま先のジョギングは，ミニ・プライオメトリック活動である。下肢を伸展し，膝関節屈曲を制限したジョギングをすることで，最大努力でプライオメトリック・ドリル

を行うと鋭い衝撃がもたらされることをアスリートに教えることができる。

　アンクリングは，足の動きのスピードを改善し，スプリント中の接地時間を減少させるために腓腹筋の弾性要素の使用が要求される特異的なジョギング・ドリルである。下肢を伸ばして，足関節を若干固定した状態にする。下肢を伸ばしたまま前進し，わずかに底屈した足の前方1/3の部分で着地する。接地時，床面を押し下げるようにして床面からの素早い反応を得て，おおよそ他方の足関節のレベルにまで足を引き上げる（ステッピング・オーバー・ザ・アンクルとして知られている）。この動きは指示された距離を続けて行う。

　膝関節を屈曲し殿部へ踵を引きつけて膝関節の角度を小さくしたバット・キッカーのようなドリルを用いることで特別の効果を得ることができ，アスリートがスプリントの回復局面を習得する際には非常に効果的である。この動きによって，アスリートの動きの効率，すなわちランニング中に足を回転させる能力を高めるためには，レバーが最も短い状態で前方にスイングしなければならないことが理解できる。ヒール・リカバリー（スプリント中，股関節屈曲に伴い膝関節は屈曲して踵が殿部に近づく。これによって振り出す下肢のレバーが短くなる）は，絶対的なスピード向上にとって不可欠な要素である。このドリルは，動的な膝関節屈曲可動域を評価するための優れたリハビリテーション・ドリルでもある。全速力で走るときに両方の膝関節で最大かつ均等に屈曲ができない場合，可動域制限のある膝関節は同じスピードで振り出すことができず，着地時に完全伸展ができない。したがって，可動域の制限のある側のストライドがわずかに短くなる。このことは基本的に足を引きずりながら走る状態になるため完全なランニングの力学が働かないことになり，可動域制限のある側，または反対側の大腿四頭筋−ハムストリングスにランニング傷害の危険が生じる。

スキッピング・ドリル

　上・下肢の動きの同期性は，正常な運動発達の基礎である。いわゆる相反性動作は，走る際の下肢と腕の間に起こる。一般的に，効率的なランニングのためには，右脚を前方に出すと同時に左腕を前方に動かし，それから前に進み続けるために上・下肢の動きを切り替える必要がある。この相反性動作は，アスリートが発達していくための基本となる。スキッピング・ドリルは，練習をしなければ失われてしまう相反性動作を誇張したフォームが必要になる。スキップ動作の間は，相反性の上・下肢の動きと素早い離地と着地に重点を置いて実施する必要があるため，この活動はウォームアップとして，またより複雑なスキルのための準備としての最大下のプライオメトリック活動として理想的である。

　さまざまなフォームによるスキップが，以下に述べる腓腹部−足関節複合体によって起こされる爆発的な運動を獲得するために用いられる。

- **ストレート・ライン・スキッピング**：直立姿勢からわずかに前傾（10°）した姿勢をとり，両方のつま先を引き上げ，片側の大腿を地面と平行になる位置まで素早く引き上げる。このとき，足関節は中間位まで背屈し，足が接地するまで保つ。この種のドリルで最も重要な点は，足関節，膝関節，股関節が一直線上，または1つの面で運動するということである。膝が引き上げられるに従い，反対側の脚はつま先で身体を押し上げるために伸ばす。この動きは，足底で地面を瞬間的に払うようにして，身体を上方へ押し上げる。大腿と地面が平行になると同時に動作を反転し，脚を伸ばして足部を接地させる。同じ動きを反対側でも行う。腕を90°まで屈曲するようにしながら，腕と脚を対角線上に引き上げる交代性の動きで前進する。

- **シングル・レッグ・スキッピング**：これは単なるドリルとしてだけではなく，動作の評価手段としても活用できる。この動作はストレート−ライン・スキッピングと同じであるが，片側の

大腿だけを地面と平行に引き上げる。そのため反対側の脚では小さなホップを行う。地面から身体が浮き上がるくらいの力で大腿を地面と平行になるまで引き上げる。脚を下げるときに，その脚で次の動作を繰り返す準備をする。反対側の腕を使うことで身体を前上方へ推進しやすくなる。この動作は左右を分離させることが必要なため，動作のスピード，大腿を地面と平行に引き上げる力，それぞれの脚の反復性と持久性の評価をする。
- **スキッピング・ウィズ・ポップ・オフ**：ストレート−ライン・スキッピングと同じ動作であるが，膝を引き上げる脚と反対側の足関節の動作で完全底屈に焦点をあてることによって地面を強く突き放し，離地つまり跳躍がより大きくなる。指定された距離を両下肢で達成できるように，最大限に高さをコントロールする。

フットワーク・ドリル

CHAPTER 2で述べた通り，John Frappier（1995）によって開発された，アクセラレーション・トレーニング・プログラムにおける最大下のフットワーク・ドリルは，プライオメトリック・コンディショニング・プログラムの補助として役立つ。これらのドリルは股関節の動作と速い方向転換が必要とされ，ウォームアップ・ドリルとしても有効に活用できる。シャトル・ドリル，多方向へのサイド・シャッフル・ドリル，ドロップ・ステップ・ドリルなどは，主に足関節複合体の推進力に依存する単純で短時間のフットワーク動作の連続であり，すべてフットワーク・ドリルに含まれる。

ランジ・ドリル

これらのドリルは，ランジとして知られている基本的なエクササイズからなっている。これらのエクササイズを最大下のドリルとして実施するとき，例えばフォワード，サイド，クロスオーバー，ディソシエイテッド・マルチディレクション（多方向への分離された動き），リバース，ウォーキングなど多くのランジの形式がとられる。これらは長い大きなジャンプをする前の準備に（常に）用いることができる。これらのドリルは自重を用いて行われ，股関節から上と大腿部における基本的な筋力向上に役立てることができる。

以下にあげる代替の動作ドリルには，これまでに分類されなかった動作が含まれている。それぞれの活動は，身体の特定の部位で特別な効果を得ることを目的に行われる。

後方ランニング

ハムストリングスと股関節伸展はアスリートの発達と傷害予防のために，決して見落してはならない。後方ランニングはハムストリングスを強化するための特有の方法で，前方へ走行する際にこの部分に負荷される強い力に備えることができる。多くのリハビリテーション医が，膝やハムストリングスの傷害後の重要なリハビリテーション・エクササイズとしてバック・ペダルを支持している。これらのエクササイズは，練習場の近くに利用可能な3〜5°の小さな傾斜があれば実施することができる。屋外で行うのに最も適しており，技術がきわめて重要である。バック・ペダルについて考えるときは，フットボールのディフェンシブ・バックを考える傾向がある。股関節を低くして，体幹と膝関節を屈曲させ，わずかに前傾した姿勢をとる。後方へのステップは短く，コンパクトにし，重心は可能なかぎり支持基底面上に残す。腕は脚と相反性に動かし，肩関節が回旋している間，通常，肘関節は身体の近くに保つ。傾斜を登るときは前傾を強調し，ハムストリングスをより緊張させる。

一方で股関節と膝関節を屈曲させて脚を引き上げ，1歩1歩のストライドでできるだけ距離をかせぐように引き上げた脚を後方に伸ばすような代替の姿勢をとることもある。距離をかせぐため脚を後

方に伸ばす際に時間のずれが生じるため，バックワード・スキップと呼ばれることもある。反対側の足はこの動作中，わずかに地面から離れることがあり，スキップという言葉はここからきている。

キャリオカ

キャリオカは，おそらくアメリカンフットボールのコーチにとって，スリーポイント・スタンスと同程度によく知られている。キャリオカは長い間，股関節回旋と足の位置を改善するために用いられてきた。アスリートが横に移動するときに，上半身は相対的に動かない状態を保つ。一方の膝と足を，反対側の股関節の前にまで引き上げる（交差させる）。足を地面に降ろすときは逆の肢位（反対側の脚の後方に移動する）にまで素早く足を切り替える。膝関節がウエストより上方にくるまで大腿前方への引き上げを強調する方法を好むコーチやアスリートもいる。必ずというわけではないが，この技術によって運動中，リードする膝の加速が強化できる可能性がある。

ディソシエイション（分離）ドリル

ディソシエイション（分離）ドリルは，身体のバランスと体幹の安定性が同時に必要とされる機能的エクササイズであるといわれる。通常，脚が1つの動作をするとき，上半身は他方向に動くことを強いられる。この種のエクササイズには多くのバージョンがあるが，以下のエクササイズの単純な進行が特に役立つだろう。

エクササイズの第1のバージョン（**図8.1**）は，両足の立位姿勢から開始し，片側の大腿を股関節から前方へ引き上げるものである。腕を伸ばし，体幹に対し90°の角度でプライオボールを持つ。それから体幹を90°回旋させるために腕を横に回転させる。

エクササイズの第2バージョン（**図8.2**）も第1バージョンと同様に，プライオボールを保持した両足の立位姿勢から開始する。上半身はリード脚とともに前進し，両肩を結ぶライン（上半身）が下半身に対して90°回旋するまで，同側に腕を回転させランジ動作を行う。次にランジ姿勢からリード脚をもどし，両足の立位姿勢である開始姿勢にもどる。

エクササイズの第3バージョンでは，ウォーキング・ランジを行う（**図8.3**）。リード・ポジションへ移動する脚の方向に，ボールを回転させる。前後にボールを動かして，そのアスリートに適切な距離を進む。

トレーニング上の注意点

プライオメトリック・トレーニングは，個人またはグループを対象に組み立てることができる。個々のトレーニングは，すべての課題を能力の及ぶかぎり，上達のレベルに合わせて遂行することが要求される。責任と集中に焦点を合わせ，トレーニング・セッションを完全に成し遂げる。グループによる達成は，身体的なスキルに加えて，コミュニケーション，協力，信頼，目標設定と達成のための短期・長期のフィードバックなど社会的スキルを含めて組み立てることができる。個人セッション，グループ・セッションのいずれも積極的に，個々の上達を優先する環境で行うべきである。

個人，グループにかかわらず，プライオメトリック・トレーニング・プログラムを実行する際にはいくつかの考慮すべき点がある。コーチは自分自身の常識と経験に頼るべきである。プログラムは慎重に計画，管理しなければならない。コーチの主な仕事の1つは必要性を分析することであり，アスリートがそのスポーツに参加するために実施しなくてはならない動作の特性を考慮に入れる。他に留意すべき問題としてアスリートの年齢，経験と競技の完成度がある。

プライオメトリック・プログラムをはじめることの責任は重大である。最高のコーチは，必ずしも

図 8.1 レッグ・リフト・アンド・ショルダー・ローテーション:(a) 開始姿勢,(b) 実施姿勢

図 8.2 ランジ・アンド・ショルダー・ローテーション:(a) 開始姿勢,(b) 実施姿勢

図 8.3 ウォーキング・ランジ・ウィズ・ショルダー・ローテーション:(a) 一側で,(b) 反対側で

強　度

　強度とは，与えられた課題を遂行するためにかかわる努力の大きさである。ウエイトリフティングにける強度は，挙上するウエイトの重さによって調節される。プライオメトリックにおける強度は，実施するエクササイズの種類によって調節される。プライオメトリック動作は単純なものから，非常に複雑でストレスの多いエクササイズにまで及ぶ。スキップからはじめることは，オルタネイト・バウンディングよりストレスを感じない。ダブル・レッグ・ホップは，シングル・レッグ・バウンドよりも強度が低い。

　プライオメトリック・エクササイズの強度は，軽いウエイトを加えたり（場合によって），デプス・ジャンプのプラットフォームの高さを上げたり，単により長い距離をジャンプすることによって増加させることができる。他の著者は，さまざまなプライオメトリック・エクササイズの強度を低い強度から非常に強い強度のものにまで分けている。CHAPTER 9に示したエクササイズは，低強度から高強度に分類されている。エクササイズを強度によって分類することに欠点もあるが，ここで提示したガイドラインはコーチがプログラムを立てる際に役立つ。図8.4にジャンプ・トレーニング・エクササイズの強度尺度を示した。

量

　トレーニング量とは，1つのトレーニング・セッションやサイクルで行われる仕事の全体量である。プライオメトリック・トレーニングにおけるトレーニング量は，接地回数で評価される。例えば，スタンディング・トリプル・ジャンプのような3つの部分からなる活動は3接地とされる。接地回数によってエクササイズ量を指示したり，監視したりすることができる。通常，ウォームアップ中に実施する低い強度のエクササイズは，接地数の計算には含まない。したがって，ウォームアップはアスリートに無理をさせすぎないよう，低い強度で段階的に進めるべきである。

　どんなプログラムでも，実際に行うジャンプの数は，多くの条件に左右される。これは理論上のプログラム計画であることを思い出し，特定の状況によって変化が必要な場合があることを念頭に置く。本章のはじめに強度，頻度，量，リカバリーに関して述べた。指導の際の重要な概念は慎重さと単純さである。

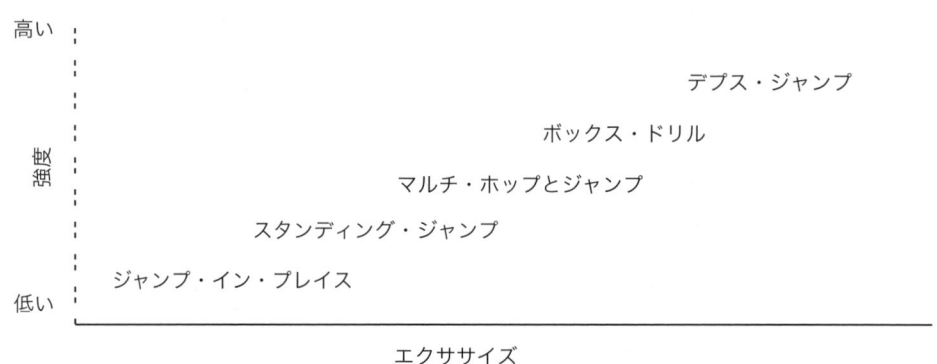

図 8.4　ジャンプ・トレーニング・エクササイズの強度尺度

アスリートが補足的な抵抗を用いたトレーニングやウエイト・トレーニングに取り組んでいるかどうかによって，若干条件が変化する。過去に経験のないアスリートは，通常，同じ日にプライオメトリック・トレーニングとレジスタンス・トレーニングを行ってはならない。どうしても必要な場合は，接地数を通常のトレーニングにおける接地数の40%とするべきである。プライオメトリック・トレーニングとレジスタンス・トレーニングを組み合わせることを希望する経験豊かなアスリートの場合は，最初にプライオメトリック・トレーニングを実施すべきである。そうすることで，筋に疲労がない状態で実施でき，筋から最大の反応が得られる。プライオメトリック・トレーニングとウエイト・トレーニングは，上級，またはエリートアスリートのコンプレックス・トレーニング（CHAPTER 10参照）として効果的に組み込むこともできる。

プライオメトリック・トレーニングを実施する際に考慮すべきことの1つに，競技シーズンのタイミングがある。オフシーズンまたはプレシーズンにおけるトレーニングでは，より高強度のエクササイズを進行させるべきである。シーズン中の補足トレーニングでは，中〜低強度のエクササイズによってコンディショニング・レベルを維持しなければならない。

プライオメトリック・エクササイズは，いつ，どれくらいトレーニングをするかを慎重に指示し，実施しなければならない。スキルを重視した厳しい練習の後に，高い強度で，量の多いプライオメトリック・トレーニングを続けて実施してはならない。リカバリーを考慮に入れ，ウォームアップと低強度のプライオメトリック・トレーニングを実施することでより多くの効果を得ることができるであろう。さらによい進め方としては，エクササイズに多様性をもたせ，スキルの実践から生理学的にも精神的にもリカバリーができるように，トレーニングの1日をプライオメトリックにあてることだろう。いずれのセッションにおいても特定のジャンプの推奨される量は，強度と進行目的によって変化する。**表8.1**に，初級，中級，上級向けのエクササイズ量の例を示した。

オフシーズンにおける1回のトレーニングでは，初心者は低強度のエクササイズで60〜100回の接地が可能である。中級者は，低強度のエクササイズで100〜150回の接地，そして同じサイクルで中程度のエクササイズを100回の接地で行うことが可能かもしれない。上級者は，このサイクル中に低〜中強度のエクササイズで150〜250回の接地ができるかもしれない。

バウンディング（ランニングを誇張する）活動の量は，距離で評価するのが最適である。コンディショニングの初期の段階で適当な距離は，1反復あたり30 mである。シーズンが進み，アスリートの能力が向上するにしたがって，1反復ごとに100 mを漸増的に増やすとよい。

表8.1 各シーズンにおけるジャンプ・トレーニングの接地回数

	レベル			
	初級	中級	上級	強度
オフシーズン	60〜100	100〜150	150〜250	低〜中
プレシーズン	100〜250	150〜300	150〜450	中〜高
シーズン中		スポーツによる		中
チャンピオンシップ・シーズン		リカバリーのみ		中〜高

頻　度

　頻度とは，実施される（反復される）エクササイズの回数や，トレーニング・サイクル中に行われるセッションの数である。研究では，プライオメトリック・エクササイズの頻度に関しては，明らかにされていない。パフォーマンスを向上させるために，ある頻度のパターンが最もよいというような決定的な証拠はないようである。エクササイズの強度は，実際上の経験といくつかのヨーロッパの文献から考慮しなければならないが，完全なリカバリーのためには，次のエクササイズによる刺激を受ける前に48〜72時間の休息が必要であると信じられている。スキッピングはプライオメトリック・エクササイズとして実施されるが，バウンディングほどストレスがかからないため，リカバリーに必要な時間も少なくてすむ。アスリートが十分なリカバリーができていないと，筋疲労によって最大限の，質の高い力でエクササイズ刺激（接地，距離，高さ）に対する反応ができなくなる。これらすべての結果によって，オーバーユースや傷害の可能性があるとともに，競技パフォーマンス向上のための効果が得られないトレーニングとなってしまう。

　プライオメトリック・トレーニングの頻度を設定するためにさまざまな方法が用いられている。準備サイクルのスケジュールを組み立てるために，さまざまなエクササイズ・プログラムを利用するコーチもいる（**表8.2**を参照）。下肢トレーニングにおけるリカバリー時間は48〜72時間という方針を使用することで，さまざまなプログラムを容易に開発することができる。ランニング・プログラムはトレーニング・サイクルに組み入れることが可能で，ある特定のウエイト・トレーニングの日に置き換えることもできる。しかし，特に成長が早いアスリート（高校生）には，ウエイト・トレーニングを優先させるべきである。なぜならプライオメトリック・トレーニングを効果的に行うためには，基礎的な筋力を発達させ，維持することが必須だからである。

　プライオメトリック・エクササイズはストレスが多く，動きの質に重点を置くため，他のエクササイズ・プログラムの前に実施すべきである。もし望ましいようであれば，1年のトレーニング・サイクルの終盤では，ウエイト・トレーニングと組み合わせることが可能であり（コンプレックス・トレーニングと呼ばれている組み合わせについてはCHAPTER 10で述べる），トレーニング・プログラム全体をこの組み合わせで構成することもできるだろう。実際，アスリートが陸上競技にかかわっていて，プライオメトリック・トレーニングが競技やスキルの発達において非常に特性がある場合には妥当な手段である。

表8.2　オフシーズンやプレシーズンにおけるプライオメトリック・トレーニングの頻度の例

	プログラム1	プログラム2	プログラム3
月曜日	ウエイト・トレーニング	プライオメトリック（下肢）	プライオメトリック（下肢）
火曜日	プライオメトリック（下肢）	ウエイト・トレーニング	プライオメトリック（上肢・メディシンボール）
水曜日	ウエイト・トレーニング	プライオメトリック（上肢・メディシンボール）	ランニング・プログラム
木曜日	プライオメトリック（下肢）	ウエイト・トレーニング	プライオメトリック（下肢）
金曜日	ウエイト・トレーニング	プライオメトリック（下肢）	休息

リカバリー

　リカバリーは，プライオメトリック・トレーニングによってパワーや筋持久力を向上させることができるかどうかを決定する重要な条件となる。パワー・トレーニングでは（1 セット 10 回のリム・ジャンプのような），セットまたは複数種目の間に，長いリカバリー時間（45 〜 60 秒）をとることで最大限のリカバリーが図れる。CHAPTER 6 で述べたように，適切な強度でエクササイズを確実に実施するためには，エクササイズと休息の割合を 1：5 〜 1：10 にする必要がある。したがって，エクササイズの 1 セットに 10 秒かかる場合，50 〜 100 秒のリカバリー時間が必要になる。

　プライオメトリック・トレーニングは，無酸素性活動であることを思い出して欲しい。セットの間のリカバリー時間が短い場合（10 〜 15 秒），筋のエネルギーは最大限まで回復することができない。12 〜 20 分のトレーニングで，セット間のリカバリー時間が 10 秒未満の場合は，代謝系の需要がより有酸素性となる可能性がある。筋力や持久力のためのエクササイズは，通常，セット間に立ち止まることなく 1 つのエクササイズから連続して次のエクササイズに移るサーキットトレーニングによって行われる。

　プライオメトリック・プログラムのための準備サイクル（オフシーズン）では，一般的に方向転換などスポーツに特有のスキル・トレーニングは実施せずに，協調性のためのスキッピングや単純なジャンプなど，粗大運動のエクササイズを含めるべきである。プレシーズン・サイクルが近づくにしたがって，エクササイズは，よりスポーツに特有のものにすべきである。

　走り幅跳び，走り高跳び，三段跳び，棒高跳びなど，そのスポーツ自体がプライオメトリック・トレーニングに特有のものであれば，シーズンを通してプライオメトリック・トレーニングを実施してもよい。しかし，バスケットボールやバレーボールのように垂直跳びが中心となるようなスポーツでは，プライオメトリック・トレーニングの量をアスリートの発達と合わせたレベルに減らしたほうがよい。例えば，絶え間ない遠征があり，1 週間に 3 試合以上のスケジュールをこなすこともあるプロ・バスケットボール・チームでは，シーズン中にプライオメトリック・ジャンプ・エクササイズを行うことが不可能であることは理解できる。一方，全米男子バレーボール・チームは，試合のスケジュールがかぎられているため，シーズン中のトレーニングで，プライオメトリックとして最高 400 回のジャンプを行うことが知られていた。アスリートがシーズン中にプライオメトリック・トレーニングを続けるか否か決定するのは，常識的な判断に委ねられる。

セッションあたりの時間

　プライオメトリック・プログラムをはじめるに際の実際のエクササイズ時間は，20 〜 30 分にすべきである。さらに，ストレッチと低強度の身体活動を中心としたウォームアップとクールダウンにそれぞれ 10 〜 15 分はかける必要がある。ウォームアップはパッシブ・ストレッチとウォークからはじめ，スキップ，軽いジョギング，側方への運動，肩をウォームアップするために腕を大きく振る運動へと進める。クールダウンは，軽いジョギング，ストレッチ，ウォークなど，負担の少ない活動に重点を置くべきである。上級レベルのアスリートは，より長いドリルを実施するため，長いトレーニングを行い，より多くのリカバリー時間が必要となるだろう。

サイクルの長さ

　1 回のトレーニング・サイクルに費やされる時間は，シーズンがはじまる前に 1 週間で何日実施できるかによる。開始時のアスリートでは，高強度のエクササイズを進めるのではなく，スキルの発達

に重点を置くべきである。4〜6週の基本的なプライオメトリック・プログラムでは，より多くの量と高強度のエクササイズを試みる前に，プライオメトリック活動を適切に行うことができるようになることが必要である。時間が許されるならば，12〜18週間のサイクルが推奨されている。これは「量」の節で述べた，オフシーズン・サイクルとプレシーズン・サイクルにおけるトレーニングにも適合する。

安全性

　安全面に関して忘れてはならない最も重要なことは，多いことが必ずしもよいというわけではないということである。トレーニングが明らかに容易に行われるようになった場合は，将来のトレーニングのために振り出しにもどるようにする。単に明らかな疲労がないからといって，その日のうちに衝動的に多くのエクササイズを加えてはならない。プライオメトリック・トレーニングの目的は，質であって量ではないことを思い出して欲しい。

　個人の能力や身体組成もトレーニングの安全性に影響を及ぼす。身体が大きく重いアスリートは，プライオメトリック・トレーニングのストレスに完全に適応できるようになるまで，片脚でのプライオメトリック活動を行ってはならない。このようなアスリートは，より複雑な活動（立位でのトリプル・ジャンプ，シングル・レッグ・ホップなど）に必要な筋力が得られるまでは，シーズン中ずっと両脚でのジャンプをすることは珍しいことではない。この保守的な考えと同様のことは，筋力トレーニングやジャンプ・トレーニングの経験がない若いアスリートにもあてはまる。

　多くのアスリートが，身体的に健全な状態でいることを当然のことと思っているが，そのためには計画が必要である。コーチは，プライオメトリック・トレーニング・プログラムが，アスリートの傷害を引き起こす可能性を高めることがないということに確信をもてなければならない。傷害は，筋が疲労したエクササイズの終盤や，コーチが「後もう1回」を要求したときによく起こる。疲労によって感覚の鋭さがなくなり，アスリートはおそらくエクササイズの動きを行っているだけになる。足関節捻挫や膝関節の捻りは，過度の疲労によるコントロールの欠如が関係したよくみられる傷害の1つである。ここは，慎重さが特に重要なときである。

　安全を考慮する際の最後の問題は，過負荷の原則と関係がある。プライオメトリック・トレーニングに過負荷の原則を適用しようとすると，コーチは，「ジャンプのときに，ウエイトを使用すべきではないのか？」と質問してくる。しかし，はじめてプライオメトリック・エクササイズを行うアスリートは，どのようなウエイト・ベスト，ベルト，バンドも使用すべきではない。初期のヨーロッパの論文では，負荷を加える（体重の10％以内）ことについて述べられているが，これは，長年のトレーニングと競技経験のあるエリートアスリートを対象にしたものである。さらに，これらのエリートアスリートでさえ，続けてこの方法をとることはなかった。負荷を加えることには注意が必要で，長い準備期間の後に，週1回8週間のサイクルだけにすべきである。

プライオメトリック・エクササイズの正しい実行

　プライオメトリック・トレーニング・プログラムを作成する際には，多くの要素を考慮しなければならないが，コーチは，特にトレーニング・サイクルの初期には，それぞれのトレーニング・エクササイズにおいて，ジャンプと着地の技術を完全なものにすることに焦点を合わせなければならない。アスリートに不適切なエクササイズ方法で行わせてしまうと，トレーニングで誤った技術を強化してしまうことになる。

着地方法

アスリートがジャンプから着地する際に，正しい技術で行われなければならないのには，2つの大きな理由がある。1つは傷害の予防のためであり，もう1つは離地におけるパワー発生能力のためである。このことは，年齢，能力，経験に関係なく，すべてのアスリートのために考慮すべき重要な点である。

着地技術を評価し，練習するためには2つの方法がある。1つ目の方法は，アスリートを30〜45 cmの高さの箱またはプラットフォームの前の床面に立たせる。次に，両脚での離地の前にカウンタームーブメント（股関節部を落とす）を行い，制御された方法で箱の上面に着地する。2つ目の方法は，箱またはプラットフォームから足を踏み出して降下し，着地の際の衝撃を吸収する。コーチは，箱またはプラットフォームの横と正面からこの両方の動きを観察しなければならない。着地する技術を教える際に重要な点を以下に示す。

- 前足部から着地して足部全体で安定させる。体重は，足部全体に均一に分散させるべきである。両脚での着地の場合は，足はほぼ肩幅に広げ，それぞれの足に均一に衝撃が加わるようにする。片脚での着地の場合は，重心をコントロールするため，支持脚をより身体の中心に置く。
- できるだけ静かに，そっと着地する。着地を制御するためには，大腿の筋群と殿筋で衝撃を吸収することによって，接地する準備をすべきである。経験の浅いアスリートは，しばしば突き刺さるような着地をする。下肢の関節全体を固定し，衝撃を吸収できない状態で着地する。これは通常，優位筋群として大腿四頭筋に依存していることを意味する。膝関節をわずかに屈曲させて着地し，同時にハムストリングスの活動を呼び込むことによって制御された着地が可能となる。
- 下肢3つの関節をすべて屈曲させる。アスリートは構えの姿勢で着地するか，適切なスクワット技術を使用しなければならない。股関節を後ろに引き，膝関節を屈曲させるが，足趾より前には出させない。

コーチは正しい技術で実施されているかを評価するために，アスリートを横からも観察しなければならない。アスリートが常に前足部で，または過剰に前傾した姿勢で着地する場合，より高い強度の活動に進む前に，基本的な筋力とバランスのためのエクササイズを行う必要があるだろう。

また，大腿四頭筋優位のアスリートは，膝を固定し，脚を一直線にした状態で着地する傾向がある。この肢位は，膝の前十字靱帯を保護するという観点からみると危険である。アスリートがこの方法で着地する場合，大腿四頭筋は下腿の脛骨プラトーを急激に前方へ引き前十字靱帯に過剰なストレスを与えることになる。着地をコントロールすることを学んだアスリートは，着地時の衝撃力を制御するためにハムストリングスと殿筋を使用し，膝関節とこれを支持する靱帯にかかる衝撃力を減少させる（遠心性の筋力）。

正面から観察すると，アスリートがCHAPTER 7で述べた靱帯優位であるか否かをみることができる。靱帯優位のアスリートは，下肢と股関節の筋力が欠如していることを意味している。このようなアスリートは，着地の際の衝撃を吸収するために，膝の内側にある内側側副靱帯（MCL）に頼っている。膝が内部に崩れるこの肢位は，**外反膝またはX膝**として知られている。したがって，コーチはこの問題が存在するか否かを特定するために，アスリートを正面から確実に観察しなければならない。もしこれに気づいた場合は，プライオメトリック・トレーニングを開始する前に，基本的な下肢の筋力改善のためにより多くの時間を費やす必要がある。

ある段階で，アスリートに片脚着地を実施させ，その能力を評価する必要がある。これによりコー

チは右左差を見出すことができ，一方の脚が他方より有意に弱かったり，または一方の脚のコントロールが他方に対して劣っていることが明らかになる。この両脚の違いを明らかにする評価方法として，ジャンプ・アンド・フリーズが知られている。これは，90 cm あるいはそれ以上の距離で直線的なシングル・レッグ・ホップを行い，離地の脚と同じ脚で着地するものである。コーチは横と前方からアスリートを観察し，それぞれの足の着地のコントロール能力を評価する。もしいずれかの脚のコントロールが欠如していたり，大腿四頭筋優位あるいは靱帯優位がみられた場合，技術の修正のための努力をすべきであり，この問題解決のためにプライオメトリック・トレーニングとともに筋力トレーニングを行うべきである。下肢の遠心性筋力の欠如は，アスリートのコントロール能力の欠如に比例して現われる。

腕の動き

多くのアスリートは，ジャンプ中に正しい腕の動きが自然に生じる。しかしながら，ジャンプの際，腕をどうすべきかについて指導が必要なアスリートもいる。特に最大努力時においては，腕を効果的に使う必要がある。例えば，基本的なスタンディング・ロング・ジャンプの場合，ジャンプの前にアスリートの腕を後方に引くべきである。その後，より多くの推進力を発生させるために，ジャンプに合わせて脚が身体を前方に進めると同時に，腕を爆発的に前方へ移動させるべきである。腕を望ましい方向に動かす同様の技術は，ボックス・ジャンプのような，より高度なジャンプにもあてはまる。

正しい技術を身に着けるために役立つ運動の1つに，腕の動きを誇張するためにコントラスト・ドリルを使用することがあげられる。コーチはアスリートの後ろに立ち，アスリートの腕はまっすぐ伸ばし，肩関節は伸展させる。コーチはアスリートの手関節を把持し，前方向への動きに負荷をかける。アスリートは，スタンディング・ロング・ジャンプのようなジャンプを実施する姿勢になる。アスリートは肩から腕を伸ばすようにし，コーチはアスリートの手関節を保持する。コーチが動きに抵抗をかけたとき，アスリートは両腕を前方へ振るようにする。力が最大に達したところでコーチは手を離し，腕を開放する。これにより迅速な腕の動きが可能になり，アスリートは，ジャンプする際にどれほど腕が貢献しているかを感じることができるようになる。

● まとめ ●

- プライオメトリック・トレーニング・プログラムを実施，管理する際に，最も考慮しなくてはならないのはアスリートである。アスリートの年齢，経験，競技の熟練度はすべて，プライオメトリック・トレーニングを実施，修正するうえで重要な基準となる。
- プライオメトリック・トレーニング・プログラムを実行するために，コーン，箱，ハードル，障害物，ステップ，重量物（メディシンボールなど）など最低限の用具が必要である。
- 着地の方法を改善することは，傷害予防のため，そして離地のパワー発揮を向上させるために重要である。
- 年齢，能力，経験に関係なく，すべてのアスリートのためにプログラムを計画するうえで技術を完全なものにすることが，他のいかなる問題点よりも優先される。
- プライオメトリック・エクササイズはさまざまな形式で実施することができるため，アスリートに特有のスキルやスポーツに合わせて手直しをすることができる。

CHAPTER 9

プライオメトリック・エクササイズの実際

　この章では，より速い動きを引き出すために筋系を操作するのに用いることができるエクササイズに目を向ける。この章ではさまざまなプライオメトリック・エクササイズを分類し，それらを実施することで得られる効果について説明する。プライオメトリック・トレーニングは下肢のためのジャンプ・トレーニング，上肢のためのメディシンボール・エクササイズと，多くの様式を含めることができる。プライオメトリックの効果を最大にするために，エクササイズの実施方法だけでなく，プログラムを実行し進歩させる方法も理解しなければならない（プログラムの詳細については CHAPTER 8，CHAPTER 10 を参照）。

　初期のジャンプ・トレーニング・エクササイズは，アスリートに対して与えられた相対的な要求によって分類されていた。しかし，ジャンプ・トレーニングは本来すべて段階的で，低強度から高強度の範囲でそれぞれのタイプのエクササイズを用いることができる。本書で用いる分類は，1970年代にヨーロッパで用いられたものと似ている。しかし，初期のソ連の文献では，ホップとジャンプは，エクササイズの種類ではなく，距離をもとに分類されていた。ジャンプは 30 m 以上の距離で行うエクササイズ，ホップは 30 m 未満の距離で行うエクササイズを指していた。この分類では混乱を招くため，本書ではホップとジャンプは同じ意味として用いている。

　プライオメトリック・ドリルには，種類に関係なく共通した1つの特徴がある。それは，それぞれのエクササイズにおいて，重力と体重は身体を動かすために克服しなければならない抵抗になるということである。これは，接地と筋が発生する力によって，アスリートが地面から爆発的に跳ぶために必要な刺激と力が提供されることを意味している。身体に作用する接地と重力を取り除くと，プライオメトリック・トレーニングの本質も取り除かれることになる。したがって，トランポリンを使ったり，プールの中でジャンプすることは，正確にはプライオメトリックと呼ぶことはできない。接地と体重が身体に課される主要な力であるという状態において，アスリートの能力を向上させるためには，エクササイズの質のほうが量よりもきわめて重要であるということを理解しなければならない。どんなトレーニング・プログラムでも，量がテーマの中心になると疲労やオーバー・トレーニングの危険性が高くなる。

ジャンプ・イン・プレイス

　ジャンプ・イン・プレイスは，開始地点と同じ場所に正確に着地することで完了する。この種のジャンプはスポット・ジャンプ，シングル・ジャンプ，マルチ・レスポンス・ジャンプとしても知られている。これらは比較的低い強度を目的としたエクササイズであるが，ジャンプからの素早い反動をアスリートに要求することで，アモチゼーション（償還）期をより短くするための刺激となる。ジャンプ・イン・プレイスは，短いアモチゼーション（償還）期で次々と行う。

　この種のエクササイズには，アスリートが直線距離を移動することを必要としない多くのフットワーク・ドリルが含まれている。いくつかの興味深いフットワーク・ドリルには，短時間で実施できる低強度のドリルが含まれている。実施時間の長さを変更することによって，異なるエネルギー系を働かせることができる。例えばATP–PC（アデノシン三リン酸–クレアチンリン酸）系は，最大で10秒間までのドリルの際に必要となる。この長さの時間では，アスリートはドリルの終了まで可能なかぎり速く動くことが必要となる。例としては，10秒間に線の左右にできるだけ速く跳び越えるもので，1往復を1回と数えるものなどがあげられる。10秒間で反復できた回数がスコアとなり，このスコアを他のアスリートと比較したり，前回のスコアと比較することによって改善や進歩の状態を知ることができる。

　John Frappierが開発した特殊なフットワーク・ドリルのトレーニング・プログラムは，アスリートの接地時の反応性の向上や，身体の重心から足が離れた場合の作業能力の改善に役立てることができる多くの低強度の運動の例である。重心は，すべてのレバー（身体の四肢）が回旋する身体内部の点を示すバイオメカニクスにおける概念である。これは，身体のレバーの長さが変化すると，重心も移動するという理論的な概念である。したがって，実際，アスリートがパイク・ポジションをとった場合は，重心が身体外になることがある。立位のアスリートでは，重心は体格に影響される。土台の部分が広いほどより安定する。安定性の本質は，支持基底面の上に重心があることである。しかしながら，動作のスピード，特に方向転換では，多くの例において足が重心から離れた場合に，素早く重心をもとにもどせるアスリートの能力に依存している。

　ここに示した最初の4つのライン・ドリルは，Frappierが開発したアクセラレーション・プログラムの一部である。これらはアスリートが素早く，そして正確に身体を動かすことが必要な難易度の低い基本的なスキルパターンのためのドリルである。このことは反応性の本質であり，アスリートが接地の際の刺激に対して反応することを学ぶのに役立つ。そのアイデアでは，地面がまるで熱いかのように，またはタッチ・アンド・ゴーの動きのように実施する。

　それぞれのフットワーク・パターンは，足を重心からはずし，一時的に不安定になったときのアスリートの能力を向上させるように意図されている。足が身体の重心の下にもどると，アスリートは安定性，つまりバランスを回復することができる。これは素早く動き，さらにドリルを実施するときに空間における自身の位置を認識するためのトレーニングであり，運動感覚の認識として知られている。これらは挑戦的なドリルであるが，容易に達成できるエクササイズであり，下肢の求心性収縮に続いて（ストレッチ・ショートニング・サイクル）起こる遠心性負荷の使用が必要なプライオメトリック活動の基準を満たすように意図されている。

　その他の11のエクササイズは，ジャンプ・イン・プレイスとして優れたエクササイズである。

フォー・スクエア

強度
低強度

準備
フォー・スクエアのプライオメトリック・パターン，フォーム・ブロック（オプション）

開始
フォー・スクエアのプライオメトリック・パターン（**図9.1**）は，長さ120 cmの2本の線を直角に交差させ，各辺が60 cmの正方形をつくる。アスリートは正方形の番号①からはじめ，指示される順序でジャンプする。

動作
これを実施するときは前を向く。エリアの中央で，身体の重心を保ちながらジャンプし，できるだけ素早く四角から四角に移動しなければならない。四角①にもどるたびに，1回と数える。足がテープに触れたり，四角から出た場合は回数に入れない。

難易度を上げ，ドリルの強度を高めるために，高さ15 cm，長さ60 cmのフォーム・ブロックをジャンプで越える線上に置く。正方形を区分するライン上のブロックはすべてのジャンプにおいてその頂点になるべきである。

エクササイズの難易度を上げるため，各ブロックの上にさらにブロックをのせてもよい。フォーム・ブロックを倒した場合にはドリルを止め，ブロックをもとにもどして最初からやり直す。

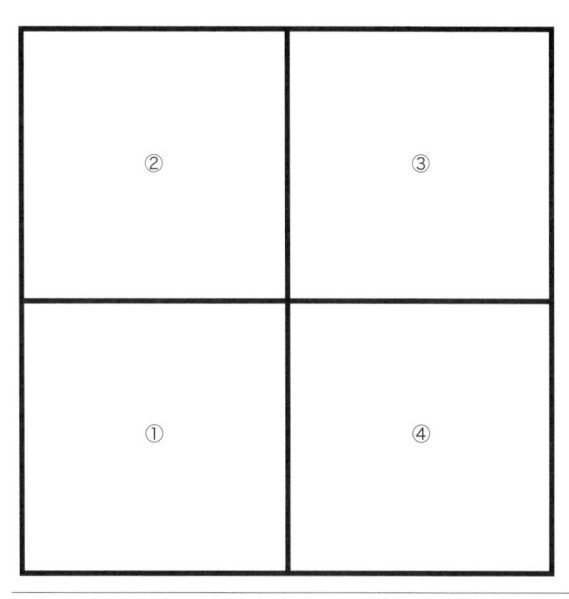

図9.1 フォー・スクエア・プライオメトリック・パターン

プログラム例
ここに示したプログラムはフォー・スクエア・パターンを使用したトレーニングにおけるジャンプの例である。

紹介したすべてのフットワーク・パターンと同様に，アスリートの能力と必要性に合わせて増減や変更ができるプログラム例である。制限となるのは実施する人の想像力だけである。

両脚
①-②を最大10秒間
①-②-③を最大10秒間
①-③-②を最大15秒間
①-②-③-④を最大20秒間

片脚
①-②を最大10秒間：右____，左____
①-④を最大10秒間：右____，左____
①-③を最大10秒間：右____，左____
④-②を最大10秒間：右____，左____

15 cmのフォーム・ブロック1つで両脚
①-②を最大10秒間
①-④を最大10秒間

エイト・スクエア

強度
低強度

準備
エイト・スクエア・プライオメトリック・パターン，フォーム・ブロック（オプション）

開始
エイト・スクエア・プライオメトリック・パターンは，最初のフォー・スクエアのパターンからはじめる。45°の角度で各線の端から4本の線を追加する（**図9.2**）。新しい線は長さ60 cmで，4つの「囲み」をつくるため四角形を半分に区切るようにする。4つの新しい囲みの番号は，①の囲みの中を⑤とし，上に上がって⑥，その横を⑦，その下を⑧とする。

動作
フォー・スクエアで用いた規則をエイト・スクエアにも用いる。身体を前に向けた姿勢を保ち，足がどのラインにも触れないことを確認しなければならない。

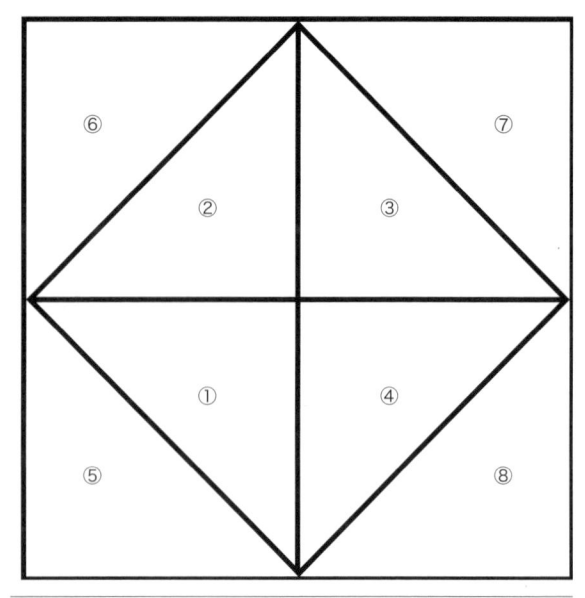

図9.2 エイト・スクエア・プライオメトリック・パターン

プログラム例

両脚

①-②を最大10秒間
①-②-③を最大15秒間
①-③-②を最大15秒間
①-④-②を最大15秒間
①-②-④を最大15秒間
①-②-③-④を最大20秒間
①-④-③-②を最大20秒間
①-③-⑦-⑤を最大40秒間
④-②-⑥-⑧を最大40秒間

片脚

①-②を最大5秒間：右＿＿，左＿＿
①-④を最大5秒間：右＿＿，左＿＿
①-③を最大5秒間：右＿＿，左＿＿

両脚

①-④-⑤-⑧を最大20秒間
⑤-⑥-⑦-⑧を最大40秒間

15 cmのフォーム・ブロック1つで両脚

①-④を最大15秒間
⑤-⑧を最大30秒間
④-⑥を最大30秒間

ムニョス・フォーメーション

強度

低強度

準備

床にテープで印をつける

開始

このパターンは Anthony Muñoz(元シンシナティ・ベンガルズのオールプロ・オフェンシブ・タックル)のために計画され,彼の名前からこの名がつけられた。120 cm の帯状のテープを 20 cm 離して 2 枚床の上に貼る。右側の線を偶数とし,長さ 60 cm のテープで 40 cm 間隔で 3 つに分ける。左側は①は 20 cm,③は 40 cm,⑤は 60 cm に分ける。それぞれを分ける線の長さは 60 cm とする(**図 9.3**)。

動作

フォー・スクエアおよびエイト・スクエアと同じ規則に従う。身体を前へ向けた姿勢を保ち,線に足が触れないようにする。

プログラム例

両脚
①-②(2 セット)を最大 5 秒間
①-④(2 セット)を最大 5 秒間
②-⑤(2 セット)を最大 5 秒間
②-③-④(2 セット)を最大 10 秒間
①-②-③(2 セット)を最大 10 秒間
①-②-③-④-⑤-⑥(2 セット)を最高速度で実施

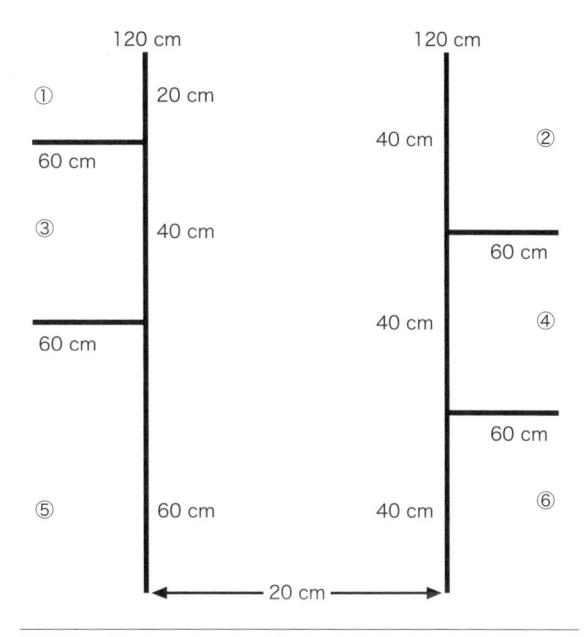

図 9.3 ムニョス・フォーメーション

クラムリー・フォーメーション

強度

低強度

準備

床にテープで印をつける

開始

Frappier は，このプログラムを Tim Krumrie（シンシナティ・ベンガルズのオールプロ・ディフェンシブ・タックル）のために計画し，この名前をつけた。このパターンは，チック・タック・トウ・ボードに似ている。帯状の 120 cm のテープ 4 本を，それぞれの辺が 40 cm になるように床に貼る（**図 9.4**）。

動作

他のフォーメーションの場合と同様に，番号のパターンに従う。

身体を前に向けた姿勢を保ち，足が線に触れないようにする。

プログラム例

①-⑤-⑨（2 セット）を最大 5 秒間
⑦-⑤-③（2 セット）を最大 5 秒間
⑥-⑦-⑥-①（2 セット）を最大 15 秒間
⑥-①-⑥-⑦（2 セット）を最大 15 秒間
①-②-⑤-⑧-⑨-④を最高速度で実施

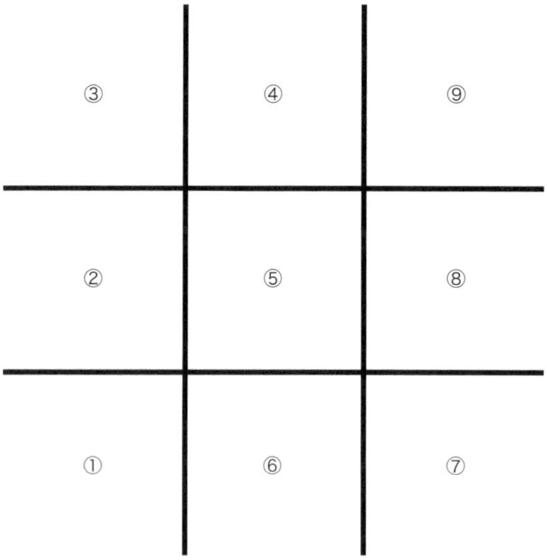

図 9.4 クラムリー・フォーメーション

ツー・フット・アンクル・ホップ

強度

低強度

準備

なし

スポーツ

野球，ソフトボール，テニス，バレーボール

開始

足を肩幅に開き，身体を垂直に保つ。

動作

動きのために足関節だけを使用し，その場で連続的にホップする（図9.5）。それぞれの垂直ホップは足関節を完全背屈した状態で行う。

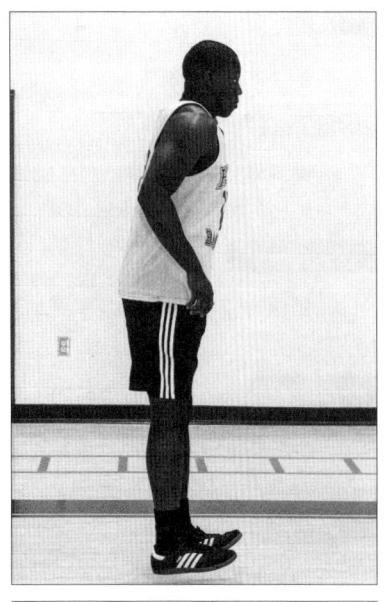

図9.5　ツー・フット・アンクル・ホップ

シングル・フット・サイド・トゥ・サイド・アンクル・ホップ

強度

低強度

準備

器具は必要としないが，90～120 cm間隔でコーンを配置する

スポーツ

陸上競技（跳躍競技，短距離走，投てき競技）

開始

片足で立つ。コーンを使用する場合は，コーンの間に立つ。

動作

片足で一方にホップする（図9.6）。コーンを使用する場合，右足で右側のコーンの横に着地し，次に左足で左側のコーンの横に着地する。左右にホップし続ける。

図9.6　シングル・フット・サイド・トゥ・サイド・アンクル・ホップ：(a) 右にホップ，(b) 左にホップ

サイド・トゥ・サイド・アンクル・ホップ

強度

低強度

準備

器具は必要としないが，境界としてコーンを使用してもよい

スポーツ

野球，ソフトボール，フィギュアスケート，テニス

開始

足を肩幅に開き，身体を垂直に保った姿勢で立つ。

動作

両足で左右にジャンプする（図9.7）。ジャンプは，60～90 cmの幅を越えなければならない。足関節から動きを引き出すようにする。足は肩幅に開いた状態を保ち，両足で同時に着地する。

図9.7 サイド・トゥ・サイド・アンクル・ホップ：(a) 右にホップ，(b) 左にホップ

タック・ジャンプ・ウィズ・ニー・アップ

強度

中強度～高強度

準備

なし

スポーツ

自転車，ダイビング，重量挙げ

開始

足を肩幅に開き，身体を垂直に保った姿勢で立つ。腰は曲げない。

動作

ジャンプし，足が床に着く前に膝を胸まで引き上げ，両手で膝をつかむ（図9.8）。垂直位で立った状態で着地する。着地後すぐにジャンプを繰り返す。

図9.8 タック・ジャンプ・ウィズ・ニー・アップ

タック・ジャンプ・ウィズ・ヒール・キック

強度

中強度

準備

なし

スポーツ

ダウンヒルスキー，フィギュアスケート，体操

開始

足を肩幅に開き，身体を垂直に保ち，腕を身体の横に置いた状態で立つ。

動作

膝が下を向くように保ち（身体と一直線にする），ジャンプし踵で殿部を蹴る（**図9.9**）。すぐにジャンプを繰り返す。これは膝から下の動きではじまる素早いステップ・アクションである。ジャンプと同時に腕を上へ振る。

図9.9 タック・ジャンプ・ウィズ・ヒール・キック

スプリット・スクワット・ジャンプ

強度

中強度

準備

なし

スポーツ

サッカー，バレーボール，重量挙げ

開始

足を前後に広げ，前の脚の膝関節を90°，股関節を90°屈曲する（**図9.10a**）。

動作

ジャンプの引き上げを補助するために腕を使い，スプリット・スクワット姿勢を保持する（**図9.10b**）。同じ姿勢で着地し，すぐにジャンプを繰り返す。

ヒント ジャンプするときは股関節の完全伸展を試みる。ジャンプで最大の高さを達成し，最速で走るためには足関節，膝関節，股関節，体幹のすべてが重要な役割を果たすことを念頭に置く。

図9.10 スプリット・スクワット・ジャンプ：(a) 開始姿勢，(b) スプリット・スクワット姿勢でジャンプ

スプリット・スクワット・ウィズ・サイクル

強度
高強度

準備
なし

スポーツ
自転車，フィギュアスケート，アイスホッケー

開始
直立位で足は前後に離して広げる。前の脚の膝関節を90°，股関節を90°屈曲させる（図9.11a）。

動作
ジャンプして脚の位置を切り替える。前の脚を後方にキックし，後ろの脚は屈曲させて引き上げ前方に振り出す（図9.11b）。後ろの脚を前方に動かす際，足が殿部の近くにくるように膝関節を屈曲させる。スプリット・スクワット姿勢で着地し（図9.11c），すぐにもう1度ジャンプする。

図9.11 スプリット・スクワット・ウィズ・サイクル：(a) 開始姿勢，(b) ジャンプ，(c) 着地

スプリット・パイク・ジャンプ

強度

高強度

準備

なし

スポーツ

フィギュアスケート，体操

開始

足を肩幅に開き，アスレティック・ポジションで立つ。

動作

ジャンプの最も高い地点で脚を開き，股関節でV姿勢になるように脚を上げる（図9.12）。脚はジャンプの間まっすぐに維持すべきである。開始姿勢にもどって繰り返す。

図9.12 スプリット・パイク・ジャンプ

ストレート・パイク・ジャンプ

強度

高強度

準備

なし

スポーツ

ダイビング

開始

足を肩幅に開き，身体をまっすぐにして立つ。

動作

ジャンプして身体の前方に両脚を一緒に上げる。股関節だけを屈曲させる（図9.13）。ジャンプの最も高い地点でつま先にタッチしてみる。開始姿勢にもどって繰り返す。

図9.13 ストレート・パイク・ジャンプ

スプリット・スクワット・ジャンプ・ウィズ・バウンス

強 度

中強度

準 備

なし

スポーツ

サッカー，バレーボール，重量挙げ，バスケットボール

開 始

足は肩幅に開いて横に広げる。そして足を前後に大きく開き，前の脚の膝関節を90°屈曲する。

動 作

スプリットから，姿勢を保ちながら小さく2回ジャンプする。スプリット姿勢を維持する。それから通常のスプリット・スクワット・ジャンプを行う。次のジャンプを行う前に姿勢を保ちながら小さく2回ジャンプする。

ヒップ・ツイスト・アンクル・ホップ

強 度

低強度

準 備

なし

スポーツ

ダウンヒルスキー

開 始

足を肩幅に開き，上半身をまっすぐにした状態で立つ。

動 作

上へホップして両脚を同じ方向に90°捻る。上体は動かさず，股関節で脚を回旋させる。次のホップで開始姿勢にもどる。同様に反対側も行う。これを連続して行う。

スタンディング・ジャンプ

　スタンディング・ジャンプは一般的にアスレティック・ポジションから開始し，水平あるいは垂直方向への最大努力に重点を置く。これらは1回または数回行われるが，アスリートはできるだけの力を地面に伝えるために，腕の振りを大きくし，十分利用しなければならない。これらのジャンプは，特にスタートの速度と身体の加速を向上させるのに効果的である。

スタンディング・ジャンプ・アンド・リーチ

強度
低強度

準備
目標物を頭上に吊り下げるか，壁に目標となる印をつける

スポーツ
ダイビング，水泳，バレーボール

開始
足を肩幅に開いて立つ。

動作
　浅いスクワット姿勢をとり（図9.14a），爆発的にジャンプして目標物または対象物のほうに手を伸ばす（図9.14b）。ジャンプの前にステップを踏まない。

図9.14　スタンディング・ジャンプ・アンド・リーチ：(a) 身体を下げ腕を振る，(b) 目標に向ってジャンプ

スタンディング・ロング・ジャンプ

強度

低強度

準備

マットまたは砂場など，柔らかく着地できる床面

スポーツ

野球，ソフトボール，水泳，陸上競技（短距離走）

開始

足を肩幅に開き，ハーフ・スクワット姿勢で立つ。

動作

大きい腕の振りと脚のカウンタームーブメント（屈曲）を使用して（図9.15a），前方にできるだけ遠くにジャンプする（図9.15b）。

図9.15 スタンディング・ロング・ジャンプ：(a) 身体を下げ，腕を振る，(b) ジャンプ

スタンディング・ロング・ジャンプ・ウィズ・スプリント

強度

中強度～高強度

準備

ジャンプの終了地点から10 mのところに印をつける。着地するためのマット，芝生の地面または砂場（オプション）

スポーツ

アイスホッケー，陸上競技（跳躍競技，短距離走）

開始

足を肩幅に開き，ハーフ・スクワット姿勢で立つ。

動作

腕の大きな振りを使い，前方にできるだけ遠くへジャンプする（図9.16a）。着地後すぐに前方へ約10 mのスプリントを行う（図9.16b）。着地の際に倒れないように注意する。完全に両足で着地し，それから爆発的なスプリントを行う。

ヒント　ホップやジャンプを実施するときは，タッチ・アンド・ゴーを考える。着地面からできるだけ素早く移動したいと思うはずである。

図9.16 スタンディング・ロング・ジャンプ・ウィズ・スプリント：(a) 前方にジャンプ，(b) スプリント

スタンディング・ロング・ジャンプ・ウィズ・ラテラル・スプリント

強度

中強度～高強度

準備

着地地点の両側10 mの地点に2ヵ所印をつける

スポーツ

フットボール

開始

足を肩幅に開き，ハーフ・スクワット姿勢で立つ。

動作

腕の大きい振りを利用して，スタンディング・ロング・ジャンプを行う。直立姿勢を保つようにして両足で着地し，着地後すぐに横（右または左）に3 mスプリントする（**図9.17a, b**）。

図9.17 スタンディング・ロング・ジャンプ・ウィズ・ラテラル・スプリント：(a) 着地，(b) 横にスプリント

スタンディング・ジャンプ・オーバー・バリア

強度

低強度～中強度

準備

コーンまたはハードルを1個

スポーツ

野球，ソフトボール，バスケットボール，フットボール

開始

足を肩幅に開いて立つ。

動作

股関節だけを屈曲し（**図9.18a**），バリアを越えてジャンプするために膝を引き上げる（**図9.18b**）。バリアを越える際に膝を横に向けたり，両膝を離したりしない。

図9.18 スタンディング・ジャンプ・オーバー・バリア：(a) 股関節を下げる，(b) バリアを跳び越える

1-2-3 ドリル

強度
中強度

準備
スタートから 40 m の地点に印をつける

スポーツ
陸上競技（跳躍競技）

開始
片足を反対側よりわずか前に出して立つ。

動作
離地をまねた連続した 3 つのステップ（左 - 右 - 左，または右 - 左 - 右）を行う（**図 9.19a 〜 c**）。速い - より速い - 最も速いのリズムで 3 つのステップを完了したら，最後のステップで爆発的に垂直ジャンプをする（**図 9.19d**）。離地の動きに重点を置いて，テキパキとした動作をする。ジャンプの着地後すぐに次の一連のステップを行う。40 m 続ける。

図 9.19 1-2-3 ドリル：(a) 最初のステップ，(b) 2 番目のステップ，(c) 3 番目のステップ，(d) 爆発的なジャンプ

ストラドル・ジャンプ・トゥ・キャメル・ランディング

強度

中強度

準備

マットまたは柔らかい障害物

スポーツ

フィギュアスケート

開始

マットまたはバリアの横に，片足を反対側の前に斜めに出した姿勢で立つ（図9.20a）。

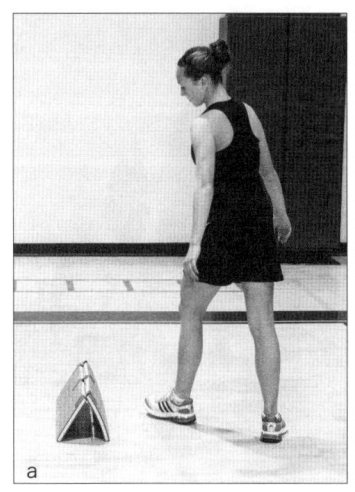

図9.20 ストラドル・ジャンプ・トゥ・キャメル・ランディング：(a) 開始姿勢，(b) 着地

動作

ストラドル・ハイ・ジャンプと同じ運動をする。踏み切り足をマットに対して一定の角度で固定し，振り上げる脚でストレート・レッグ・スイングを行いマット上にまたがるように引き上げ，顔は正面を向かせる。振り上げた足から着地する。踏み切り足を後方に振ってしっかり伸ばした状態で終わらせる（図9.20b）。フィギュアスケートの選手のように腕を横に伸ばしてバランスをとる。

シングル・レッグ・ラテラル・ジャンプ

強度

中強度～高強度

準備

小さなバリア（オプション）

スポーツ

アイスホッケー，サッカー

開始

右足で立つ（図9.21a）。

動作

地面を左方向に踏み切りながらジャンプし，右足で着地する（図9.21b）。すぐに右方向に踏み切り，再び右足から着地する。右足での踏み切りと着地を指示された回数続ける。反対の足を用いて繰り返す。

図9.21 シングル・レッグ・ラテラル・ジャンプ：(a) 開始姿勢，(b) ジャンプ

ラテラル・ジャンプ・オーバー・バリア

強度

低強度〜中強度

準備

コーンまたはハードルを1個

スポーツ

サッカー

開始

越えるバリアの横に立つ（図9.22a）。

動作

垂直にジャンプするが，地面を横に踏み切る。横にジャンプしてバリアを越えるために両膝を引き上げる（図9.22b）。

図9.22　ラテラル・ジャンプ・オーバー・バリア：(a) 開始姿勢，(b) ジャンプ

ラテラル・ジャンプ・ウィズ・ツー・フット

強度

低強度

準備

なし

スポーツ

野球，ソフトボール

開始

足を肩幅に開いて立つ。

動作

片脚を支持脚と交差するようにジャンプする方向に振る。同じ脚を反対側に振り，その方向にできるだけ遠くにジャンプし，両足で着地する。次に一連の動作を逆に行うことで開始姿勢にもどるようにジャンプする。

スタンディング・トリプル・ジャンプ

強度
高強度

準備
マットまたは砂場

スポーツ
陸上競技（短距離走）

開始
足を肩幅に開いて立ち，マットなど柔らかい着地面から3〜6m離れる（距離はアスリートの能力による）。

動作
両足で同時に踏み切り（**図9.23a**），股関節を伸展させて片足で着地する（ホップ；**図9.23b**）。次に着地した足で前方へ踏み切り，もう一方の足で着地する（ステップ；**図9.23c**）。そしてその足でジャンプして，できるだけ足を前方に伸ばし，両足でマット上に着地する（**図9.23d**）。

図9.23 スタンディング・トリプル・ジャンプ：(a) 最初のステップ，(b) ホップからの着地，(c) ステップからの着地，(d) ジャンプ

スタンディング・トリプル・ジャンプ・ウィズ・バリア・ジャンプ

強度

高強度

準 備

砂場の前にバリア（コーンまたはマットを1個）

スポーツ

陸上競技（短距離走）

開 始

砂場から3〜6m離れたところに足を肩幅に開いて立つ（距離はアスリートの能力による）。

動 作

両足で同時に踏み切り（図9.24a），股関節を伸展させて片足で着地する（ホップ；図9.24b）。次に着地した足で前方へ踏み切り，もう一方の足で着地する（ステップ；図9.24c）。そしてその足でジャンプして障害物を越える（図9.24d）。できるだけ足を前に伸ばす。

図9.24 スタンディング・トリプル・ジャンプ・ウィズ・バリア・ジャンプ：(a) 両足で踏み切る，(b) 片足で着地，(c) 他方の足で着地，(d) バリアをジャンプで越える

マルチ・ホップとジャンプ

マルチ・ホップとジャンプを実施するためには,「ジャンプ・イン・プレイス」と「スタンディング・ジャンプ」を実施することによって身についたスキルを組み合わせる。これらのエクササイズは,次々と動くための制御と最大努力が必要とされる。マルチ・ホップとジャンプは,30 m 未満の距離で行われる。正しい技術のために,運動中の接地時間を短くすることと,腕を力強く振って離地することに焦点をあてるべきである。エクササイズは中程度から最大努力の反復によって構成されている。上級者向けのマルチ・ジャンプについては,ボックス・ドリルの項でも述べられている。

ヘキサゴン・ドリル

強度

低強度

準備

床にテープで一辺 60 cm の六角形をつくる

スポーツ

フィギュアスケート,サッカー,スカッシュ,ラケットボール,テニス

開始

六角形の中心に足を肩幅に開いて立つ。

動作

六角形の一辺へ向ってジャンプし,開始位置にもどる。次に,六角形それぞれの辺へ向ってジャンプし,開始位置にもどる(**図9.25**)。六角形のまわりを決められた回数,あるいは時間ジャンプを繰り返す。

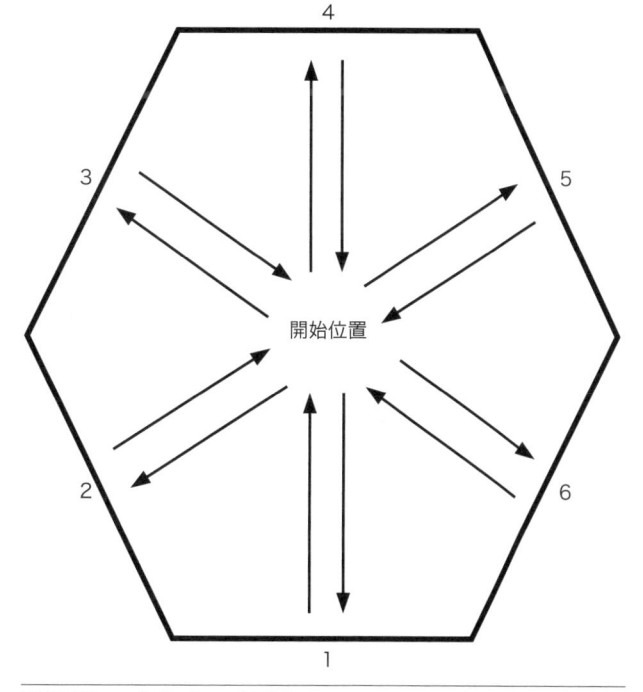

図 9.25 ヘキサゴン・ドリル

フロント・コーン・ホップ

強度

低強度

準備

6〜10個のコーンまたは小さなバリア（高さ20〜30 cm）を約90〜180 cm間隔で並べる

スポーツ

野球，ソフトボール，ダウンヒルスキー，テニス

開始

一直線に並べたコーンの最後に，足を肩幅に開いて立つ。

動作

足を肩幅に開いたままそれぞれのコーンを跳び越え（**図9.26**），両足で同時に着地する。それぞれのコーンの間での接地時間を短くするために，両腕を振る。

図9.26 フロント・コーン・ホップ

ダイアゴナル・コーン・ホップ

強度

低強度

準備

6〜10個のコーンまたは小さなバリア（高さ20〜30 cm）を約60〜120 cm間隔でジグザグに配列する。

スポーツ

ダウンヒルスキー

開始

並べたコーンの最後に足をそろえて立つ。

動作

両足関節を一緒にしたままコーンに向かってジグザグにジャンプしながら進む（**図9.27**）。両足同時に母趾球から着地し，身体の動きを安定させるために，両腕を振る。

図9.27 ダイアゴナル・コーン・ホップ

コーン・ホップ・ウィズ・チェンジ・オブ・ディレクション・スプリント

強度
中強度

準備
90～120 cm間隔で6～10個のコーンを一直線に配置し，最後の2つのコーンはY字をつくるように配置する。パートナーは最後の2つのコーンの中央に立つ。

スポーツ
フットボール，サッカー，テニス

開始
足を肩幅に開き，アスレティック・ポジションで立つ。

動作
並べたコーンの列を，両足でホップして越える。直線状に配置した最後のコーンを越えたら（図9.28a），パートナーは左右のコーンの1つを指さす。最後のホップで着地したらすぐにパートナーが指さしたコーンに向かってスプリントを行う（図9.28b）。

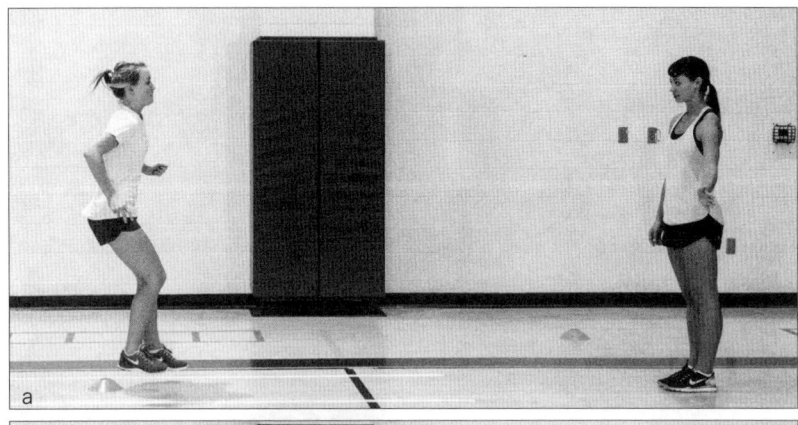

図9.28 コーン・ホップ・ウィズ・チェンジ・オブ・ディレクション・スプリント：(a) 最後のコーンを越えて着地，(b) パートナーが示した方向にスプリント

ラテラル・コーン・ホップ

強度

中強度

準備

3〜5個のコーンを，60〜90 cm間隔で並べる。距離はアスリートの能力による。

スポーツ

バスケットボール，アイスホッケー，インラインスケート，スピードスケート，テニス，レスリング

開始

一直線に並べたコーンの最後に，足を肩幅に開いて立つ。

動作

並べたコーンを横にジャンプして越え，両足で着地する（図9.29a）。最後のコーンを越えたときは外側の足で着地し（図9.29b），着地した足で踏み切り方向転換する（図9.29c）。次に並べたコーンを両足でジャンプで越えながらもどる。最後のコーンを越えたときは外側の足で踏み切り方向転換する。方向転換の際は静止せず，スムースに均一な動きで行う。

図9.29 ラテラル・コーン・ホップ：(a) ジャンプしてコーンを越える，(b) 最後のコーンは外側の足で着地，(c) 外側の足で踏み切り方向転換

コーン・ホップ・ウィズ・180°ターン

強度
中強度

準備
4〜6個のコーンを60〜90 cm間隔に一直線に並べる。

スポーツ
サッカー

開始
並べたコーンの近くに立ち，足は最初のコーンの位置に置く（図9.30a）。

動作
ジャンプして空中で180°回転し（図9.30b），反対方向を向いて着地する（図9.30c）。並べたすべてのコーンに対してジャンプと180°の回転を行う。

図9.30 コーン・ホップ・ウィズ・180°ターン：(a) 開始姿勢，(b) ジャンプして空中で180°回転，(c) 反対方向を向いて着地

リム・ジャンプ

強度

低強度～中強度

準備

バスケットボールのゴールやフットボールのゴールのクロスバーのような高い場所にある目標となるもの

スポーツ

バスケットボール，バレーボール，重量挙げ

開始

高い所にある目標の下に，足を肩幅に開いて立つ。

動作

手を伸ばして連続的にジャンプし，すべてのジャンプで目標へ届くよう試みる（**図 9.31**）。接地時間は最短にし，各ジャンプは，前回のジャンプと少なくとも同じ高さであるべきである。

図 9.31 リム・ジャンプ

ダブル・レッグ・ホップ

強度

中強度

準備

なし

スポーツ

フィギュアスケート，フットボール，インラインスケート，スピードスケート，水泳，陸上競技（短距離走）

開始

足を肩幅に開いて立つ。

動作

屈んだ姿勢をとり（**図 9.32a**），できるだけ前方遠くへジャンプする（**図 9.32b**）。着地したらすぐ，前方へジャンプする。両腕を素早く振って接地時間を短くする。3～5 の倍数でジャンプする。

図 9.32 ダブル・レッグ・ホップ：(a) 屈んだ姿勢，(b) ジャンプ

シングル・レッグ・ホップ

強度

高強度

準備

なし

スポーツ

アイスホッケー，陸上競技（短距離走），レスリング

開始

片脚で立つ（図9.33a）。

動作

立っている脚で踏み切り，前方にジャンプし（図9.33b），同じ脚で着地する。力強い脚の振りを使用して，ジャンプの距離と高さを向上させるようにする。再び素早く離地して，10〜25 m続ける。対称性を改善させるために他側の脚でもこのドリルを行う。初心者は，脚を伸ばした状態でジャンプする。上級者は，ジャンプの際に踵を殿部のほうへ引いてみる。

図9.33　シングル・レッグ・ホップ：(a) 開始姿勢，(b) ジャンプ

ハードル（バリア）・ホップ

強度

中強度〜高強度

準備

ハードルまたはバリア（高さ30〜90 cm）を一列に並べる。間隔はアスリートの能力によって調整する。バリアはアスリートが失敗したら倒れるようにしておく。

スポーツ

ラグビー，陸上競技（短距離走）

開始

並べたバリアの最後に立つ（図9.34a）。

動作

両脚をそろえて前方にジャンプし，バリアを跳び越える（図9.34b）。動きは股関節と膝関節から生じる。身体は垂直にまっすぐに保ち，両膝は離さず，どちらの側にも動かさない。バランスを維持し，高さを得るために両腕の振りを利用する。

図9.34　ハードル（バリア）・ホップ：(a) 開始姿勢，(b) ジャンプでハードルを越える

スタンディング・ロング・ジャンプ・ウィズ・ハードル・ホップ

ヒント　これらの各ジャンプは，これまでで最も高いジャンプであるかのように行う。すべてのジャンプを最後と思って実施する。トレーニング中の最大努力によって，競技中の努力が容易に感じるようになる。

強度
中強度～高強度

準備
高さ45～105 cmのハードルを3～6個用意し，それぞれ2.4～3.6 m離して配置する。挑戦的な高さのハードルで行うが，接地時間が最短でジャンプできる高さでなければならない。

スポーツ
バスケットボール，ネットボール，水泳，陸上競技（跳躍競技），バレーボール

開始
足を肩幅に開き，準備姿勢で立つ（図9.35a）。

動作
両足立位の姿勢から，スタンディング・ロング・ジャンプを行う（図9.35b）。ハードルの約45 cm前に着地した後（図9.35c），垂直にジャンプしハードルを跳び越える（図9.35d）。垂直跳びでのハードルの跳び越しに続いてスタンディング・ロング・ジャンプを繰り返しながら残りのハードルを前進し続ける。スタンディング・ロング・ジャンプの距離と垂直跳び（ハードル）の高さを最大にするために両腕の振りを使用する。

図9.35　スタンディング・ロング・ジャンプ・ウィズ・ハードル・ホップ：(a) 開始姿勢，(b) スタンディング・ロング・ジャンプ，(c) ハードルの前に着地，(d) ジャンプでハードルを跳び越える

ウエイブ・スクワット

強度

高強度

準備

6ポンド（2.7 kg）のメディシンボールから体重の60%のバーベルの範囲の負荷

スポーツ

バスケットボール，ダイビング，フットボール，陸上競技（短距離走），バレーボール

開始

肩に重りをのせたクォーター・スクワット姿勢から開始する（図9.36a）。足は肩幅に開く。

動作

膝関節を約130°まで屈曲させる。肩に重りをのせダブル・レッグ・ホップを3回行うことで前方へ動きはじめる（図9.36b）。4回目のジャンプで膝関節90°まで屈曲させ（図9.36c），そこから最大の垂直跳びを行う（図9.36d）。最大努力で数回，一連の動作を行う。

図9.36 ウエイブ・スクワット (a) 開始姿勢，(b) ダブル・レッグ・ホップ，(c) 膝関節90°屈曲，(d) 最大の垂直跳び

スタジアム・ホップ

強度

中強度～高強度

準備

競技場の観覧席や階段

スポーツ

自転車，ダウンヒルスキー，陸上競技（跳躍競技），重量挙げ，レスリング

開始

観覧席の一番下でクォーター・スクワット姿勢で立つ。手は腰か首の後ろに置き，足は肩幅に開く（図9.37a）。

動作

観覧席の一段目にジャンプし（図9.37b），10段以上ジャンプを続ける。軽く素早い着地をする。動きは止めずに，連続的に段を上がる。一般に，アスリートは一度に2段をジャンプできるべきである。

図9.37 スタジアム・ホップ：(a) 開始姿勢，(b) ジャンプ

ジグザグ・ドリル

強度

中強度～高強度

準備

60～105 cmの間隔をあけた，長さ10 mの2本の平行な線

スポーツ

バスケットボール，ダイビング，フットボール，陸上競技（短距離走），バレーボール

開始

片足でバランスをとり，1本の線上に立つ。

動作

片方の線からもう一方の線へジャンプする（図9.38）。常に同じ足で離地，着地し，10 m前方に進む。着地では「ダブル・ホップ」にならないこと。

図9.38 ジグザグ・ドリル：(a) 片側の線からジャンプ，(b) 同じ足でもう一方の線に着地，(c) もとの線へジャンプしてもどる

オリンピック・ホップ

強度

中強度

準備

9〜18 m の長さの床面

スポーツ

ダウンヒルスキー，インラインスケート，ラグビー，レスリング

開始

上体をまっすぐにしたディープ・スクワット姿勢をとり（**図 9.39a**），手は頭の後ろで指を組む。

動作

ディープ・スクワットの姿勢から小さなホップを行い，両足を地面から離す（**図 9.39b**）。股関節と膝関節は完全伸展させない。ホップ・エクササイズの全体を通じてスクワット姿勢を維持する。股関節から動作を起こし，ホップを続ける。

図 9.39 オリンピック・ホップ：(a) ディープ・スクワットの開始姿勢，(b) ホップ

デプス・ジャンプ

　デプス・ジャンプやドロップ・ジャンプは，地面に力を伝えるために体重と重力を使用する。アスリートは地面からの力に打ち勝って，この力に反応するだけの筋力とパワーがあることを証明しなければならない。地面からの反発力はアスリートのパワー向上の鍵である。接地時に費やされる時間は，プライオメトリック・ドリルにおいてはマイナスであり，できるだけ素早く離地することを試みなければならない。これは，速度とパワー向上にとって最も重要な点である。

　デプス・ジャンプの高さは決められた強度が意図されているので，決して箱の上から跳び上がってはならない。そうすることで，高さと最終的にはより大きな力がジャンプに加わってしまうからである。どちらかというと，足をボックスから踏み出し，落ちていくようにしなければならない。降りる高さを管理することで強度が正確となるだけでなく，オーバーユースの問題を減らすことに役立つ。

　デプス・ジャンプは身体に大きなストレスを与え，また非常に技術的な要求が高い。したがって，アスリートはデプス・ジャンプの構成要素を簡単に，そして効果的に学ぶため，いくつかのエクササイズを導入のためのエクササイズとして用いるとよい。以下に示すドリルは初心者や経験の少ないアスリートの学習を向上させる助けになる。

ドロップ・アンド・フリーズ

強度

低強度

準備

高さ45〜60 cmの箱

スポーツ

サッカー，バスケットボール，バレーボール，総合格闘技

開始

箱の前寄りに両足で立つ。

動作

　片足を箱の端に置き，足関節を固定するためにつま先を引き上げる。もう一方の脚の膝をわずかに屈曲させ，箱面の端を押し出すために利用する（図9.40a）。正確な高さで地面に落下するようにする。膝関節を屈曲させて両足で着地し（図9.40b），それ以上の下方向への動きはすぐに止める。この動きを止める動作は，遠心性の力を養うのを助け，すべてのプライオメトリック活動における着地の制御能力を発達させる。

図9.40　ドロップ・アンド・フリーズ：(a) 箱から踏み出す，(b) 両足で着地する

ジャンプ・トゥ・ボックス

強度

低強度〜中強度

準備

上面が1辺60cm以上の四角形で，高さ15〜30cmの箱

スポーツ

ダイビング，ネットボール

開始

足を肩幅に開き，箱に面して立つ。

動作

わずかに屈みこみ，両腕の振りを利用して（図9.41a），箱の上にジャンプする（図9.41b）。

図9.41 ジャンプ・トゥ・ボックス：(a) 膝関節の屈曲と腕の振り，(b) 箱の上へジャンプ

ステップ・クロース・ジャンプ・アンド・リーチ

強度

低強度

準備

目標となる対象物をアスリートのジャンプの最も高い位置に合わせて吊り下げる

スポーツ

ダイビング

開始

足を前後に置いたスタガード・スタンス（斜位のスタンス）で立つ。

動作

一方の足で短く前へ踏み込み，素早く後足を前足に合わせる（ステップ・クロース・テクニック）。次に，吊り下げた対象物に手を伸ばして垂直にジャンプする。

デプス(ドロップ)・ジャンプ

強 度

低強度～中強度

準 備

高さ 30 cm の箱

スポーツ

体操,ネットボール,バレーボール,重量挙げ

開 始

箱の上に立ち,つま先を箱の前端の近くに置く。

動 作

箱から踏み出し(**図 9.42a**),両足で着地する(**図 9.42b**)。着地を予期し,着地後できるだけ素早くジャンプする(**図 9.42c**)。着地で身体が止まらないように,接地時間をできるだけ短くする。

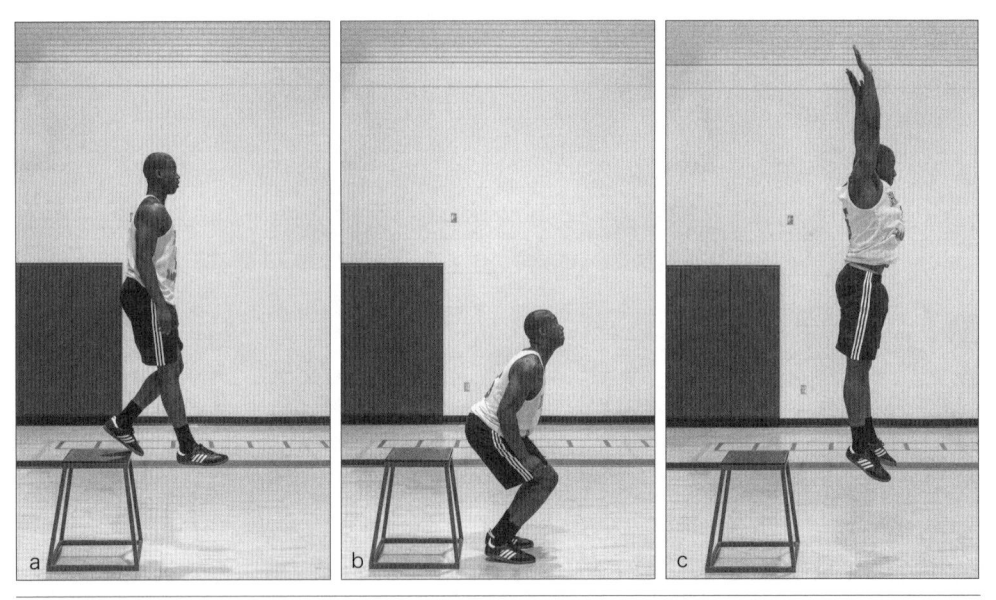

図 9.42 デプス(ドロップ)・ジャンプ:(a) 箱から踏み出す,(b) 降下して着地,(c) ジャンプ

デプス・ジャンプ・オーバー・バリア

強度

高強度

準備

高さ30～105cmの箱と，高さ70～90cmのバリア。箱から約90cmの場所にバリア（障害物）を置く。

スポーツ

ダイビング

開始

足を肩幅に開き，箱の上に立つ。

動作

箱から踏み出し（図9.43a），着地の後（図9.43b），バリアを跳び越える（図9.43c）。

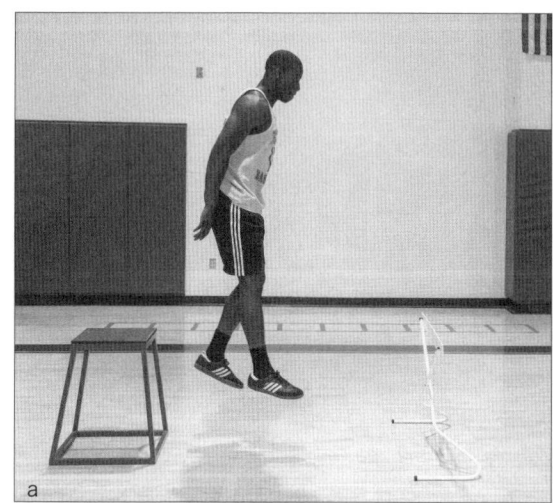

図9.43 デプス・ジャンプ・オーバー・バリア：(a) 箱から踏み出す，(b) 着地，(c) バリアを跳び越える

デプス・ジャンプ・トゥ・リム・ジャンプ

強度

中強度

準備

高さ 30 〜 105 cm の箱を，バスケットボールのリングなど高い目標物の前に置く。

スポーツ

バスケットボール

開始

箱の上に立ち，つま先を箱の端の近くに置き，高い目標物のほうを向く。

動作

箱から踏み出し（図 9.44a），両足で着地する（図 9.44b）。着地後すぐに上方へジャンプし，目標物に向って片手を伸ばし（図 9.44c），ジャンプを反復する。その際，手を交代させ，毎回対象物に届くように試みる。接地時間を非常に短くし，各ジャンプは前回のジャンプと同じ高さであるべきである。各デプス・ジャンプ後に 3 〜 5 回のリム・ジャンプを行う。

図 9.44 デプス・ジャンプ・トゥ・リム・ジャンプ：(a) 箱から踏み出す，(b) 降下する，(c) 目標へジャンプ

デプス・ジャンプ・ウィズ・スタッフ

強度

高強度

準備

高さ 30 〜 105 cm の箱，バスケットボール，バスケットボールのゴール

スポーツ

バスケットボール

開始

箱の上に立ち，つま先を箱の端近くに置き，ボールを身体の前で保持する。

動作

箱から踏み出し（図 9.45a），両足で着地する（図 9.45b）。腕を伸ばしながらボールを押し上げ，前上方に爆発的にジャンプする（図 9.45c）。ボールをゴールに押し込むか，少なくともリムに触れるようにする。

図 9.45 デプス・ジャンプ・ウィズ・スタッフ：(a) 箱から踏み出す，(b) 降下する，(c) ジャンプしてボールを押し込む

デプス・ジャンプ・ウィズ・ラテラル・ムーブメント

強度

高強度

準備

パートナー，高さ 30 〜 105 cm の箱

スポーツ

テニス

開始

箱の上に立ち，つま先を箱の端近くに置く。パートナーと向き合う（図 9.46a）。

動作

箱から踏み出し，両足で着地する（図 9.46b）。パートナーは，着地と同時に右か左を指し示す（図 9.46c）。指し示された方向に 10 〜 12 m スプリントする。

図 9.46 デプス・ジャンプ・ウィズ・ラテラル・ムーブメント：(a) 開始姿勢，(b) 降下する，(c) パートナーが示す方向にスプリント

デプス・ジャンプ・ウィズ・180°ターン

強度

中強度～高強度

準備

高さ30～100 cmの箱を1～2個

スポーツ

バスケットボール，フィギュアスケート，ネットボール，ラグビー，陸上競技（投てき競技）

開始

箱の上に立ち，つま先を箱の端近くに置く。

動作

箱から踏み出し（図9.47a），両足で着地する（図9.47b）。着地後すぐにジャンプし，空中で180°ターンをし（図9.47c），再び両足で着地する。難易度を上げるため，ターンした着地の後に再び箱の上にジャンプする（図9.47d）。

図9.47　デプス・ジャンプ・ウィズ・180°ターン：(a) 箱から踏み出す，(b) 両足で着地，(c) ジャンプしターンする，(d) 箱の上へジャンプ

デプス・ジャンプ・ウィズ・360°ターン

強度

高強度

準備

高さ30～105 cmの箱を1～2個

スポーツ

バスケットボール，ラグビー，陸上競技（投てき競技）

開始

箱の上に立ち，つま先を箱の端近くに置く。

動作

箱から踏み出し，両足で着地する（図9.48a）。着地後すぐにジャンプし，空中で360°ターンをし（図9.48b），再び両足で着地する（図9.48c）。難易度を上げるために，ターンをした後に2つめの箱に着地する。これは上級者向けのドリルである。初心者が行ってはならない。

図9.48 デプス・ジャンプ・ウィズ・360°ターン：(a) 両足で着地，(b) 空中でターン，(c) 再び両足で着地

デプス・ジャンプ・トゥ・スタンディング・ロング・ジャンプ

強度

高強度

準備

高さ 30 ～ 105 cm の箱

スポーツ

ダイビング，水泳

開始

足を肩幅に開き，箱の上に立ち，つま先を箱の端近くに置く（**図 9.49a**）。

動作

箱から踏み出し，両足で着地する（**図 9.49b**）。着地後すぐにできるだけ前方遠くへジャンプし（**図 9.49c**），両足で着地する。

図 9.49 デプス・ジャンプ・トゥ・スタンディング・ロング・ジャンプ：(a) 開始姿勢，(b) 降下する，(c) ロング・ジャンプ

シングル・レッグ・デプス・ジャンプ

強度

高強度

準備

高さ 30 〜 45 cm の箱

スポーツ

ダイビング，体操，サッカー

開始

箱の上に立ち，つま先を箱の端近くに置く。

動作

箱から踏み出し（**図 9.50a**），片足で着地する（**図 9.50b**）。次に着地した足で，できるだけ高くジャンプする（**図 9.50c**），接地時間をできるだけ短くする。難易度を上げるために，ジャンプ後，2 つめの箱にジャンプする。これは上級者向けのドリルである。初心者が行ってはならない。

図 9.50 シングル・レッグ・デプス・ジャンプ：(a) 箱から踏み出す，(b) 片足で着地，(c) ジャンプ

デプス・ジャンプ・ウィズ・ブロッキング・バッグ

強度

高強度

準備

高さ 30〜105 cm の箱，ブロッキング・バッグを持ったパートナー

スポーツ

フットボール

開始

箱の上に立ち，つま先を箱の端近くに置く（図 9.51a）。パートナーは約 120 cm 離れて向き合って立つ。

動作

箱から踏み出し，両足で着地する（図 9.51b）。着地後すぐに肩からブロッキング・バッグへ爆発的にタックルする（図 9.51c）。

図 9.51　デプス・ジャンプ・ウィズ・ブロッキング・バッグ：(a) 開始姿勢，(b) 降下，(c) ブロッキング・バッグに爆発的にタックル

デプス・ジャンプ・ウィズ・パス・キャッチ

強度

高強度

準備

高さ 30 〜 105 cm の箱，フットボールを持ったパートナー

スポーツ

フットボール，ラグビー

開始

箱の上に立ち，つま先を箱の端近くに置き，パートナーと向き合う（図 9.52a）。

動作

箱から踏み出し，両足で着地する（図 9.52b）。前上方に爆発的にジャンプし，ジャンプの頂点でパートナーからのパスをキャッチするために腕を伸ばす（図 9.52c）。

図 9.52 デプス・ジャンプ・ウィズ・パス・キャッチ：(a) 開始姿勢，(b) 降下，(c) ジャンプしてキャッチ

デプス・ジャンプ・ウィズ・バックワード・グライド

強度

高強度

準備

高さ 30 〜 105 cm の箱

スポーツ

陸上競技（投てき競技）

開始

足を肩幅に開き，踵を箱の端近くに置いて立つ（図 9.53a）。

動作

箱から後方に踏み出して，両足で着地する（図 9.53b）。着地後すぐに片足を後方へ突き出す。もし砲丸投げの選手であれば，砲丸を持つ反対の足を後ろへ下げ，もう一方の足をすべらせるように動かすグライド・ステップ・パターンを実施する（図 9.53c）。

図 9.53　デプス・ジャンプ・ウィズ・バックワード・グライド：(a) 開始姿勢，(b) 後方へジャンプして降下，(c) グライド・ステップ

デプス・ジャンプ・トゥ・プレスクライブ・ハイト

強度

低強度〜中強度

準備

高さが同じ2つの箱を60〜120 cm離して配置する。高さと距離はアスリートの能力によって調整する。

スポーツ

ダイビング，陸上競技（投てき競技），バレーボール

開始

箱の上に足を肩幅に開き，つま先を箱の端近くに置き，2つめの箱に向かって立つ。

動作

箱から踏み出し，両足で着地し，2つめの箱の上にジャンプし，柔らかく着地する。地面からのジャンプはできるだけ素早く行う。

プライオメトリック・プッシュ・アップ

強度

高強度

準備

パッド入りの床面

スポーツ

陸上競技（投てき競技），フットボール

開始

典型的なプッシュ・アップの姿勢をとる。腹臥位になり，足は合わせ，手は肩の位置で，肩幅に開く。

動作

上半身と手がパッド入りの床面から離れるように，強く床面を押す。距離はアスリートの上半身の筋力によって決まる。着地を予期し，腕を使い柔らかく着地し，上体を減速させる。注：もう1つの方法は，アスリートが手と足を広げて翼を広げた鷲のようなプッシュ・アップ姿勢をとる。腕と脚を使い全身を駆動して床面を突き放す。

インクライン・プッシュ・アップ・デプス・ジャンプ

強度

中強度

準備

高さ 7.5 ～ 10 cm の 2 枚のマットを肩幅に離して配置する。プッシュ・アップの姿勢をとったときに，足が肩より高くなるような高さの箱。

スポーツ

自転車，ダイビング，バレーボール

開始

手を 2 枚のマットの間に置き，足を箱の上にのせ，プッシュ・アップをする姿勢をとる。

動作

両手で床から身体を突き放し，両側に置いたマットにそれぞれの手を着地させる。片手ずつマットから離し，手を開始姿勢にもどす。あるいは，難易度を上げるために，両手でマットから身体を突き放し，開始姿勢にもどる。

ハンドスタンド・デプス・ジャンプ

強度

高強度

準備

パートナー，2 枚のマットまたはパッドをあてた高さ 7.5 ～ 10 cm の箱を肩幅に離して配置する

スポーツ

体操

開始

2 枚のマット，またはパッドをあてた箱の間に立ち，倒立をする（図 9.54a）。パートナーは後ろに立つ。

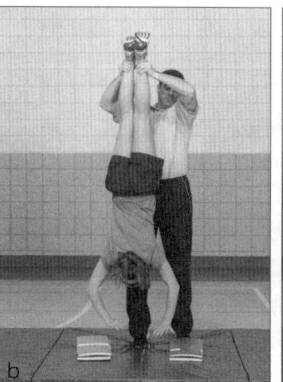

図 9.54 ハンドスタンド・デプス・ジャンプ：(a) 開始姿勢，(b) 手で押し出す，(c) 両手で着地

動作

両手で床から身体を突き放し（図 9.54b），各マットの上に片手ずつ着地する（図 9.54c）。次にマットから身体を突き放し両手で着地して開始姿勢にもどる。パートナーは，アスリートが垂直を保てるように補助をする。

ボックス・ドリル

ボックス・ドリルはマルチ・ジャンプとデプス・ジャンプ両方の特質を組み合わせたものである。これらのドリルは，かなり低い強度から非常に高い強度まで広い範囲にわたる。水平と垂直両方のジャンプスキルを同時に習得するのに役立つ。多くのボックス・ドリルが，コンディショニング・ドリルとして利用できる。ジャンプ動作は少ない反復回数から行うことも，最長90秒の間行うこともできる。いずれのボックス・ドリルでも，クレアチンリン酸系のエネルギー産生による短い運動（継続）時間で実施することも，解糖系のエネルギー産生による長い運動（継続）時間で実施することもできる。ボックス・ドリルはしばしば無酸素性のスポーツ活動における成功に必要なトレーニング効果を得るために用いられる。

ボックス・ドリル（30秒，60秒，90秒）

強度

30秒：低強度，60秒：中強度，90秒：高強度

ヒント 接地時の素早い反応を学ぶために，熱い地面を思い出すとよい。熱い地面で費やす時間は短いほうがいいと思うだろう。

準備

高さ30 cm，縦50 cm，横75 cmの箱

スポーツ

ダウンヒルスキー，フットボール，アイスホッケー，スカッシュ，ラケットボール，バレーボール

開始

足を肩幅に開き，箱の横に立つ。

動作

箱の上へジャンプし（図9.55a），反対側の床面へ降り（図9.55b），箱の上にもどる（図9.55c）。割り当てられた時間，箱の上を横切るジャンプを継続する。箱との接触を1回と数える。以下のガイドラインを用いる。

- 30秒間に30回接触 — トレーニングの開始時（低強度）
- 60秒間に60回接触 — シーズンの開始時（中強度）
- 90秒間に90回の接触 — チャンピオンシップ・シーズン（高強度）。

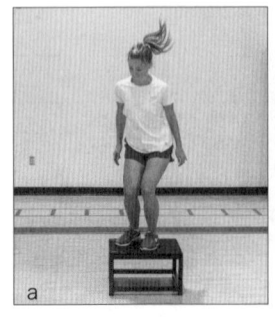

図9.55 ボックス・ドリル（30秒，60秒，90秒）：(a) 箱の上へジャンプ，(b) 反対側へ着地，(c) 箱の上へジャンプでもどる

シングル・レッグ・プッシュ・オフ

強度

低強度

準備

高さ 15 〜 30 cm の箱

スポーツ

自転車，ネットボール，ボート，テニス

開始

箱の手前の端に踵がくるように，片足を箱にのせる（図 9.56a）。

動作

足と下肢の全体を伸ばすことで，箱の上にのせた足でできるだけ高くジャンプする（図 9.56b）。箱の上に同じ足で着地し，その足で再び踏み切る。高さとバランスを得るために両腕の振りを利用する。

図 9.56　シングル・レッグ・プッシュ・オフ：(a) 開始姿勢，(b) 踏み切り動作

オルタネイティング・プッシュ・オフ

強度

低強度

準備

高さ 15 〜 30 cm の箱

スポーツ

自転車，ダイビング，サッカー

開始

床面に立ち，踵が箱の端にくるように，片足を箱にのせる。

動作

下肢の全体を伸ばすことで，箱の上にのせた足でできるだけ高くジャンプし，反対の足で箱の上に着地する（箱の上への着地は，反対側の足が接地する直前になるようにする）。高さとバランスを得るために両腕の振りを利用する。

サイド・トゥ・サイド・ボックス・シャッフル

強度

低強度

準備

高さ 30 ～ 60 cm の箱

スポーツ

クリケット，インラインスケート，スピードスケート，テニス

開始

箱の横に立ち，左足を箱の中央にのせる（図 9.57a）。

動作

両腕の振りを利用して，箱の反対側へ向かってジャンプし（図 9.57b），右足が箱の上へ，左足が床面に着くように着地する（図 9.57c）。このドリルは，足を入れ替えて箱の上を左右に連続して続ける。

図 9.57 サイド・トゥ・サイド・ボックス・シャッフル：(a) 開始姿勢，(b) 箱の上方に向かってジャンプ，(c) 反対側に着地

スコーピオン・ステップ・アップ

強度

中強度

準備

高さ 30 〜 45 cm の箱

スポーツ

野球，バスケットボール，インラインスケート，テニス

開始

足を肩幅に開き，箱の横に立つ。

動作

身体を横切るように，外側の脚（写真では左脚）で箱の上に踏み込む（**図 9.58a**）。後方の脚（右脚）を箱にのせる（**図 9.58b**）。次にリード側の脚（左脚）を降ろし，地面で支える脚（右脚）の後ろに運び（**図 9.58c**），両足で着地する。箱の反対側より右脚からはじめて，この動きを繰り返す。30 秒間続ける。

図 9.58 スコーピオン・ステップ・アップ：(a) 箱の上へクロスオーバー・ステップを行う，(b) 箱の上にもう一方の足をのせる，(c) リード側の脚（左脚）から降りる

フロント・ボックス・ジャンプ

強度

低強度〜中強度

準備

高さ30〜105 cmの箱（アスリートの能力による）

スポーツ

ダイビング，ネットボール

開始

足を肩幅に開き，箱に向かって立つ（図9.59a）。

動作

ジャンプして，箱に両足で柔らかく着地する（図9.59b）。箱から後ろに降りて，再び箱の上にジャンプする。上級者向けのエクササイズでは，箱から床へ後ろ向きで降下し，すぐにジャンプで箱の上にもどる。さまざまな高さの箱を使用する。30 cmの箱からはじめ，時間をかけて最高105 cmの高さにする。

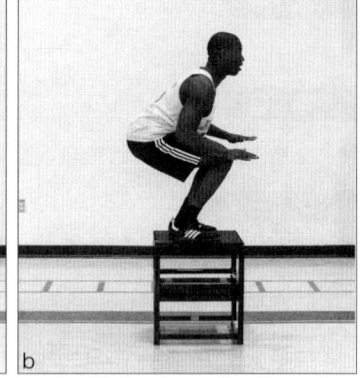

図9.59 フロント・ボックス・ジャンプ：(a) 開始姿勢；(b) 箱の上へジャンプ

マルチ・ボックス・ジャンプ

強度

中強度〜高強度

準備

同じ高さの3〜5個の箱を1列に並べる（箱の高さはアスリートの能力によって選択する）

スポーツ

アイスホッケー，ボート，重量挙げ，レスリング

開始

足を肩幅に開き，1列に並べた最後の箱の前に立つ。

動作

1つめの箱の上にジャンプし，反対側に降り（図9.60），2つめの箱の上へジャンプし，再び反対側へ降りる。このように列を進んでいき，最後の箱から降りた後は，リカバリーのためにスタート地点まで歩いてもどる。

図9.60 マルチプル・ボックス・ジャンプ

ラテラル・ボックス・ジャンプ

強度
低強度〜中強度

準備
高さ30〜105 cmの箱を1個（または3〜5個を1列に並べる）

スポーツ
自転車，フィギュアスケート，陸上競技（短距離走）

開始
足を肩幅に開いて，箱の横に立つ。

動作
箱の上に横方向にジャンプし（**図9.61a**），反対側へ跳び降りる（**図9.61b**）。箱1個で行っても，高さの同じ箱を3〜5個1列に並べて連続動作として行ってもよい（箱の間の床面ではジャンプする）。

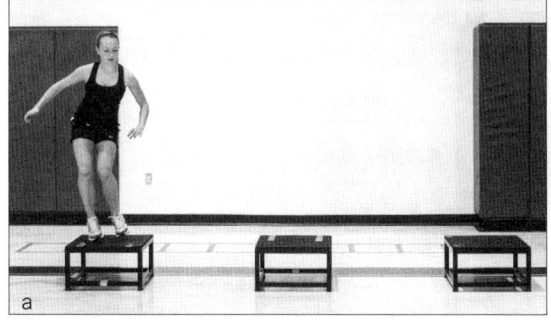

図9.61　ラテラル・ボックス・ジャンプ：(a) 箱の上へジャンプ，(b) 反対側へ飛び降りる

ピラミッド・ボックス・ジャンプ

強度

中強度〜高強度

準備

徐々に高くなっている3〜5個の箱を60〜90 cmの均一の間隔で並べる

スポーツ

体操，ラグビー

開始

足を肩幅に開き，箱の列を見わたせる位置に立つ。

動作

1つめの箱の上にジャンプし，反対側に降りる。2つめの箱の上へジャンプし（**図9.62**），再び降りる。このように列を進んでいく。一連のジャンプを終えた後は，リカバリーのためにスタート位置に歩いてもどる。または，振り向いて箱の列を順にジャンプしてもどる。

図 9.62　ピラミッド・ボックス・ジャンプ

ラテラル・ステップ・アップ

強度

低強度

準備

高さ15〜30 cmの箱

スポーツ

野球，ソフトボール，インラインスケート，スピードスケート，水泳，レスリング

開始

箱の横に立ち，箱に近いほうの足を箱の上にのせる（**図9.63a**）。

動作

箱の上にのせた足で下肢が伸びきるまで身体を上げ（**図9.63b**），それから下げて開始姿勢にもどる。床側の足で押すことなく，箱にのせた足で動作を行う。両脚で実施する。

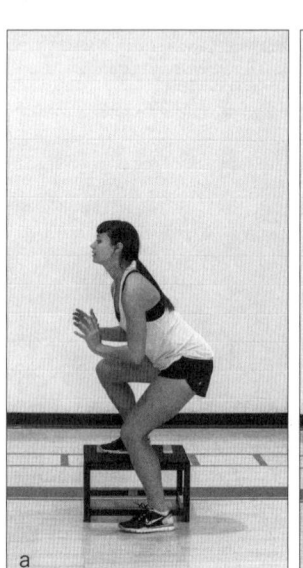

図 9.63　ラテラル・ステップ・アップ：(a) 開始姿勢，(b) 箱に上がる

マルチ・ボックス・トゥ・ボックス・スクワット・ジャンプ

強度

高強度

準備

高さの同じ箱を並べる（箱の高さはアスリートの能力によって選択する）

スポーツ

ボート，バレーボール，重量挙げ，レスリング

開始

足を肩幅に開き，箱の列を見わたせる位置でディープ・スクワット姿勢で立ち，手は頭の後ろで組む（**図9.64a**）。

動作

1つめの箱の上にジャンプし（**図9.64b**），スクワット姿勢で柔らかく着地する。スクワット姿勢を維持したまま，箱の反対側へ降り，素早く次の箱にジャンプし，また降りる。手は腰か頭の後ろに置いたままにする。

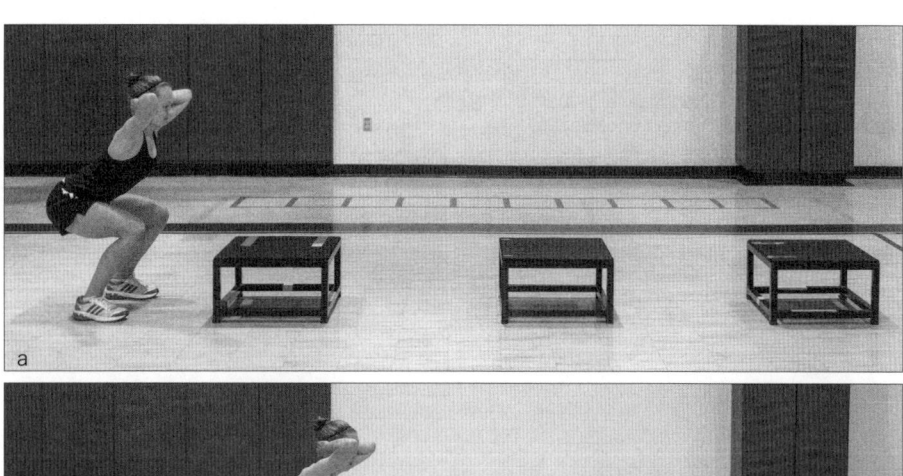

図9.64 マルチ・ボックス・トゥ・ボックス・スクワット・ジャンプ：(a) 開始姿勢，(b) 箱の上へジャンプ

マルチ・ボックス・トゥ・ボックス・ジャンプ・ウィズ・シングル・レッグ・ランディング

強度

高強度

準備

高さ15〜30 cmの箱を並べる。一定期間実施後，高さを45〜60 cmに増やす。

スポーツ

ダウンヒルスキー，陸上競技（跳躍競技，短距離走）

開始

箱の列を見わたせる位置に，片足で立つ（図9.65a）。

動作

1つめの箱の上にジャンプし（図9.65b），踏み切った足で着地する。そして床にジャンプして同じ足で着地する。この方法を続けて前へ進む。もう一方の足を使って繰り返す。これは激しいエクササイズである。したがって，アスリートは最高のコンディションでなければならず，傷害を予防するためには完全に集中することが必要である。

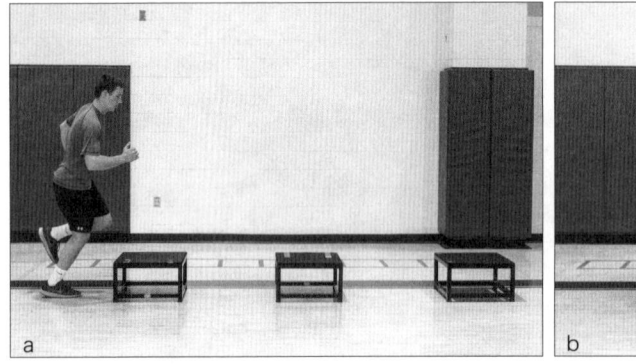

図9.65 マルチ・ボックス・トゥ・ボックス・ジャンプ・ウィズ・シングル・レッグ・ランディング：(a) 開始姿勢，(b) 箱の上にジャンプ

バウンディング

バウンディング・ドリルは，ストライド・サイクルの特定の面の向上させるために，ランニング動作を誇張したものである。これらのドリルは，ストライドの長さと頻度を向上・改善するために用いられ，通常は 30 m 以上の距離で行う。四肢の位置を考えるとき，長いレバーは短いレバーより動きが遅い傾向があることを覚えておく。したがって，四肢が発生する力に関しては，短いレバーは動きは速いが発生させる力が小さいのに対して，長いレバーは動きは遅いが大きな力が発生できる。動作の効率性を高めるため，ランナーは下肢を屈曲することにより最も短い半径で大腿部を振り抜いていくようなフォームをつくるべきである。

スキップ

強度
低強度

準備
なし

スポーツ
クリケット，ウォームアップ

開始
楽にして立つ。

動作
右腕を肘関節 90°屈曲で上げると同時に，左脚を膝関節 90°屈曲で上げる（図 9.66）。この上下肢を下にもどすときに，同じ動作で逆の上下肢を上げる。難易度を上げるために，地面を踏み切って身体をさらに上方へ引き伸ばすようにする。

図 9.66　スキップ

サイド・スキップ・ウィズ・ビッグ・アーム・スイング

強度
低強度

準備
なし

スポーツ
ウォームアップ

開始
両足をそろえて立つ。

動作
このエクササイズはジャンピング・ジャックのようにみえる。サイド・ステップをしながら，腕を上方に向かって頭上へ振り上げる（**図9.67a**）。足をもどしてそろえるときに，腕を下にもどし身体の前で交差させる（**図9.67b**）。このサイド・ステップと腕の振りを指示された距離行う（約40〜50 m）。

図9.67 サイド・スキップ・ウィズ・ビッグ・アーム・スイング：(a) 腕を広げてバウンドする，(b) 足をそろえ腕を交差させる

パワー・スキップ

強度
低強度

準備
なし

スポーツ
ウォームアップ

開始
楽にして立つ。

動作
両腕を肩の高さで前方へ伸ばす。スキップ動作で前方へ進み，リード脚のつま先をまっすぐに伸ばした腕のほうへ引き上げ，手が足に触れるよう試みる（**図 9.68**）。反対側の脚で動作を繰り返し，指示された距離をスキップし続ける。

図 9.68 パワー・スキップ

バックワード・スキップ

強度
低強度

準備
スタートから 20 〜 30 m のところに印をつける

スポーツ
陸上競技（跳躍競技）

開始
片足で立つ。

動作
20 〜 30 m 後方にスキップする（**図 9.69**）。後方への推進力を増すために，腕の振りをスキップと連携させる。

図 9.69 バックワード・スキップ

ムービング・スプリット・スクワット・ウィズ・サイクル

強度

中強度〜高強度

準備

スタートから 30 m のところに印をつける

スポーツ

野球，ソフトボール，自転車，レスリング

開始

足を前後に開き，前脚を 90°に曲げる（図 9.70a）。

動作

前上方にジャンプして，脚を切り替える（図 9.70b）。後ろの脚を前にするときに踵が殿部に触れるようにする。スプリット・スクワット姿勢で着地し，すぐに次のサイクルに入り，指示された距離を続ける（約 30 m）。床面を押すそれぞれの動作によって身体を前方へ推進させなければならない。これは上級者向けのドリルである。

図 9.70　ムービング・スプリット・スクワット・ウィズ・サイクル：(a) 開始姿勢，(b) バウンド

オルタネイト・バウンディング・ウィズ・シングル・アーム・アクション

強度

中強度～高強度

準備

なし

スポーツ

野球，ソフトボール，クリケット，陸上競技（跳躍競技，短距離走）

開始

前方への推進力を増すためにドリルのはじめにジョギングする。ジョギングに引き続き，右足を前に振り上げてドリルに入る。

動作

このドリルは，単にランニング動作を強調したエクササイズである。左足で踏み切り（**図9.71a**），右脚は膝関節を屈曲させて前方に運び，大腿を地面と平行にする。同時に左腕を前方へ伸ばす（**図9.71b**）。次に上げた右脚を後方に伸ばして着地し，踏み切る。左脚を振り上げる際は右腕を前方に上げる。ストライドを長くとって距離が出せるよう試みる。

図9.71 オルタネイト・バウンディング・ウィズ・シングル・アーム・アクション：(a) バウンド開始，(b) バウンド

オルタネイト・バウンディング・ウィズ・ダブル・アーム・アクション

強度

中強度〜高強度

準備

なし

スポーツ

野球，ソフトボール，自転車，陸上競技（跳躍競技，短距離走）

開始

前方への推進力を増すためにドリルのはじめにジョギングする．ジョギングに引き続き，右足を前に振り上げてドリルに入る．

動作

左足で踏み切り，右膝を屈曲させて脚を振り出し，大腿を地面と平行にする．同時に，前方への推進力を補助するために力強く両腕を前に出す（**図 9.72a**）．左脚を上げるとき，右脚は後方に伸ばして踏み切る（**図 9.72b**）．踏み切ったら素早く両腕を身体のほうにもどし，左脚で着地する．再び右脚を上げて振り出しながら両手を上げ，着地の際に両手をもどす．このドリルは，ランニング動作を強調した活動である．ストライドを長くとって，距離が出せるよう試みる．

図 9.72 オルタネイト・バウンディング・ウィズ・ダブル・アーム・アクション：(a) バウンド開始，(b) バウンド（図は左脚の踏み切り直前）

コンビネーション・バウンディング・ウィズ・シングル・アーム・アクション

強度
中強度～高強度

準備
なし

スポーツ
陸上競技（跳躍競技）

開始
片足で立つ。

動作
コンビネーション・バウンディングでは，片足での一連のバウンドを1セットとする（右 - 右 - 左，または左 - 左 - 右）。片足でバウンド（**図 9.73a**），同じ足でバウンド（**図 9.73b**），反対の足でバウンド（**図 9.73c**）する。右腕は左足と一緒に前方へ動かし，左腕は右足と一緒に前方に動かす。このサイクルを繰り返すことでバウンドを続ける。

図 9.73 コンビネーション・バウンディング・ウィズ・シングル・アーム・アクション：(a) 1回目のバウンド，(b) 2回目のバウンド，(c) 3回目のバウンド

コンビネーション・バウンディング・ウィズ・ダブル・アーム・アクション

強度
高強度

準備
なし

スポーツ
陸上競技（跳躍競技）

開始
片足で立つ。

動作
コンビネーション・バウンディングでは，片足での一連の動きを1セットとしてバウンドする（右 - 右 - 左，または，左 - 左 - 右）。片足でバウンド（**図 9.74a**），同じ足でバウンド（**図 9.74b**），反対の足でバウンド（**図 9.74c**）する。身体のバランスを保ち，バウンド動作をスムースに行うため，素早く両腕を前方に振る。

図 9.74 コンビネーション・バウンディング・ウィズ・ダブル・アーム・アクション：(a) はじめのバウンド，(b) 2回目のバウンド，(c) 3回目のバウンド

シングル・レッグ・バウンディング

強度
高強度

準備
なし

スポーツ
陸上競技（跳躍競技，短距離走）

開始
片足で立つ。

動作

図9.75 シングル・レッグ・バウンディング：(a) 片足でバウンディング，(b) 着地

片足で（**図9.75a**）できるだけ遠くへ，前方にバウンディングし（**図9.75b**），滞空時には他方の脚と両腕の協調性によりバランスをとり，前方への推進力を増加させる。上級者はそれぞれのバウンドで，殿部にバウンディングする足の踵を触れさせるよう試みる。指定された距離（約40 m）をバウンディングし続ける。このドリルは，筋力を均等にするために左右の脚で行わなければならない。

コンビネーション・バウンディング・ウィズ・バーティカル・ジャンプ

強度
高強度

準備
なし

スポーツ
陸上競技（跳躍競技）

開始
片脚で立つ。

動作

一連のコンビネーション・バウンディングを行い（右-右-左，または左-左-右），すぐに力強く垂直跳びを続ける。3回目でのバウンディングでは，バウンディングした足にバウンディングしていない足を合わせ（**図9.76a**），両脚でジャンプする（**図9.76b**）。

図9.76 コンビネーション・バウンディング・ウィズ・バーティカル・ジャンプ：(a) 左右の足で同時に踏み切る，(b) ジャンプ

垂直に身体をもち上げるために両腕の振りを利用する。垂直跳びから着地したらすぐに，次の一連のバウンディングを完了させる。

メディシンボール・エクササイズ

　理論的には，上肢のためのプライオメトリックは下肢に対するものと違いはない。したがって，上・下肢とも同じように扱う。例外は，上半身においては小さな筋群で，可動性を強調した運動を行うことである。上半身と体幹において急激に伸張された筋がもとの長さにもどろうとする弾性作用を利用することは脚の運動と同様である。

ドロップ・プッシュ・アップ

強度

　高強度

準備

　メディシンボール

スポーツ

　バスケットボール，体操，ボート，レスリング

開始

　脚と腕を肩幅に開いたプッシュ・アップ姿勢からはじめる。両手の間の床にメディシンボールを置く。

動作

　姿勢を維持したままボールの上に両手を置く（図9.77a）。素早い動作で両手をボールから離しそれぞれボールの横に置く（図9.77b）。手を床に落とすときも姿勢を維持し，力強く押し上げて手をボールの上にもどす。

図9.77　ドロップ・プッシュ・アップ：(a) 手をボールの上に置く，(b) 手をボールの横に置く

チェスト・パス

強度

中強度

準備

メディシンボール，パートナー

スポーツ

フットボール，バスケットボール

開始

パートナーと約3m離れて向き合う。ボールを胸の前に保持し，肘を後外側に引く。

動作

前に踏み出しながら，ボールを胸からパートナーに投げる（**図9.78**）。フォロースルーのとき，両手の甲を向き合わせる。

図9.78　チェスト・パス

ロシアン・ツイスト

強度

中強度

準備

メディシンボール

スポーツ

野球，スカッシュ，ラケットボール，テニス，陸上競技（投てき競技）

開始

足を開き，膝関節を屈曲させて座る。背中と床が45°になるようにする。腕を少し上げ完全に伸ばしてボールを胸の前で保持し，両大腿部と平行にする。

動作

上半身を片側にできるだけ遠くに回転させる（**図9.79**）。腕を同じ位置に保持してボールを左右に動かす。ボールが床面に触れないように実施する。

図9.79　ロシアン・ツイスト

ランジ・スクワット・ウィズ・トス

強度

中強度

準備

メディシンボール，パートナー

スポーツ

バスケットボール，ネットボール，陸上競技（投てき競技）

開始

パートナーと約3m離れて向き合って立つ。両手でボールの横を持ち，胸の前で保持する。

動作

1歩前に踏み込み（図9.80），パートナーに向かって胸部からボールを素早く押し出す。前に踏み出した大腿に対し上半身が垂直になるようなランジ姿勢をとる。後ろの膝は，前の膝より低い位置になければならない。前の膝関節を90°以上屈曲したり，上体が前方へ崩れたりしないようにする。開始姿勢にもどるために，前方の足を押しもどす（リカバリー・ステップ）。

図9.80 ランジ・スクワット・ウィズ・トス

ウッドチョッパー

強度

中強度

準備

メディシンボール

スポーツ

野球，ソフトボール，スカッシュ，ラケットボール，テニス

開始

足を肩幅に開いて立ち，両手でメディシンボールを持つ。右の肩の上に位置するように，右の頭上にメディシンボールを持ち上げる。

動作

体幹を回旋させながらメディシンボールを左股関節の横まで左に下げる（図9.81）。開始姿勢にもどり，繰り返す。左の股関節まで動かす反復を完了したら，左の肩の上にメディシンボールを持ち上げて，右の股関節の横に降ろす，反対側の運動を行う。

図9.81 ウッドチョッパー

シングル・レッグ・スクワット

強度

中強度

準備

メディシンボール，頑丈なプラットフォーム，または膝の高さのウエイト・ベンチ

スポーツ

フィギュアスケート，体操，陸上競技（跳躍競技）

開始

頑丈なプラットフォーム（またはウエイト・ベンチ）の前に立つ。メディシンボールを頭の後に両手で保持する。片足でバランスをとり，もう一方の足は後方のプラットフォームの上にのせる。

動作

支持脚の膝関節をゆっくりと屈曲させる（**図 9.82**）。後方の膝関節は屈曲させたままにする。数秒間，この低い姿勢を保持し，開始姿勢にもどる。

図 9.82　シングル・レッグ・スクワット

オーバーヘッド・シット・アップ・トス

強度

高強度

準備

メディシンボール，パートナー

スポーツ

ダイビング，体操，ボート，水泳

開始

足の裏を床につけ，背中と床が 45°になるように座る。メディシンボールをキャッチするために，手を頭の少し上に置く。

動作

パートナーは 1.8～3 m 離れて立つ。頭の少し上で，両手でメディシンボールをキャッチできるようにパートナーに投げてもらう（**図 9.83a**）。ボールをキャッチしたら身体を後ろに倒すようにして，ボールを床面につける（**図 9.83b**）。キャッチしたのと同じ位置からボールを投げるために，体幹を素早く巻き上げるように前に屈曲させる。

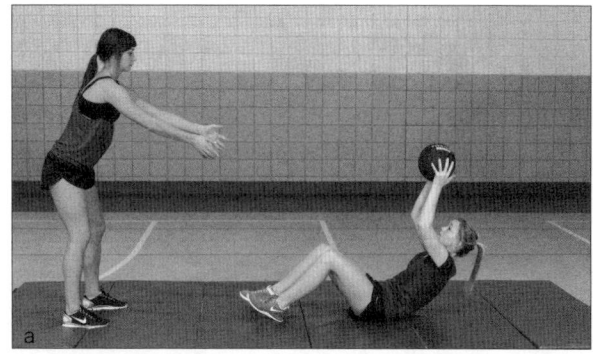

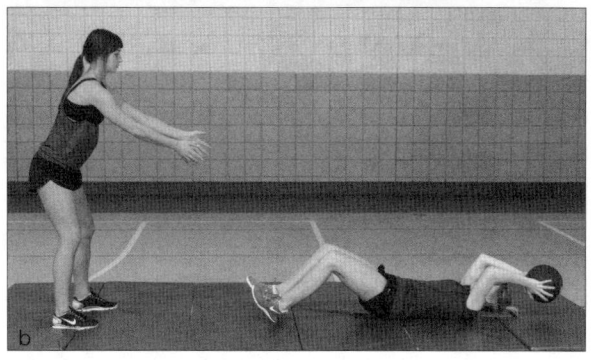

図 9.83　オーバーヘッド・シット・アップ・トス：(a) ボールをキャッチ，(b) 後ろに倒れるようにしてボールを床につける

Vシット・ジャイアント・サークル

強度

中強度

準備

メディシンボール

スポーツ

バスケットボール，ネットボール，バレーボール

開始

脚をVの字に広げた姿勢で座り，腕を伸ばしてメディシンボールを頭上に保持する。

動作

円を描くように身体を動かし一方の足へボールを降ろす（図9.84a）。身体の前を横切るように左右のつま先の上へボールを動かす。2番目の足から開始姿勢までボールを持ち上げる（図9.84b）。

図9.84 Vシット・ジャイアント・サークル：(a) 足までボールを降ろす，(b) 円を描くように身体をまわして開始姿勢にもどる

フロント・トス

強度

低強度

準備

メディシンボール

スポーツ

バスケットボール，水泳，レスリング

開始

足の間でボールを保持して立つ。

動作

ボールを足の間にはさんだままジャンプし（図9.85a），空中で脚を使ってボールをトスする（図9.85b）。キャッチした後，床面で足の間にボールを落とし，繰り返す。

図9.85 フロント・トス：(a) ボールを足の間にはさんだままジャンプ，(b) 脚を使って空中でボールをトス

ヒール・トス

強度
中強度

準備
メディシンボール

スポーツ
サッカー

開始
踵と踵の間でボールを保持して立つ。

動作
片方の踵を使用し，ボールが背中と肩を越えるように弾き上げ（**図9.86a**），身体の前でボールをキャッチする（**図9.86b**）。このトスは，ハムストリング筋群のかなりの活動と膝関節の素早い屈曲を必要とする。

図9.86 ヒール・トス：(a) ボールを上へ弾き上げる，(b) 身体の前でボールをキャッチ

オーバー・アンダー

強度
低強度

準備
メディシンボール

スポーツ
野球，ソフトボール，ダイビング，体操，スカッシュ，ラケットボール

開始
脚とボールを前にして座る。

図9.87 オーバー・アンダー

動作
右脚を上げてボールを内側から脚の下を通す（**図9.87**）。次にボールを右脚の上を通過させ，内側から左脚の下を通し，左脚の上を通過させる（脚のまわりでボールが8の字を描く）。

トランク・ローテーション

強度

低強度

準備

メディシンボール

スポーツ

ボート，スカッシュ，ラケットボール，テニス，陸上競技（投てき競技），重量挙げ

開始

脚を広げて床に座り，背中の後ろにボールを置く。

動作

右に回旋してボールを拾い（**図9.88**），左側に持ってきて，背中の後ろにもどす（身体のまわりでボールが円を描く）。指示された回数を繰り返し，逆方向も行う。

図9.88 トランク・ローテーション

アンダーハンド・スロー

強度

低強度

準備

パートナー，メディシンボール

スポーツ

体操，アイスホッケー，水泳

開始

スクワット姿勢で立ち，床面の近くでボールを保持する（**図9.89a**）。パートナーは，約3m離れて立つ。

動作

背中をまっすぐに保つ。まっすぐに立ち上がり，勢いをつけるために脚を使用し，ボールをパートナーのほうへ向って上方に投げる（**図9.89b**）。

図9.89 アンダー・ハンド・スロー：(a) 開始姿勢，(b) 投げる

プル・オーバー・パス

強度

低強度

準備

パートナー，メディシンボール

スポーツ

バスケットボール，サッカー，テニス

開始

膝関節を屈曲させて仰向けになり，頭の後ろの床にボールを保持する（図9.90a）。パートナーは足のほうに立つ。

動作

腕を伸ばしたまま，パートナーにボールをパスする（図9.90b）。パートナーが後ろへ下がり，より遠くへ投げるようにすることで強度を上げることができる。

図9.90 プル・オーバー・パス：(a) 開始姿勢，(b) パス

オーバーヘッド・スロー

強度

低強度～中強度

準備

メディシンボール，パートナー

スポーツ

野球，ソフトボール，クリケット，サッカー，水泳

開始

頭上にメディシンボールを保持して立つ。

動作

前に踏み出し（図9.91a），両腕で鋭く前へボールを押し出し（図9.91b），パートナーに向って，あるいは特定の距離を投げる。

図9.91 オーバーヘッド・スロー：(a) 前に踏み出す，(b) パートナーにボールを投げる

ロー・ポスト・ドリル

強 度
中強度

準 備
パートナー，メディシンボール，バスケットボールのゴール

スポーツ
バスケットボール

開 始
ゴールの横か前約1mのところに，ゴールに背中を向けて立つ。

動 作
パートナーが，ロー・ポストの位置からボールを投げることでドリルをはじめる。ボールをキャッチし（図9.92a），ピボットし（図9.92b），ジャンプしてボールをゴールに触れる（図9.92c）。着地後すぐに2回目のジャンプでボールをゴールに触れる。最後にパートナーのほうへピボットで向きを変え（図9.92d），ボールをパスする（図9.92e）。

図9.92 ロー・ポスト・ドリル：(a) 投げたボールをキャッチ，(b) ゴールに向かってピボット，(c) ゴールにボールを触れる，(d) パートナーへ向かってピボット，(e) ボールを投げる

サイド・スロー

強度

低強度〜中強度

準備

メディシンボール，パートナーまたは広く硬い壁

スポーツ

野球，ソフトボール，クリケット

開始

両手で身体の右側にメディシンボールを保持し，足を肩幅に開いて立つ。

動作

右に大きくボールを振ってから，左に力強く反転してボールを離し，パートナーにボールをトスするか，硬い壁（体育館の壁など）に向ってボールを投げる。

バックワード・スロー

強度

中強度

準備

パートナー，メディシンボール

スポーツ

ボート，水泳

開始

パートナーの3m前に立ち，同じ方向を向く。身体の前でボールを保持する。

動作

脚の間にボールを保持し（図9.93a），屈みこんでから，ボールが自分の頭上を通過するよう，パートナーに向かってトスする（図9.93b）。膝関節の屈曲に注意し，屈む際は股関節から屈曲し，背中をまっすぐに保つようにする。

図9.93　バックワード・スロー：(a) 脚の間にボールを保持して屈みこむ，(b) パートナーに向かって，頭上を通過するようにボールをトス

ニーリング・サイド・スロー

強度

中強度

準備

パートナー，メディシンボール

スポーツ

野球，ソフトボール，陸上競技（投てき競技），レスリング

開始

パートナーの 3 m 横に膝立ちになり，パートナーと反対側の股関節の位置に両手でボールを保持する（図 9.94a）。

動作

上半身と腕を一緒に捻って，パートナーに向かってボールを投げる（図 9.94b）。

図 9.94 ニーリング・サイド・スロー：(a) 開始姿勢，(b) パートナーに向ってボールを投げる

クォーター・イーグル・チェスト・パス

強度

中強度～高強度

準備

4 人のパートナー，コーチ，メディシンボール

スポーツ

バスケットボール，フットボール，ネットボール，ラグビー，バレーボール

開始

パートナーを前・後・左・右に配置し，準備姿勢をとる。

動作

コーチが「右」または「左」の指示を出したら，素早く身体を 90°回転させて，向き合った人にボールをパスする（図 9.95）。このドリルは 10～12 回のパスを続ける。

図 9.95 クォーター・イーグル・チェスト・パス

パワー・ドロップ

強度
高強度

準備
パートナー, 高さ 30 ～ 105 cm の箱, メディシンボール

スポーツ
バスケットボール, フットボール, 体操, 陸上競技 (投てき競技), バレーボール

開始
床面に背臥位になり, 腕を胸の上へ伸ばす。パートナーは箱の上に立ち, 腕を伸ばしてメディシンボールを保持する。

動作
パートナーがボールを落とす (**図 9.96**)。ボールをキャッチし, すぐにパートナーへボールを返す。繰り返す。

図 9.96 パワー・ドロップ

メディシンボール・スラム

強度
高強度

準備
メディシンボール

スポーツ
バスケットボール

開始
足を肩幅以上に開き, アスレティック・ポジションで立ち, メディシンボールを保持する。

動作
左側にメディシンボールを振り (**図 9.97**), 床面に叩きつける。メディシンボールを拾って, 反対側で繰り返す。

図 9.97 メディシンボール・スラム

キャッチ・アンド・パス・ウィズ・ジャンプ・アンド・リーチ

強度

高強度

準備

パートナー，高さ30〜105 cmの箱，メディシンボール，バスケットボールのゴールなど高い位置にある目標物

スポーツ

バスケットボール，フットボール，バレーボール

開始

足を肩幅に開いて，箱の上に立ち，つま先を箱の端の近くに置く（図9.98a）。

動作

箱から踏み出し，両脚で着地する（図9.98b）。前上方に爆発的にジャンプし，腕を伸ばしてパートナーからのパスを受ける（図9.98c）。着地後（図9.98d），再び上方へ爆発的にジャンプし，メディシンボールを持ったまま高い目標物に向かって手を伸ばす。

図9.98 キャッチ・アンド・パス・ウィズ・ジャンプ・アンド・リーチ：(a) 箱の上から開始，(b) 箱から降りて着地，(c) ジャンプしてキャッチ，(d) ボールを保持して着地

● まとめ ●

- 下肢のプライオメトリック・エクササイズは，ジャンプ・イン・プレイス，スタンディング・ジャンプ，マルチ・ホップとジャンプ，デプス・ジャンプ，ボックス・ドリル，バウンディング，メディシンボール・エクササイズの7つに分類される。
- アスリートにとってスポーツに特有のドリルが最も有益かもしれないが，コーチは，種目に関係なく，おそらくどんなアスリートにも有効なプライオメトリック・エクササイズを選ぶことができる。

CHAPTER 10

総合的なコンディショニング・プログラムにおけるプライオメトリック・トレーニング

多くの人はプライオメトリック・トレーニングと同じトレーニング・プログラムに，レジスタンス・トレーニングや他のトレーニング方法を安全で，効果的に組み込むことができるか疑問に思う。答えはイエスである。しかしそれを実施できるのは，ウエイト・トレーニングの経験があり，基本的なジャンプ・トレーニングを終えたアスリートだけである。この章では，アスリートが達成できるパフォーマンスの適応を最適化するために，プライオメトリックを他のトレーニングと組み合わせる方法について再検討する。

トレーニングの一体化

ストレングス・コンディショニングの専門家，コーチ，フィットネスの専門家，そしてユース世代のコーチも，競技力向上のために，さまざまな形式のコンディショニングを安全で，年齢に適していて，効果的で，なおかつ楽しいプログラムに組み込むよう努力している[1,2,3,4]。トレーニングを一体化したプログラムとは，一般的および特定のストレングス・コンディショニング活動をトレーニングに組み込むことによって，競技パフォーマンスを最適化することを意図したものである。これらのプログラムもまた，フィットネスとスキルの両方のパフォーマンスの構成要素を強化することに焦点をあてている。トレーニングの一体化における重要な要素には，身体的に何が必要かを理解した資格をもった専門家による教育と指導によって，安全かつ効果的にプライオメトリック・トレーニングを組み込むことが含まれる[3,5]。

トレーニング・プログラムの一体化の例は，CHAPTER 11のサッカーのためのプログラム例を参照されたい。

コンプレックス・トレーニング

初期のヨーロッパでは，レジスタンス・トレーニングとジャンプ・トレーニングを組み合わせたものを**コンプレックス・トレーニング**と分類していた。コンプレックス・トレーニングでは，アスリートが同じトレーニング・セッション中にウエイト・トレーニングとプライオメトリック・トレーニン

グを交互に行う(CHAPTER 11 の走り幅跳びのためのプログラム例の第2週を参照)。Lismore (オーストラリア) の Southern Cross University で行われた研究で, 重い重量挙げとプライオメトリック・エクササイズからなるトレーニング・プログラムは,「最大パワーによるトレーニングよりも弾性張力エネルギーの利用, または伸展反射の促進が大きくなる可能性がある」ということが示唆された[6]。この研究では, 最大パワーによるトレーニングは, 最大のパワーが発揮できるよう設計された特別なマシンでジャンプとベンチ・プレスを行うことで構成されていた。この研究では, コンバインド・ウエイト・トレーニング, つまりコンプレックス・ウエイト・トレーニングとプライオメトリック・トレーニングを直接みてはいないが, 最大の効果を得るためには, これらの活動を組み合わせるという考えが有効であることが示された。この領域における, より多くの研究が必要であることはまちがいないが, 研究結果では, このような方法でエクササイズを行うことで効果が得られることを支持する傾向がある。

　もう1つ, 48 名の男性を対象とした University of Utah で行われた研究がある。この研究では, 6 週間以上, スクワット・エクササイズとプライオメトリック・エクササイズを組み合わせたトレーニングを実施した対象者が, それぞれスクワット (3.30 cm) またはプライオメトリック (3.81 cm) のトレーニングを単独で実施した対象者と比較して, 垂直跳びの高さが有意に増加した (10.67 cm) ことが明らかになった[7]。研究者らは, コンバインド・トレーニング・プログラムによって最大の効果が得られるのは, 短時間のパワー発揮が必要な競技のアスリートであると結論した。明記された種目には, バスケットボール, バレーボール, アルペンスキー, 自転車の短距離種目, 陸上競技の短距離, 跳躍, 投てきが含まれる。

　研究者らはまた, アスリートがスクワットとプライオメトリックのコンバインド・プログラムを実施すると, 神経筋の適応がトレーニング・サイクルの初期 (最初の4週以内に) に起こると考えていた。したがって, アスリートはオーバートレーニングを避けるように注意しなければならない。コーチは, トレーニング強度に対するアスリートの反応を慎重に監視し, トレーニング間の十分なリカバリーを確認する必要がある。この形式のトレーニングを行うとき, アスリートはパフォーマンスの向上をより早く経験する可能性がある。このことは, 試合の準備のための期間が非常に短くなることを意味するため, プロのテニス選手などにとってきわめて有効である。

　ストレングス系のエクササイズ (スクワットなど) とスピード系のエクササイズ (デプス・ジャンプ, ダブル・レッグ・ホップ, スタンディング・トリプル・ジャンプなど) を組み合わせたトレーニングは, 神経筋系を刺激し, アスリートに多様性を与えることができ非常に有効な方法である。人体には, 最大または最大近くでのリフティングの刺激による覚醒メカニズムがあるように思われる。そして, アスリートがプライオメトリック・エクササイズを実施したときも, この状況を利用することができる。身体は重い負荷によるセットの終わりの短い期間, この覚醒または興奮が高まった状態が続いているように思われる。すぐにプライオメトリック活動を実施することによって, アスリートはこの生理的状態を利用し, より質の高いプライオメトリック・ドリルを実施するために使用することができる。

　ベンチ・プレスとパワー・ドロップ (メディシンボール・エクササイズ) の組み合わせは, 上肢のためのコンプレックス・トレーニングの1つの例である。コンプレックス・トレーニングの他の例としては, スクワットとハードル・ホップを組み合わせたものがある。ラット・プルまたはプル・オーバー・リフトは, オーバーヘッド・メディシンボール・スローのバリエーションと組み合わせることができる。殿部とハムストリングを強化する装置を使用したオーバーヘッド・メディシンボール・スローとルーマニアン・デッドリフトの組み合わせは, 腰部と股関節伸筋の筋力を向上させるのに優れ

ている。

　コンプレックス・トレーニングにおけるプライオメトリック・エクササイズの量は，個々のリフトのセット間に容易に実施できる量に減らさなければならない。例えば，ハーフ・スクワット6セットとスタンディング・トリプル・ジャンプ5セットを交互に行う。次に45 cmの箱からのデプス・ジャンプ5セットとダブル・レッグ・ホップ5セットを交互に行う。このトレーニング方法は，スクワット，インバーテッド・レッグ・プレス，スプリット・スクワット，ベンチ・プレス，パワー・クリーン，スナッチ，プッシュ・プレスなどの主なウエイト・リフトのいずれかと一緒に実施することができる。一般的に，トレーニング中に2種目の主要なリフトとプライオメトリックを組み合わせることで，最大の効果が得られる。これ以上実施しようとした場合，通常はより多くの時間が必要となり，疲労やオーバートレーニングをもたらす危険がある。

　最後に，この種のトレーニングは，常に基本的な筋力トレーニングの後に実施すべきであることを覚えておいてほしい。この種のトレーニング方法は，トレーニングの基本が確立され，トレーニング経験のある上級者のアスリートが実施することで最も効果が得られる。リフトとジャンプ・ドリルを正確に実施することが非常に重要であり，基本的なリフティング技術を教える時期としては適切ではない。

他のトレーニングとプライオメトリックを用いる

　ジャンプ・トレーニングと上半身のプライオメトリックは，多くのスポーツと関係がある。体操，ダイビング，バレーボール，陸上の跳躍において望ましい結果を得るためには，立っている地面からの爆発的な瞬発能力と垂直方向または直線方向へのスピード，あるいはその両方を発揮することにかかっている。

　しかし，プライオメトリックは，競技のためのコンディショニングの万能薬ではない。プライオメトリック・トレーニングは孤立しているわけではなく，単一のトレーニング様式とみなしてはいけない。その代わり，高強度のプライオメトリックは衝撃力が大きいため，腱と筋が（レジスタンス・トレーニングによって）準備できたアスリートによってその補助として使われるべきものである。

　スプリント・トレーニングまたはインターバル・トレーニングによる無酸素性のコンディショニングは，正確なプライオメトリック・バウンディングで必要とされるストライド・パターンを向上させるために重要である。スプリント，または方向転換が必要な動作ドリルでの爆発的反応は，インターバル・トレーニング（一定のリカバリー時間を伴う反復）の一部として行うことができる。

　レジスタンス・トレーニングと無酸素性トレーニングを一緒に実施することは，アスリートのプライオメトリックに対する身体的な準備を助ける。レジスタンス・エクササイズと無酸素性活動におけるアスリートの能力を強化し，アスレティック・トレーニングにおける真のパートナーとなる。

レジスタンス・トレーニング

　プライオメトリック・エクササイズの素早い衝撃負荷に対応する筋を助けるため，レジスタンス・トレーニングは，プライオメトリック・トレーニングと組み合わせるのに理想的である。レジスタンス・トレーニングでは，最初に身体またはウエイトを下げ，その後に求心性収縮を使用してウエイトを克服することによって遠心性筋収縮を向上させる。プライオメトリック・トレーニングは，重量挙げのような純粋なストレングス運動を受けた筋に対してすぐにスピードの要素を加えた課題を課すことによって（コンプレックス・トレーニングに関しては前述した），レジスタンス・トレーニングとうまく組み合わせることができる。

オープン・チェーン・レジスタンス・トレーニング（1つの関節だけのためのエクササイズ・マシーンを使用する）は，特定の筋群における筋力を向上させるのに有用である。しかし，プライオメトリックを実施するアスリートは，バーベル，ダンベル，メディシンボールを用いたフリー・ウエイト・エクササイズのような多関節運動を必要とするクローズド・チェーン・エクササイズも実施する必要がある。これらのエクササイズは通常，スクワットのように地面に足を固定して行い，エクササイズする際に，各スポーツの姿勢をとることができるのでアスリートにはより機能的である。クローズド・チェーン・エクササイズは，競技能力を向上させる点において，単関節エクササイズより大きな価値があることがわかる。

プライオメトリック・エクササイズがより高強度になるほど，筋力がきわめて重要になる。前述したように，いくつかの初期のヨーロッパの文献では，アスリートがプライオメトリック・トレーニングを実施する前に，体重の2.5倍の重さでのスクワットが行えることが必要であるとされていた。その著者らは，平均的な高校生またはその年齢層のアスリートの実情にそぐわない目標を念頭に置いて，高強度のプログラムを示したことに疑問の余地はない。しかし，筋力に関する必要条件は，すべてのレベルのプライオメトリック・トレーニングの要である。

アスリートがプライオメトリック・プログラムをはじめるのに十分な筋力を有しているかどうかを判断するためには，純然たる筋力を測定する従来の最大挙上重量（1 RM）スクワットでより，機能的な筋力（パワーを含む）のテスト結果を参考にする。そのようなテストの1つが，プライオメトリック・トレーニング・プログラムで多くの実践者によって用いられた。パワーのテストとして，それは筋力より直接的な適用がある。テストでは，アスリートの体重の60%のウエイトをスクワット・バーに置き，ストップウォッチで測定して，5秒間で5回の反復を行うように指示する。もしこれができない場合，トレーニングの重点をレジスタンス・トレーニングに置き，プライオメトリック・トレーニング・プログラムは中強度から低強度にとどめるべきである。

下肢の筋力が弱いと着地時の安定性が低下し，身体の軟部組織で大きな衝撃力を過剰に吸収することになる。早期の疲労も，下肢の筋力が十分にないアスリートには問題となる。これらの要因はエクササイズ中のパフォーマンスの低下に結びつき，（オーバーユースの状態でも同じだが）傷害を発生させる可能性が高くなる。

無酸素性トレーニング，スプリント・トレーニング，インターバル・トレーニング

プライオメトリック・トレーニングにより，クレアチンリン酸系と乳酸系の2つの無酸素性エネルギー系を鍛えることができる。クレアチンリン酸系は筋内にすでに存在するエネルギー貯蔵量に依存する。プライオメトリック・エクササイズはわずか4～15秒にすぎないが，エネルギー貯蔵量を枯渇させる。クレアチンリン酸系を訓練するようなプログラムでは，エクササイズの間に長い時間の休息またはリカバリー時間を割り当てなければならない。トレーニングは量ではなく質に重点を置く。筋のエネルギー貯蔵量がクレアチンリン酸系によって使い果たされたとき，乳酸性作業閾値に達する。エネルギー貯蔵量を使用するポイントを過ぎて進行するエクササイズは，乳酸系に重い負担をかけるだろう。最大限に近い努力での約30～90秒のエクササイズの連続が，この系を訓練することに適している。

一般的に，短時間の活動であるジャンプ・イン・プレイス，スタンディング・ジャンプ，デプス・ジャンプがクレアチンリン酸系を訓練するために用いられる。マルチ・ジャンプ，ボックス・ドリル，特にバウンディングは，乳酸性作業能力を訓練するためのエクササイズとして適している。

クレアチンリン酸系を訓練することは，幅跳びや三段跳びのようにパフォーマンスの間のリカバ

サーキット・トレーニングの例

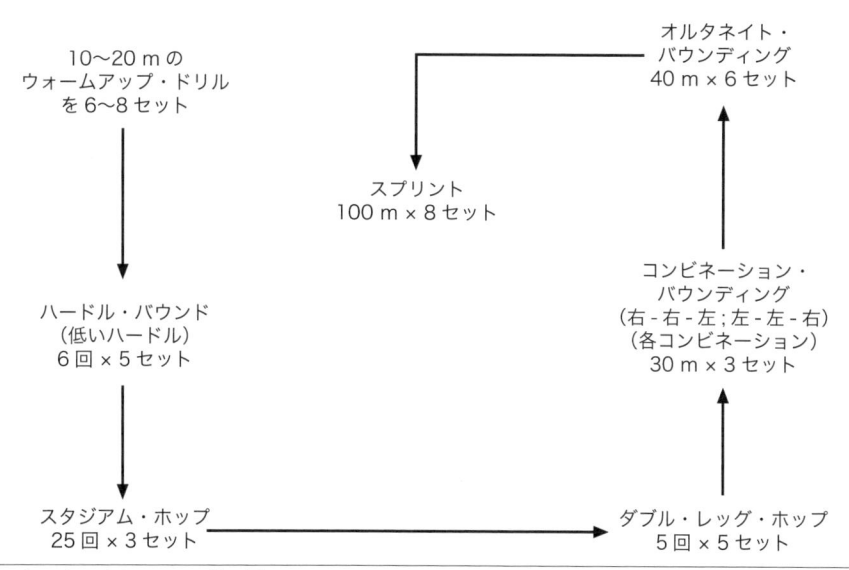

```
10～20 mの
ウォームアップ・ドリル        オルタネイト・
を6～8セット                  バウンディング
    │                        40 m×6セット
    │           スプリント        ↑
    │           100 m×8セット   │
    ↓              │            │
ハードル・バウンド    │       コンビネーション・
（低いハードル）     │       バウンディング
6回×5セット        │       （右-右-左；左-左-右）
    │              │       （各コンビネーション）
    │              │       30 m×3セット
    ↓                           ↑
スタジアム・ホップ ──────→ ダブル・レッグ・ホップ
25回×3セット                5回×5セット
```

図10.1 サーキット・トレーニングの例

リー時間が長く，素早い爆発的なパワーを必要とするスポーツにかかわるアスリートに有益である。乳酸性作業能力を訓練することは，活動時間がかなり長く，休息時間の短いフットボールやバレーボールのようなスポーツを行うアスリートに有効である。

　スプリント・トレーニングとインターバル・トレーニングは，指定されたリカバリー時間で一定の時間（通常約30～90秒），高い質の努力が必要なランニング・プログラムである。この種のトレーニングは，乳酸性作業閾値でのプライオメトリック・トレーニングと密接な関係があるが，マルチ・ジャンプ，ボックス・ドリル，バウンディング・エクササイズの代わりにスプリントを用いる。

サーキット・トレーニング

　プライオメトリック・トレーニングには多くの利点があるが，そのうちの1つは，他のタイプのトレーニングとともにサーキット・トレーニングを構成することができるということである。1つのステーションから別のステーションに移動することによって（**図10.1**），垂直方向の要素や直線方向の要素（あるいは両方とも）を組み込んださまざまな動作パターンを強調した多くのエクササイズを行うことができる。コーチにとっては，サーキット・トレーニングはグループを管理するうえで重要な役割を果たす。チーム全員がプライオメトリック・エクササイズによるサーキットに参加することが可能で，エクササイズの適用と強度レベルの均一性が確保できる。

　サーキットを用いることで，アスリートは無酸素性トレーニング，スプリント・トレーニング，インターバル・トレーニングよりさらに長い時間をかけたトレーニングができる。有酸素性コンディショニングが改善するレベルまで心血管性ストレスをかけられる可能性があり，それによりスタミナが増加することになる。サーキット・トレーニングの蓄積的な影響はかなり大きいため，リカバリーには少なくとも2日は必要である。

● まとめ ●

- 一体化したトレーニング・プログラムとは，一般的および特定のストレングス・コンディショニング活動をトレーニングに組み込むことによって競技パフォーマンスを最適化するためのもので

ある。これらのプログラムもまた，身体的フィットネスとスキルの両方の構成要素を強化することに焦点をあてている。
- 一体化したトレーニングの基礎は，身体的に何が必要かを理解した有資格の専門家による教育と指導によって，安全かつ効果的なプライオメトリック・トレーニングを組み合わせることである。
- 適切にプログラムを計画することによって，プライオメトリック・トレーニングは多くの他のトレーニングに組み込むことが可能になる。

CHAPTER 11

スポーツ特性に応じたプライオメトリック・トレーニング・プログラム

　プライオメトリック・トレーニングは本来は非常に特殊なものであるが，適用の幅は非常に広い。プライオメトリック・トレーニングで行われるエクササイズは，すべてのスポーツのためのトレーニング・プログラムに不可欠なものである。しかし，エクササイズをうまくプログラムに組み込むためには，多くの要因が影響する。いずれのスポーツにおいても，トレーニング・プログラムを計画するには，そのスポーツで要求されるものと矛盾しない哲学的なアプローチが必要となる。コーチやコンディショニングの専門家は，各スポーツにおけるバイオメカニクスに関する理解を向上させなければならない。そうすることで，トレーニング・プログラムを計画する人はそれぞれの活動を成功に導く力を理解するであろう。

　コンディショニングの専門家は，トレーニング・プログラムの計画の過程をそれぞれのスポーツまたはアスリートごとの必要性を分析することからはじめるべきである。必要性の分析には，活動に必要なフィットネスの条件と実施するスポーツにおけるフィットネスの必要性を調べることが含まれる。トレーニング・プログラムを計画するとき，コンディショニングの専門家は，スポーツの生理的および生体力学的な必要条件，実施するスポーツでのポジションにおける必要条件も考慮しなければならない。例えば，野球のキャッチャーとピッチャーのように，ポジションによって必要条件は変わってくる。さらに，アスリートの必要性の分析を行うことによって，ピーク・パフォーマンスを制限する欠点を特定することもできる。そして，アスリートが高度なプライオメトリック・トレーニングをはじめる前に，これらの欠点を修正するためのプライオメトリック・エクササイズを実施することができる。生理学的分析によって，スポーツで成功するために必要な筋力，柔軟性，パワー，持久力，スピードのトレーニングに確実に取り組むことができるようになるだろう。生体力学的分析では，プログラムを計画する人がスポーツの特性にあった方法でアスリートのパフォーマンスを向上させるトレーニングを選択するのに役立つ。例えば，スプリントの力学的な部分をみることで，特にハムストリングスを含む股関節伸筋群を目的としたドリルが必要なことを明らかにすることができる。

　必要性の分析が行われたら，哲学またはアスリートの成長に対するアプローチを適切に設定しなければならない。経験の浅いコンディショニングの専門家は，新しくアスリートを指導する際，自身が知っているすべてを1週間以内に教えようとすることが多い。このようなアプローチでは，アスリートが欲求不満に陥ったり，オーバートレーニングの原因となり，最終的には傷害を招くことにもなる。

コーチはこの分野でアスリートとともに何年も仕事をした後，忍耐と慎重な計画がプラスの結果に結びつく可能性が高いことを学ぶようになる。以下に述べることは，コーチがトレーニング哲学に組み込まなければならないステップである。

ステップ１：アスリートのことをよく考える

このステップ１には，いくつかの考慮すべき非常に重要な点が含まれる。アスリートの年齢，性別，身体的および精神的な成熟度，スポーツに参加した年数やトレーニングを行った年数を含む運動経験をみる。これらのアスリートの特徴を適切に考慮しないと，欲求不満を招き，トレーニング・プログラムは好ましくない結果をもたらすことになる。

ステップ２：アスリートをテストし評価する

必要性分析に基づくフィールド・テストによって，そのアスリートが同じ年齢，性，スキルレベルにある他のアスリートと比較して，どの程度のレベルに位置するのかを明らかにすべきである。標準的なデータと比較するための客観的なデータを得るためのテストは，アスリートがどの程度のレベルにあるのかを示すことができる。この情報によって，トレーニング・プログラムによるアスリートやチームの進歩を確認し，評価することができるようにもなる。多くのチームはキャンプからもどった後にテストを実施する必要があり，トレーニング・プログラムによってアスリートの進歩がみられた場合は，スポーツにもどる準備ができており，よい状態から動き出すことができるようになっていることを示す。

ステップ３：トレーニング期間とトレーニングサイクルを考える

多くのトレーニング・プログラムは，そのスポーツのシーズンの間に長い中断があるシーズンオフのときに計画される。シーズンオフの期間は，４週間から９ヵ月間と広い範囲にわたる。この休止期間は，アスリートの全般的な能力の向上にとって最も重要な期間である。例えば，高校や大学の１年生と２年生の間の期間は，若いアスリートの身体発育にきわめて重要な意味がある。これらの期間に特に体重，筋力，スピード，パワーなど，若いアスリートの身体発育に急激な変化があることはまれではない。トレーニング期間またはトレーニング・サイクルを注意深く計画することによって，アスリートの成長に明らかな進歩がみられるようになるだろう。

ステップ４：トレーニングをする年における期間を選択する

最良の戦略は，長期にわたる計画を立てることである。トレーニングをする年の12ヵ月全体をみて，アスリートがトレーニングする機会がいつ存在するかを決める。これにより，差し当たってのトレーニング・プログラムを明示することができる。そして次の機会がきたときには，次のサイクルにおける結果を最大にするために，前のトレーニングと適合させることができる。

ステップ５：トレーニング・プログラムを計画する

トレーニング・プログラムを計画するうえで，アスリートの最も基本的な要求は，課題に対する潜在的な可能性を向上させることである。このことは，基本的な筋力，筋持久力，無酸素性持久力（スポーツが持久性活動でない場合），パワーを向上させることを意味している。

ここはコンディショニングの専門家の腕のみせどころである。エクササイズの選択によって，個々のスポーツで成功するために必要なスキルが向上する。潜在的な可能性を向上させるために，アスリー

トはプライオメトリック・トレーニングのようなスキルが特有なドリルを課す土台となる基礎的なトレーニングをしなければならない。潜在的な可能性を向上させるためには，筋力とプライオメトリックの関係を決して忘れてはならない。筋力の発達はプライオメトリック・トレーニングに絶対に必要なものであり，また，プライオメトリック・トレーニングは筋力の発達に必要なものなのである。

ステップ5はエクササイズの数，順序，量（セットと反復），強度など，日々のトレーニングの詳細を決定する段階である。これらの選択によってアスリートの成功のレベルが決まる。

アメリカンフットボールのためのプログラム例

アメリカンフットボールは，さまざまなスキルをもった多数の選手が参加することが特徴である。フットボールはアメリカで最も要求が多いスポーツの1つであり，そのため多くのチャンスがあるが多くの問題もみられる。われわれが推奨するアプローチに基づくと，このプログラムの進行の第一段階は，アスリートのことをよく考えることである。

ステップ1：アスリートのことをよく考える

フットボール選手は，ポジションによって，クォーターバック，ランニングバック，レシーバー，タイトエンド，オフェンシブ・ラインマン，ディフェンシブ・ラインマン，ラインバッカー，ディフェンシブ・バック，キッカーの9つのグループに分けることができる。さらに，ディフェンシブ・ラインマンをディフェンシブ・エンドとインテリア・ラインマンのサブグループに分けることもできる。しかし，高校などでは，①オフェンシブ・ラインマンとディフェンシブ・ラインマン，②ラインバッカーとランニング・バック，③レシーバーとディフェンシブ・バック（このグループには，クォーターバックとキッカーも含まれる）の3つの基本的なグループ分けを用いてもよい。

必要性の分析はフットボール・コーチによって異なる可能性はあるが，おそらく多くの選手にとって全般的な筋力，スピード，パワーなどのスキルが必要とされると思われる。それを初速スピード，横への動作，方向転換，無酸素性持久力を含むトレーニングに広げていくことができる。

フットボールはチームスポーツそのものなので，チームでのトレーニング・プログラムは，チームの平均に対するものになる。目的は，チームの平均的な能力を向上させることである。より若い選手（1年生や2年生）は身体の大きさ，経験，体型などに大きな違いがある。ポジションによって分けることは，必然的に身体の大きさ，スピード，体重，動作スキルによって選手を分けることになる。

ステップ2：アスリートをテストし評価する

3RMバック・スクワット，バックワード・メディシンボール・スロー（6.8 kg），9mのスプリント，ボックス・テスト（90秒），270mシャトルは，アメリカンフットボール選手の身体的なスキルの評価に適している。

ステップ3：トレーニング期間とトレーニングサイクルを考える

わかりやすくするために，ここでは学期末からフットボールの練習がはじまるまでの間をシーズンオフまたは暫定的な移行時間と考える。ここではシーズンオフのプログラムに12週間を割り当てる。

ステップ4：トレーニングをする年における期間を選択する

1年間のなかでトレーニング・プログラムにあてられる時期は，多くの学校が夏休みの期間である。トレーニング期間を，4週間ずつ3つの周期に分ける。

ステップ5：トレーニング・プログラムを計画する

　ここでトレーニング・プログラムを計画するための具体的なエクササイズと各種の条件を考慮しなければならない。若いアスリートの場合，動作スキルを学ぶことが重要であり，潜在的な可能性を向上させるための要因を中心にしなければならない。以下にあげるのは，サイクル I において用いることが可能なプログラムの一例である。

サイクル I
シーズンオフのトレーニング・プログラム

ウォームアップ

　1セット10回：

- フロント・ランジ
- リバース・ランジ
- サイド・トゥ・サイド・ランジ
- ドロップ・ステップ・ランジ
- クロスオーバー・ランジ
- フロント・プランク（60秒）
- サイド・プランク（右，左），左右各45秒
- メディシンボール・プル・オーバー・シット・アップ
- メディシンボール・オルタネイト・トウ・タッチ
- ヒップ・ロール

ストレングス・プログラム

自重でのシングル・レッグ・スクワット。 少なくとも90 cmの高さの箱に立って実施する。箱の後ろの端に片側の踵を置き，平らな面に反対側のつま先を置く。膝関節が完全屈曲するまで身体を下げる。次に身体を上げ，このスクワットを6回反復し，反対の脚と切り替える。12週間のサイクルの終わりまでに，アスリートは6回反復を4セット実施できるようになるべきである。

Javorek コンプレックス。 これは，オリンピックのバーベルでの一連のリフトであり，すべてのシリーズが完了するまで連続的に行う。各リフトは6回反復し，徐々に6回反復を4セットまで実施できるようにする。

1. ハイ・プル
2. マッスル・スナッチ
3. フロント・スクワット・ウィズ・プッシュ・プレス
4. ベント・オーバー・ロウ
5. ルーマニアン・デッドリフト

全般的な筋力のためのリフト・シリーズ。 このシリーズは，多くの技術的な動作を通してアスリートの進歩を促しながら，全身の全般的な筋力を構築して筋持久力を強化することを意図している。

1. バック・スクワット，8×3（以下この表記はすべて，回数×セット数を表わす）
2. インクライン・ベンチ・プレス，8×3
3. ステップ・アップ，6×2（45 cmの箱）

プライオメトリック・ドリル

- ジャンプ・トゥ・ボックス（90 cmの箱）
- サイド・トゥ・サイド・ボックス・シャッフル（30 cmの箱），30秒
- スコーピオン・ステップ・アップ（30 cmの箱），30秒

ボックス・ドリル（30秒）（30 cm の箱）

この例は，12週間のシーズンオフのプログラムを完了するために，次の4週間のサイクルでも実施することができる。

バスケットボールのためのプログラム例

バスケットボールはアメリカンフットボールとは異なり，比較的同じようなスキルをもつかぎられた数の選手が参加することが特徴である。バスケットボールは，インターバル・トレーニングの要素において最も高いレベルが要求されるスポーツの1つである。バスケットボール選手はプライオメトリック・トレーニングによって達成された，力学的適応および生理的適応から大きな利益を得ることができる。このプログラムの最初の段階は，アメリカンフットボールと同様にアスリートのことをよく考えることである。

ステップ1：アスリートのことをよく考える

ジェームズは，16歳のバスケットボール選手で代表チームで1年間の経験がある。彼は高校のウエイトリフティングのクラスで2年間，フットボール・コーチによってレジスタンス・トレーニングを指導された。彼は過去に足関節を捻挫したことがあるが，現在は健康である。

ステップ2：アスリートをテストし評価する

コーチは垂直飛びの能力をもとにジェームズを評価するために以下のテストを行った。

1. スタンディング・ジャンプ・アンド・リーチ。両足で立ち，壁にできるだけ高く手を伸ばし，その高さに印をつける。次に両足でジャンプし，できるだけ高く手を伸ばし，その高さに印をつける。2つの印の間の差を記録する。
2. ジャンプ・フロム・ボックス。45 cm の箱からデプス・ジャンプを行う。着地後，上にジャンプして，できるだけ壁に高く手を伸ばす。触れた壁の高さを記録する。
3. スリー・ステップ・バーティカル・ジャンプ。3回のステップを行い，最後のステップ（得意なほうの足でなければならない）で上にジャンプし，できるだけ高く壁に手を伸ばす。ジャンプの高さを記録する。
4. 3 RM パラレル・スクワット。バック・スクワットで3回挙上できる最大重量を測定する。ラックの肩の高さの位置にのっているバーベルの前に立つ。バーベルを肩にのせ，大腿が床と平行になるまで股関節と膝関節を屈曲し，開始姿勢にもどる。これを3回繰り返す。
5. 体重の60％のウエイトで，5秒間でパラレル・スクワットを5回反復する。体重の60％の重さのバーベルでスクワットを5秒以内で5回行う。

テスト結果によってプログラムのタイプと方向性が決まる。ジェームズの3 RM スクワットの結果は彼の体重の1.5倍であり，体重の60％のウエイトで5秒間に5回のスクワットもできたため，テスト4と5で十分な筋力を示すことができた。もしこれらの結果が標準より低かった場合（例えば，体重の75％でしかスクワットができなかったり，体重の60％のウエイトで5回のスクワットをするのに7.5秒かかった場合）には，レジスタンス・トレーニングがまだ必要であり，強度の高いプライオメトリック・トレーニングを経験するための条件が整っていないことを示している。筋力だけが不十分なのであれば，筋力トレーニングだけで垂直跳びの能力を向上させることができるかもしれない。

テスト1，2，3の結果はジェームズの現在の垂直跳びの能力を示しており，プログラム終了後に

進歩の状況を評価するためのデータとなる。ジェームズの記録は，スタンディング・ジャンプ・アンド・リーチ 52 cm，ジャンプ・フロム・ボックス 45 cm，スリー・ステップ・バーティカル・ジャンプ 50 cm であり，片足でのジャンプと両足でのジャンプに差がないことを示している。

ステップ3：トレーニング期間とトレーニングサイクルを考える

　ジェームズのトレーニング・プログラムは4週間である。プログラム例は，プログラムの計画に含まれる準備，進行，実行の条件を示すために，通常のトレーニング年のピリオダイゼーション（期分け）からまとめた。ジェームズは，このサイクルの終わりに，進歩の状況を調べるため再テストを受ける。

ステップ4：トレーニングをする年における期間を選択する

　ジェームズは，バスケットボールのシーズンがはじまる前の9月の1ヵ月間，このプログラムに従う。この時期は，ウインタースポーツを行う多くの高校生アスリートがコンディションを整えるための努力をはじめる時期である。

ステップ5：トレーニング・プログラムを計画する

　この4週間のプログラム例では，週ごとに準備，進行，実行の3つの条件によって計画されている。これは仮のプログラムであることを覚えておいてほしい。以下のスケジュールは，ジェームズだけにあてはまるものである。

第1週

　準備：身体の軟部組織がジャンプと着地の衝撃に適応できるように量的に多く，低い強度のレジスタンス・トレーニングと低い強度のプライオメトリック・トレーニングを実施する。
　進行：アスリートが新しいスキルの習得にチャレンジできるよう十分な多様性をもたせる。
　実行：低強度のエクササイズを行う際には，正確な着地技術と腕の使い方に重点を置く。アスリートがアモチゼーション（償還）期の概念を理解することを確認する。

月曜日，水曜日，金曜日：ウエイト・トレーニング

　70％ 1 RM（1度に挙上できる最大重量の70％）でのパラレル・スクワット，12 × 3
　体重の50％でのスプリット・スクワット，右左の脚で 10 × 3
　インバーテッド・レッグ・プレス（8 RM），8 × 4
　プッシュ・プレス（フロント）（8 RM），8 × 4
　シュラッグ・プル（5 RM），5 × 4

火曜日：プライオメトリック

　ツー・フット・アンクル・ホップ，10 × 1
　サイド・トゥ・サイド・アンクル・ホップ，20 × 2
　ヒップ・ツイスト・アンクル・ホップ，20 × 2
　スプリット・スクワット・ジャンプ，左右の脚で 10 × 2
　スタンディング・ジャンプ・アンド・リーチ，6 × 1

木曜日：プライオメトリック

ツー・フット・アンクル・ホップ，10 × 1
サイド・トゥ・サイド・アンクル・ホップ，
　20 × 2
ヒップ・ツイスト・アンクル・ホップ，
　20 × 2

リム・ジャンプ，10 × 2
シングル・レッグ・プッシュ・オフ
　（30 cm の箱から），20 × 2
オルタネイティング・プッシュ・オフ
　（30 cm の箱から），20 × 2

第 2 週

準備：下肢の基本的な筋力に重点を置くためにレジスタンス・トレーニングを実施する。
進行：プライオメトリック・エクササイズにさらに高い強度のものを組み込む。これによりレジスタンス・トレーニングに複雑さと強度が加わる。
実行：プライオメトリック・エクササイズで重要なのは量ではなく，質であるということを覚えておく。

月曜日：プライオメトリック

フロント・ボックス・ジャンプ（45 cm の箱），
　10 × 3
スタンディング・ジャンプ・オーバー・バリア
　（90 cm），10 × 1

ダブル・レッグ・ホップ，3 × 3
リム・ジャンプ，10 × 2
ツー・フット・アンクル・ホップ，10 × 3

火曜日：ウエイト・トレーニング

フロント・スクワット（8 RM），8 × 3
インバーテッド・レッグ・プレス（8 RM），
　8 × 4

プッシュ・プレス（フロント）（8 RM），
　8 × 2
ハイ・プル（8 RM），8 × 2

水曜日：ウエイト・トレーニング

70 〜 80％ 1 RM でのバック・スクワット，5 × 5

木曜日：プライオメトリック

サイド・トゥ・サイド・アンクル・ホップ，
　10 × 3
シングル・レッグ・プッシュ・オフ，10 × 3
フロント・ボックス・ジャンプ（45 cm の箱），
　10 × 3

リム・ジャンプ，10 × 3
スタンディング・トリプル・ジャンプ，
　5 × 1

金曜日：ウエイト・トレーニング

火曜日のトレーニングを繰り返すが，プッシュ・プレスをビハインド・ネック・プッシュ・プレス（首の後ろから挙上するプレス）に代える。

第3週

準備：激しいプライオメトリック・トレーニングに重点を置く。リカバリーのために，レジスタンス・トレーニングを利用する。

進行：垂直跳びのプライオメトリック・エクササイズにかかわる筋群の基本的な筋力をつけることに焦点をあわせる。トレーニング量と強度の両方を鍛え続ける。

実行：時間と距離を目標とした，努力の質に重点を置く（10回のサイド・トゥ・サイド・ボックス・シャッフルをいかに速く実施できるか，スタンディング・トリプル・ジャンプでどれだけ遠くまで跳べるか，など）。

月曜日：プライオメトリック

- デプス・ジャンプ（45 cmの箱），10 × 3
- スタンディング・ジャンプ・オーバー・バリア（45〜60 cm），10 × 3
- ダブル・レッグ・ホップ，5 × 3
- シングル・レッグ・ホップ・オーバー・コーン，10 × 3
- サイド・トゥ・サイド・アンクル・ホップ，10 × 3

火曜日：ウエイト・トレーニング

- フロント・スクワット，8 × 3
- インバーテッド・レッグ・プレス，8 × 4
- ビハインド・ネック・プッシュ・プレス，8 × 3
- スティッフ・ニー・クリーン，5 × 3

水曜日：ウエイト・トレーニング

- プローン・ハムストリング・カール（求心性：両脚でウエイトを上げる，遠心性：片脚でウエイトを下げる），8 × 3
- 85〜90% 1 RMでのバック・スクワット，5 × 5

木曜日：プライオメトリック

- フロント・ボックス・ジャンプ（45 cmの箱），10 × 3
- スタンディング・トリプル・ジャンプ，3 × 1
- ラテラル・コーン・ホップ（45〜60 cm），10 × 3
- オルタネイティング・プッシュ・オフ，10 × 3
- リム・ジャンプ，10 × 3

金曜日：ウエイト・トレーニング

火曜日のトレーニングを繰り返すが，フロント・スクワットをスプリット・スクワットに代える。

第4週

準備：トレーニングの量を減らし，高強度のエクササイズに重点を置く。プライオメトリック・トレーニングとウエイト・トレーニングの両方において，神経筋系を完全にリカバリーして最大の努力

ができるようにする。

進行：最大努力のプライオメトリックに向けたトレーニングに挑戦する。最短の接地時間で垂直方向への最大努力を行うことが必須である。

実行：ここからレジスタンス・トレーニングとプライオメトリック・トレーニングは，パワーに焦点をあわせる。素早く最大限の力を発揮するという考え方が，垂直跳びの能力を向上させる鍵である。

月曜日：プライオメトリック

- デプス・ジャンプ（45 cm の箱），10 × 3
- スタンディング・ジャンプ・オーバー・バリア（45 〜 60 cm），10 × 3
- シングル・レッグ・ホップ・オーバー・コーン，10 × 3
- ダブル・レッグ・ホップ，10 × 3

火曜日：ウエイト・トレーニング

- クォーター・スクワット，3 × 5
- インバーテッド・レッグ・プレス，5 × 5
- ハムストリング・カール，8 × 3
- フロント・スクワット・トゥ・プッシュ・プレス，5 × 3

水曜日：プライオメトリック

- デプス・ジャンプ（60 cm 以上の箱），10 × 3
- オルタネイティング・プッシュ・オフ，10 × 3
- ラテラル・ジャンプ・オーバー・コーン（30 〜 45 cm），10 × 3
- リム・ジャンプ，10 × 3

木曜日：ウエイト・トレーニング

火曜日のトレーニングを繰り返すが，大腿のハング姿勢からのパワー・クリーン 3 × 5 を追加する。

金曜日：再テスト

再テストの結果を反映した評価は，トレーニングの理論的な形式に基づいて次のようなものになるだろう。改善点を調べるために，ジェームズはサイクルのはじめに行った課題のテストを再び受けた。4 週間のトレーニングを完了した後，スタンディング・ジャンプ・アンド・リーチ 55 cm，ジャンプ・フロム・ボックス 56 cm，スリー・ステップ・バーティカル・ジャンプ 57.5 cm を記録した。トレーニング年を通して，ジェームズは改善した垂直跳び能力を維持し，さらに向上させなければならない。今後のトレーニングは彼の新しい目標にそって計画する。

サッカーのためのプログラム例

　サッカーは下肢と体幹の能力が特別に要求されるスポーツである。スピードと敏捷性は，フォワードの選手にとって貴重な財産である。安定性，バランス，加速の能力は，ディフェンスの選手に最も必要なスキルである。サッカーは無酸素性の心血管系持久力の観点から最も過酷なスポーツの 1 つであるため，プライオメトリック・ドリルはサッカー選手のためのトレーニングを補うものとして最適なものである。

ステップ1：アスリートのことをよく考える

　ブルックは，NCAA 1部の大学プログラムに進む準備をしている17歳の女子サッカー選手である。大学に入る前に，大学コーチに強い印象を与えられるようなスキルを向上させたいと考えている。彼女には，大学レベルの競技に入るまで12週間ある。彼女はまだサマークラブに所属しプレーを続けているが，大学のコーチに好ましい印象を与えたいので，特別なトレーニングをする必要があると思っている。

ステップ2：アスリートをテストし評価する

　ブルックは身長172.5 cm，体重62.1 kgである。彼女はこれまで不定期に筋力トレーニングを行ってきた。また，彼女は基本的なプライオメトリック・トレーニングも経験している。

1. **スタンディング・ジャンプ・アンド・リーチ**。彼女のスタンディング・ジャンプ・アンド・リーチの記録は37.5 cmである。
2. **スクワットにおける最大挙上重量**。彼女の3回のスクワットの最大挙上重量は43.1 kgである。
3. **ベンチ・プレス**。1 RMでのベンチ・プレスの値が，ブルックの基本的な上半身の筋力の指標となる。彼女は最大努力で24.9 kgであった。
4. **Tテスト**。このテストは9 mの縦軸と9 mの横軸からなるT字上で行う。T字の縦軸の下からスタートし，前方に走り，次にT字の横軸の両端に達するまで，右または左にシャッ

ハイ・レベルなプライオメトリック・トレーニング

　かつて大学とNBAでポイントガードとシューティングガードとして活躍した，このプロ・バスケットボール選手は，身体的に優れたアスリートであり，競技における才能を強化するためにプライオメトリック・トレーニングを実施した。最初の評価において，まったく動かない立位の開始姿勢から120 cmのプラットフォームへジャンプすることが可能であり，跳躍の能力は生まれつき備えているということに疑いはない。彼の生まれつきの才能をさらに向上させることを意図したプライオメトリック・トレーニングは，トレーニング・キャンプの準備に役立てることができる。この時期は，文字通り仕事を得るときであり，プロスポーツ選手にとって重要な時期である。

1回のプライオメトリック・トレーニング

- ハードル・ホップ（105 cmのハードルを約1.2 m間隔で置く），6 × 5
- ハードル・ホップ（105 cmのハードルを約3.6 m間隔で置く），3 × 6。このエクササイズは，スタンディング・ロング・ジャンプで，ハードルの少し手前に着地し，次にハードルを跳び越えるように垂直跳びを行う。すべてのハードルでこれをを繰り返す。
- ボックス・トゥ・ボックス・デプス・ジャンプ（105 cmの箱から105 cmの箱まで），10 × 4
- フラピエ（Frappier）・フットワーク・パターンのバリエーション
- スタンディング・トリプル・ジャンプ，1 × 5

　この青年は才能があり，身体的に成熟し，高度に発達した男性アスリートであることを念頭に置いてほしい。彼はかつての大学オールアメリカンで，NBAで数年間の経験がある。彼の成熟度と能力があったからこそ，この量と高い強度に耐えられたのである。

フル（すり足）で移動する．それから，横軸の中央にもどり，T字の縦軸に沿って後ろ向きで開始位置にもどる．ブルックの記録は10.2秒であった．大学の女子サッカー選手の平均は10.8秒である．
5．30秒間のシット・アップ・テスト．サッカーのスローインにはコアの筋力が必要であるが，このテストは体幹の強化の必要性の指標となる．ブルックは30秒で20回のシット・アップができた．

すべての記録は，彼女のサッカーのスキルとスピードが高校レベルで競技することが可能なアスリートであることを示している．俊敏でスキルが高いことによって，彼女は新しいメンバーの候補になるだろう．しかしながら，次のレベルで生き残るためには，筋力，パワー，身体的なスタミナが必要となるだろう．

ステップ3：トレーニング期間とトレーニングサイクルを考える

ブルックには，総合的な身体の強さと持久力を向上させるための期間が3ヵ月ある．この間にサッカーを続けたいという彼女の希望と葛藤があるかもしれない．しかし，彼女はトレーニングのために日程を割く気持ちがあり，1週間に3日間をウエイト・トレーニングとプライオメトリック・トレーニングのために確保した．

ステップ4：トレーニングをする年における期間を選択する

ブルックは授業と練習のために大学に通う前の，高校卒業後の夏の間にこのプログラムを実施する．各サイクルは4週間のブロックにうまく当てはめることができる．

ステップ5：トレーニング・プログラムを計画する

このアスリートに基本的に必要なものは，垂直跳び，コア筋力，上半身・下半身の筋力の向上に特に重点を置いた全般的な筋力とパワーの向上である．

第1〜4週

第1日目

ハムストリング・カール，12×3
レッグ・プレス，10×3
ラット・プル・ダウン，12×3
ショルダー・プレス，10×3

ベンチ・プレス，10×3
バック・ハイパーエクステンション，12×2
トルソ・ローテーション，8×3

コアの筋力：メディシン・ボール・トレーニング

シット・アップ（腕を伸ばした状態）（15回）
プル・オーバー・パス（15回）
オルタネイト・トウ・タッチ（両側各10回）
サイド・スロー（両側各15回）

バックワード・スロー（15回）
フロント・トス（10回）
ヒール・トス（10回）

第2日目

スプリット・スクワット，各側 10 × 2
ダンベル・プレス，10 × 2
フロント・スクワット・トゥ・ショルダー・
　プレス，6 × 3
フラピエ・フットワーク，フォー・スクエア・
　パターン（四角形のどんな組み合わせを使っ
　てもよい），全部で最大 2 分 30 秒
フロント・コーン・ホップ，6 × 5
ラテラル・コーン・ホップ，各方向 6 × 3
シングル・レッグ・プッシュ・オフ（30 cm
　の箱），30 秒× 1
サイド・トゥ・サイド・ボックス・シャッフル
　（30 cm の箱），30 秒× 1

第3日目

第1日目を繰り返す。

第5〜8週

進行：この週の目標は，ブルックをより動的な活動に進歩させることで，それは彼女にとって挑戦的であるが継続的な筋力強化が得られるようになる。

第1日目

フロント・スクワット，8 × 3
ランジ，各脚 10 × 2
プッシュ・プレス，8 × 3
シーテッド・ロー，8 × 3
インクライン・ベンチ・プレス，8 × 3
ダンベル・プル・オーバー，10 × 3

コアの筋力：メディシンボール・トレーニング

以下を2回繰り返す。
　オーバーヘッド・シット・アップ・トス（15回）
　プル・オーバー・パス（15回）
　ヒップ・クランチ（15回）
　ロシアン・ツイスト（10回）
　サイド・スロー（両側各15回）
　ヒップ・ロール（両側10回）
　バックワード・スロー（10回）
　フロント・トス（15回）
　ヒール・トス（10回）

第2日目

ラット・プルダウン，10 × 3；各セット後にオーバーヘッド・スローを10回
ベンチ・プレス，8 × 3；各セット後にパワー・ドロップを12回
ヒール・トス・ウィズ・メディシンボール，10 × 3
ヘキサゴン・ドリル，3セット
ラテラル・ハードル（30 cm）・ホップ（止まらずに往復して1回と数える），3 × 3
デプス・ジャンプ（45 cm の箱），10 × 3
ボックス・ドリル（30秒）（30 cm の箱），3セット
スキップ，18 m × 3
パワー・スキップ，18 m × 3

シングル・レッグ・ホップ，18 m × 3

第3日目

第1日目を繰り返す。

第9～12週

実行：この最後のサイクルの中心はパワーの向上である。バーを素早く動かすために，挙上する負荷は 30～60％ 1 RM にすべきである。これによって，全可動域にわたる最大パワーの向上が可能になる。プライオメトリック・ドリルをサッカーに特有な動きと関連させ，できるだけ頻繁に行うべきである。

この3つめのサイクルの強度は非常に高く，彼女の筋力向上の程度と，プライオメトリック・トレーニングに対して適切に適応できているかどうかによって変える。エクササイズを失敗した場合には，強度を下げ，低いレベルのプライオメトリック・トレーニングに変更する。

第1日目

5-5-5 スクワット，4 セット
プッシュ・プレス，5 × 4
ハイ・プル（クリーン・グリップ），5 × 4
シングル・レッグ・スクワット，各脚 5 × 4
デプス・ジャンプ（45 cm の箱），8 × 3

デプス・ジャンプ・ウィズ・180°ターン
　（45 cm の箱），両方向 8 × 2
ハードル・ホップ（60 cm），6 × 5
ボックス・ドリル（60 秒），1 セット

第2日目

コアの筋力：メディシンボール・トレーニング

以下を2回繰り返す。
　シットアップ・パス（25 回）
　プル・オーバー・パス（25 回）
　ダイアゴナル・トス（両側各 20 回）
　トランク・ローテーション（両側各 12 回）
　ヒップ・ロール（両側各 20 回）

以下を3回繰り返す。
　オーバーヘッド・スロー（最大距離を 15 回）
　バックワード・スロー（最大距離を 10 回）
　フロント・トス（20 回）
　ヒール・トス（15 回）

プライオメトリック・ドリル

スキップ，27 m × 3
パワー・スキップ，27 m × 3

オルタネイト・バウンディング・ウィズ・
　シングル・アーム・アクション，27 m × 3
ダブル・レッグ・ホップ，5 × 5

第3日目

第1日目を繰り返す。

バレーボールのためのプログラム例

　バレーボールの試合での成功のためには，ジャンプと着地を適切に行う能力が優れているアスリートが主役になる。バレーボール選手は，スポーツとスキル・トレーニングの多くで，高い強度のジャンプを行うため，プライオメトリック・トレーニングがアスリートにとって最適に行われるか，特別に考慮すべき問題である。

ステップ1：アスリートのことをよく考える

　ティアンは，膝蓋大腿関節痛症候群の診断で理学療法による治療が終わった14歳の女子バレーボール選手である。ティアンは，数ヵ月中に高校のバレーボール・チームの入部試験を受けることを希望しているエリート選手である。

　ティアンは，ストレングス・コーチによる初期評価中に，彼女の姉と母もバレーボール選手であると話している。2人はともにACL損傷の既往歴がある。バレーボールをしている間，ティアンはランニング，ジャンピング，側方へのカッティングのときに膝痛が増悪することを報告している。初期評価時の客観的所見として，後部連鎖筋力（ハムストリングスと殿筋）の減少，膝過伸展に伴う明らかな動揺性（後方に曲がる），ジャンプ時と着地時の制御不足がみられた。これらはダブル・レッグ・スクワット，シングル・レッグ・スクワットでみられる外反膝からも明らかであった。ストレングス・コーチは，外反膝が増大するような着地をする女性は，膝蓋大腿の痛みだけでなく，ACL損傷のリスクも増大するという最近の報告を思い出した。ティアンの悪い着地方法と彼女の家族にACL損傷がみられることから，ストレングス・コーチは彼女の欠点によって，パフォーマンスが制限され，さらに将来的にACL損傷の危険があると断定した。プライオメトリック・エクササイズを実施するうえでの彼女の技術的な弱点について，評価とトレーニングで最初に重点を置くべきである。

ステップ2：アスリートをテストし評価する

　ストレングス・コーチは，着地時に膝外反が明らかなアスリートは，神経筋のバランスの欠如とともに家族性または遺伝的にACL損傷の可能性があることを理解し，テストを実施しなければならない。予防的トレーニングをすすめられたこの14歳のバレーボール選手は，家族性の要因（母，姉妹）と生物力学的要因との両方から，重篤なACL損傷のリスクが高いといえる。したがって，この潜在的に高い危険性のあるアスリートには，徹底的なリスク評価と予防を目的とした計画を立てることが効果的で，ジャンプや着地の方法を改善することで膝蓋大腿関節の痛みを軽減し，同時に将来的なACL損傷のリスクを低下させることもできるだろう。

　CHAPTER 7で概説したように，タック・ジャンプ評価によって，ストレングス・コーチやトレーナーが，ジャンプ・パフォーマンスを制限しアスリートの傷害のリスクを増加させる神経筋系の欠点を容易に確認することができる。神経筋制御における問題は，タック・ジャンプ評価と二次元のビデオ分析による機能テストによって確認することができる。さらに，コーチは危険性の高い着地をするアスリートに対しては，ハムストリングの筋力低下など，他の危険因子も評価しなければならない。通常のビデオ撮影による二次元分析法は，ストレングス・コーチがアスリートのACL損傷のリスク評価やテストに使用できる優れた手段である。コーチは垂直跳び，サイド・トゥ・サイド・ジャンプ，ボックス・ジャンプの際の，外反膝での着地に注意すべきである。ストレングス・コーチは機能的欠点をアスリートに伝えるために，テストと評価を行い，エクササイズを進行させるためにこの情報を利用する。

ステップ３：トレーニング期間とトレーニングサイクルを考える

ティアンが欠点の改善に取り組み，バレーボール・シーズンを身体的に完全な状態で迎えるための準備の期間として２ヵ月ある。

ステップ４：トレーニングをする年における期間を選択する

ティアンがシーズン前に実施しなければならない身体的トレーニングはなく，自らの目標に専念することができる。

ステップ５：トレーニング・プログラムを計画する

このバレーボール選手において基本的に必要なのは，欠点を修正し，特に垂直跳びとコアの筋力に重点を置き，パワーの発達を向上させることである。最終段階では，バレーボールの練習に移行するためのスポーツに特有のドリルに進むべきである。

第１〜３週

タック・ジャンプ（大腿を床面と平行にする），10〜20回または5〜20秒
ランジ・ジャンプ，5〜10回または5〜15秒
ディープ・スクワット・ジャンプ，10〜20回
シングル・レッグ・フォワード・バックワード・ボックス・スピード・ホップ，
　10〜25回または5〜15秒
オルタネイト・バウンディング・ウィズ・シングル・アーム・アクション，10〜50m
ラテラル・ボックス・ジャンプ，10〜30秒
シングル・レッグ・フォワード・ホップ・オーバー・バリア，6〜12セット
ラテラル・ジャンプ・オーバー・バリア，6〜12セット
ボックス・ドロップ・トゥ・アスレティック・ポジション，5〜10回
ボックス・デプス・ジャンプ・シングル・フォワード，5〜15回
ボックス・デプス・ジャンプ・ウィズ・バックワード・グライド，8〜15回
ボックス・ジャンプ・シングル，10〜20回
メディシンボール（2.7〜6.8kg）・チェスト・パス・シット・アップ，25回以上を2〜3セット，
　最後のセットは疲労するまで
マリーン・クランチ（降ろすときはゆっくり），25回以上を2〜3セット，
　最後のセットは疲労するまで
パートナー・スタンディング・トランク・ローテーション，
　両方向で疲労するまでの回数を2〜3セット
チェスト・パス・フロム・バック，25回以上を2〜3セット
メディシンボール・スライド，10〜20回を2〜3セット

第４〜６週

タック・ジャンプ・ウィズ・ヒール・キック，10〜20回または5〜20秒

サイクル・ランジ・ジャンプ，10〜20回または5〜20秒
ディープ・スクワット・ジャンプ，10〜20回
ダブル・レッグ・バーティカル・パワー・ジャンプ，10〜15回または5〜15秒
シングル・レッグ・ラテラル・ボックス・スピード・ホップ，10〜25回または5〜15秒
コンビネーション・バウンディング・ウィズ・シングル・アーム・アクション，10〜50 m
ダブルまたはシングル・レッグ・ジグザク・ホップ，6〜12セット
フォワード・バックワード・ホップ・オーバー・バリヤ，6〜10セット
ハードル・ホップ，6〜10セット
ボックス・デプス・ジャンプ・ダブル/シングル・レッグ・フォワード，5〜10回
ボックス・デプス・ジャンプ・ウィズ・メディシンボール・チェスト・パス，10〜15回
ボックス・デプス・ジャンプ・ウィズ・メディシンボール・キャッチ，10〜15回
ボックス・デプス・ジャンプ・ウィズ・フォワード・ロング・ジャンプ，8〜15回
ボックス・ジャンプ・フォー・スピード，5〜20秒
プル・オーバー・クランチ・ウィズ・メディシンボール，25回以上を2〜3セット，
　　最後のセットは疲労するまで
シーテッド・45°トランク・ツイスト，疲労するまでの回数を2〜3セット
サイド・スロー・ニーリングまたはスタンディング，25回以上で2〜3セット
ツー・ハンド・スーパイン・バックワード・スロー，20回を2〜3セット
ツー・ハンド・オーバーヘッド・スロー，20回を2〜3セット

第7〜9週

タック・ジャンプ・ウィズ・アブドミナル・クランチ，10〜20回または5〜20秒
シングル・レッグ・バーティカル・パワー・ジャンプ，5〜10回または5〜10秒
ダブル・レッグ・スピード・ホップ，
　　短時間で3〜5回のホップまたは長時間で最高30 mホップ
ラテラル・ランジ・ウィズ・シングル・レッグ・ボックス・サポート，10〜30秒
フォワード・ホップ・オーバー・バリヤ・ウィズ・ミドル・ラテラル・ボックス，6〜10セット
マルチディレクショナル・バリア・ホップ，6〜10セット
フォワード・バリヤ・ホップ・ウィズ・メディシンボール・ダンク，8〜15セット
ハードル・ホップ・ウィズ・ボックス・コンタクト，8〜15セット
ボックス・デプス・ジャンプ・フォワード・アンド・バックワード，5〜10回
ボックス・デプス・ジャンプ・ウィズ・マキシマム・メディシンボール・スロー，10〜15回
ボックス・デプス・ジャンプ・ウィズ・スピン・ダンク，10〜15回
ボックス・デプス・ジャンプ・ウィズ・メディシンボール・キャッチ・アンド・リダイレクト・
　　ダンク，10〜15回
ボックス・デプス・ジャンプ・ウィズ・180°スピン，8〜15回
シングル・レッグ・パワー・ボックス・ステップ，両脚で8〜15回
シーテッド・45°ラテラル・キャッチ，25回以上で2〜3セット，
　　最後のセットは両側で疲労するまで
メディシンボール・スピン・アンド・ダンク，10〜20回または10〜30秒

ツー・ハンド・フォワード・アンダー・ハンド・スロー，20 回を 2 〜 3 セット
ジャンプ・スロー，20 回を 2 〜 3 セット

第 10 〜 12 週
シーズン前の一体化したエクササイズ

ディフェンシブ・スピン・リアクション

準備
バレーボール，75 〜 105 cm の箱，コーチ

実施回数
ボール 20 〜 30 個，3 〜 5 セット

開始姿勢
アスリートはアスレティック・ポジションで，箱の上に立ったコーチに対して 90°の角度（横を向いた位置）で立つ。

動作
箱の上のコーチが"ボール"と合図をしたら，アスリートはコーチと向き合うために素早く 90°回転する。コーチは，素早く 1 歩ステップを踏み込めばアスリートが届く範囲にボールを打つ。アスリートは目標にボールをパスし，素早くコーチの正面に対して 90°の角度の位置にもどり，アスレティック・ポジションをとる。バレーボールがなくなるまで繰り返す。コーチは，フェイントをかけたボールを打つべきである。アスリートの体重が踵ではなく，つま先にのっていることを確認する。

ボックス・デプス・ジョウスト・シャトル・ブロック・ドリル

準備
箱 4 個，コーチ 3 人，バレーボール 3 個，バレーボール・ネット

実施回数
10 〜 30 回反復

開始姿勢
箱をネットの中央に置き，コーチは箱の上の端に立つ。アスリートはネットを挟んだコーチの反対側でコートの中央に置いた箱の上に立つ。

動作
アスリートは箱から飛び降りて，中央のコーチと対峙するように素早く上にジャンプする。アスリートが着地した瞬間，コーチは動く方向を指示する。アスリートは大きくクロスオーバー・ステップで指示された方向に動き，コーチが打ったボールをブロックする。

ボックス・デプス・ジャンプ（最大）・ウィズ・ディレクショナル・ディグ

準備
高さ 30 〜 75 cm の箱 1 つ，コーチ，バレーボール

実施回数
0 〜 30 回反復

開始姿勢

アスリートは箱の上に立ち，コーチと向き合う。

動作

アスリートは箱から飛び降りて，最大の垂直跳びを行う。アスレティック・ポジションで着地した後，アスリートはコーチが打ったボールをレシーブする。コーチは，アスリートが1回のステップとダイビングで届くところにボールを打たなければならない。

マルチディレクショナル・バリア・トゥ・キュー・トゥ・ボール・リアクション

準備

バリア11個（正面に5個，左右にそれぞれ3個ずつ設置），バレーボール2個，コーチ3人

実施回数

10〜20回反復

開始姿勢

アスリートは正面の5つのバリアに向いて立つ。

動作

アスリートは，素早く前方の5つのバリアを跳び越えるようにホップする。アスリートが接地し，5個めのバリアを越えようとしたとき，コーチは次に進む方向を指示する。アスリートは指示された方向に90°回転する。90°回転した後，最後の3つのバリアを越える。3つのバリアを跳び越えた後，コーチはアスリートが床にダイブするような低いボールをトスする。アスリートは膝を床につけず，素早く身体を伸展することに集中しなければならない。

野球のためのプログラム例

以前は，伝統的なスタイルの野球では投，打，走の3つすべてのスキルを1人の選手がもつ必要はないとされていた。一般的に，プロ野球チームでは，これらの技術の少なくとも1つが備わっているアスリートを選手としてドラフトで採用した。今日，プロ野球では運動能力の価値が増大しているようであり，総合的スキルを有する選手が注目され，出場の機会を得ている。

例外なく一致している意見の1つは，体幹筋力の必要性である。メジャーリーグの打者とピッチャーにおける傷害をみると，腹斜筋の挫傷は，コア筋力の向上に注意を払うことによって最小限に抑えることができる傷害の1つである。体幹の筋力はバットのスイングと，最終的にバット・スピードに直接関係している。

ステップ1：アスリートのことをよく考える

ジェリーは23歳のプロ野球選手である。彼は野球のシーズン後の数ヵ月間，旅行をしていた。彼は，休暇，ビジネスなどに多くの時間を費やした。彼はいま，春のシーズンのための準備に真剣に時間をかけることに決めた。彼は筋力トレーニングを行っていて，筋力的にはかなりのレベルにある。彼は1塁手としてスプリントの速さには期待されていないが，打撃と走塁には期待がもたれている。

ステップ2：アスリートをテストし評価する

この例では，彼は長いシーズンを通して野球の試合でプレーができる身体的に優れたアスリートである。最も重要なことは，アスリートが春季トレーニングのための準備を目的として6週間のトレーニング・プログラムを受けたいということである。現在のパフォーマンスにキャンプでの筋力とパ

ステップ3：トレーニング期間とトレーニングサイクルを考える

　ジェリーには準備にかけられる期間が6週間ある。トレーニングの専門家は，オーバー・トレーニングや傷害を発生させることなく，効果を最大にするプログラムを開発しなければならない。

ステップ4：トレーニングをする年における期間を選択する

　時間はシーズン前で，春季トレーニングがはじまるまでである。

ステップ5：トレーニング・プログラムを計画する

第1〜3週

　準備：このプログラムにおけるコンプレックス・トレーニングにはいくつかのバリエーションが含まれる。トレーニングにあてられる期間は短く，このトレーニングは，コアの筋力または体幹筋力を向上させることに特に重点を置いている。プログラムは，打者としての評判が高いジェリーがキャンプに参加したときに多くのストレスを受けるであろう部位に重点を置かなければならない。

　進行：このプログラムは3週間の2つのサイクルに分けられている。最初の3週間は，基本的な動作に重点を置いたレジスタンス・トレーニングとプライオメトリック・ドリルからなる。多くのエクササイズは，筋群または全身的な機能に基づいてグループ分けされている。第2のサイクルでは動きのスピードを向上させるために，スポーツに特有のドリルならびにプライオメトリック活動に重点を置く。コアの筋力のためのメディシンボール・ドリルは2週ごとに変える。

第1日目

- フロント・スクワット，8×3；プッシュ・プレス8×3を続ける
- インクライン・ハンマー・カール，10×3；ラット・マシンによるバイセプス・プル・ダウン，10×3を続ける
- チェスト・プレス・オン・ザ・マシン，8×3；シーテッド・ロー8×3を続ける

コアの筋力：メディシンボール・トレーニング（第1週，第2週の2週間）

以下を2回繰り返す。
- トランク・ローテーション（各方向10回）
- オルタネイティング・トウ・タッチ（両側各10回）
- ヒップ・ロール（両方向10回）
- オフセット・プッシュ・アップ（各側10回）

以下を2回繰り返す。
- シーテッド・トウ・タッチ（15回）
- シット・アップ・トス（15回）
- ブリッジ・ウィズ・ボス・フット・オン・メディシンボール（15回）
- スーパーマン・アーチ（15回）

第2日目

- バック・スクワット，10×3；セットごとにジャンプ・トゥ・ボックス（60 cmの箱）10×1を続ける
- ビハインド・ネック・プレス，6×3；セットごとに最大努力でのオーバーヘッド・メディシンボー

ル・スロー 10 × 1 を続ける
- ラット・プルダウン，10 × 3；セットごとにメディシンボール・プル・オーバー・トス 10 × 1 を続ける
- トルソ・ローテーション，8 × 3；セットごとにサイド・スロー 12 × 1 とオーバー・アンド・バック・スロー（各側）を 12 回続ける
- 第 1 日目と同じメディシンボール・トレーニング

第 3 日目

- ステップ・アップ，10 × 3；セットごとにサイド・ランジ（各側）10 × 1，ウォーキング・Lランジ 18 m 以上を続ける
- ハング・クリーン，6 × 4；セットごとに 6 個のハードル・ジャンプ（75 cm のハードル）を続ける
- ラテラル・ハードル・ホップ（45 cm のハードル），3 × 3 を 5 回繰り返す
- ヘキサゴン・ドリル（各ドリルは六角形を 3 周する），5 セット
- ハムストリング・カール，6 × 4；セットごとにヒール・キック・ランニング 27 m × 3 を続ける
- 第 1 日目と同じメディシンボール・トレーニング

コアの筋力プログラムの進行（第 3 週，第 4 週の 2 週間）

コアの筋力プログラムは開始から 3 週目に変えるべきで，次の 2 週間は以下のものからなる。

以下を 3 回繰り返す。
- オルタネイティング・トウ・タッチ（各側 15 回）
- ヒップ・ロール（各方向 15 回）
- シット・アップ・パス（25 回）
- パワー・ドロップ（25 回）

以下を 3 回繰り返す。
- ロシアン・ツイスト（15 回）
- シングル・レッグ・ブリッジ（各脚 15 回）
- スタンディング・サイド・スロー（各側 20 回）
- プッシュ・アップ・ウィズ・ハンド・オン・ザ・ボール（15 回）

第 4 〜 6 週

トレーニングの次の 3 週間は機能的なレジスタンス・トレーニングとともに，より多くのスポーツに特有のドリルおよび動作スピード・ドリルが含まれる。

第 1 日目

- マルチ・ヒップ・マシン・トレーニング（股関節屈曲，伸展，外転，内転トレーニング），12 × 3
- ラテラル・チェンジ・オブ・ディレクション・ドリル，10 × 1（最大努力で行う）
- フラピエ・レジスタンス・コードを腰と腕に取りつけ，軽くトスされたボールをネットに向かって打つ練習をする。40 〜 50 球のボールを打った直後にコードを取りはずし，さらに 40 〜 50 球のボールを自由に打つ。これは，体幹回旋速度の改善を助けるコントラスト・トレーニングである。

コアの筋力プログラムの進行：メディシン・ボール・トレーニング

第3週，第4週はコアの筋力プログラムの進行を行い，第5週，第6週では下記のコアの筋力プログラムの進行を行う。

第2日目

フォー・ウェイ・ランジ（前方，45°，横，クロスオーバー），10 × 1
フラピエ・フットワーク・ドリル（約20分のさまざまな一連の動作）
コアの筋力のためのメディシンボール・ドリル
トレッドミルでのインターバル・スピード・ランニング（約1時間）

第3日目

第1日目を繰り返す。

コアの筋力プログラムの進行（第5週，第6週の2週間）

最後の2週間のメディシンボールを用いたコアの筋力エクササイズは以下の通りである。

以下を2回繰り返す。
　オルタネイト・トウ・タッチ（各側10回）
　スーパーマン・トス（15回）
　ダイアゴナル・トス（各側15回）
　ウォークアバウト（30秒）

以下を3回繰り返す。
　トランク・ローテーション（各側15回）
　ヒップ・ロール（各方向15回）
　ロシアン・ツイスト（各側15回）
　オーバー・アンド・バック・トス（20回）
　スタンディング・ダイアゴナル・スロー（12回）

テニスのためのプログラム例

このプログラムは，13歳の若いアスリートであるクリスのために計画された。プログラムは，動きとエクササイズのスキルを向上させる機会を与えるものであり，身体的に成熟したときに，より大きな筋力を獲得するのに役に立つ。彼がアスリートとして発達を目指すこの段階では，負荷の量や強度を優先すべきではない。コアや体幹の筋力ならびに上・下肢の筋力を向上させることに重点を置く。これらの部位の筋力を向上させることにより，テニスコートで横方向へ素早く動く能力を向上させることができる。プライオメトリック・ドリルは，横に素早く動くスキルも改善するであろう神経筋経路の発達に重点を置くことを目的としている。

ステップ1：アスリートのことをよく考える

クリスは，13歳のテニス選手であり，ジュニア・レベルで数年間プレーをした経験があり，彼の年齢ではトップ10に入る選手である。彼はこれまでほとんどレジスタンス・トレーニングをしていない。また，これまで本格的なコンディショニング・プログラムを実施したこともない。

ステップ2：アスリートをテストし評価する

1. **ヘキサゴン・ドリル**。足を肩幅に開いて六角形の中央に立ち，中心から六角形の前縁を越

えるようにジャンプしはじめ，各辺を3周するまで続ける。各辺へのジャンプの後は，必ず中心にもどり，開始から3周が終わるまでの時間をストップウォッチで測定する。各辺へのジャンプの際は，前を向く。

2. **20ヤード（18m）・スプリント**。20ヤード最大スプリントは平坦な床面で実施し，時間を測定する。このスプリントはスプリット・ステップ，または立位での開始姿勢から行う。

3. **Tテスト**。2本の9mの線でT字をつくり，T字の上の線の左右の端にコーンを置く。縦の線の下からスタートしT字の上の線まで前向きに走る。次に，T字の上の線の左に4.5m離して置いたコーンにシャッフル（すり足）で移動してタッチし，右に9mシャッフルで移動して右のコーンにタッチした後，中央へもどる。このT字の上の線の中央から開始位置に後ろ向きでもどる。かかった時間を記録する。

4. **メディシンボール・オーバーヘッド・スロー**。4kgのメディシンボールを使用して，1歩前に足を踏み出し，頭上から両手でボールをできるだけ遠くに投げる。投げた位置からボールが落ちた地点までの距離を計測して記録する。

　テストの結果から，クリスに最適なプログラムを決定する。この例では，彼が思春期に近づいていることと，これまで筋力トレーニングをしたことがないという点から複雑になる。彼が重いウエイトを持ち上げたことがなくても，スクワット，ランジ，その他，全身でのリフトの技術を学ぶことでアスリートとしての能力を強化することができるだろう。動作のスキルを学ぶ必要性があるので，彼の成長にとって持ち上げる負荷（ウエイト）はほとんど重要でない。したがって，トレーニング・プログラムでは，回数を多くし，強度（負荷）の低い筋力エクササイズで補うことができる，最大下のプライオメトリック・ドリルに焦点をあわせるべきである。

　クリスのテストの結果は，ヘキサゴン・ドリル11.5秒（60パーセンタイル），20ヤード・スプリント3.2秒（70パーセンタイル），Tテスト11.4秒，メディシンボール・スロー4.8mであった。

　これらの結果は，この年齢でランク入りをしているジュニア・テニス選手の標準的なものである。テニスは，ストロークのスキルが比重を占めるスポーツであり，運動能力はしばしば見落とされたり，試合のスキルより重要でないとみられる傾向がある。しかしながら，すべてのスポーツと同様に，テニス選手の運動能力の向上は明らかになってきている。テニスに関するいくつかの論文では，プロでランク入りしている選手は，身長がより高く，体重がより重くなっていることが報告されている。このことは，ストロークのスピードと力に関係してくる。より大きく，スピードのある選手は，より強いボールを打ち，より速いサーブをし，コートをより上手にカバーできる。

　記録された結果は，クリスが運動能力のいくつかを向上させる必要があることを示している。彼は，スタート・スピード，側方への方向転換とコアの筋力（メディシンボール・スローの結果が低いことからわかる）を向上させる必要がある。

ステップ3：トレーニング期間とトレーニングサイクルを考える

　クリスは，練習と試合の予定で多くの時間をとられる若いアスリートの例である。実際，彼にはシーズンオフがない。彼は他のスポーツには参加しておらず，彼が利用できる時間のすべてを勉強とテニスにあてている。彼がテニスで忙しくないのは，秋の10月から11月である。

ステップ4：トレーニングをする年における期間を選択する

　このプログラムは6週間の期間に合わせて計画されている。コアの筋力を向上させることに重点を置いた2週間の準備期間からはじまる。次の2週間は，最大下で低強度から中程度の強度のプラ

イオメトリック・エクササイズを中心にする。最後に，パフォーマンスの期間はアスリートの年齢と能力を考慮に入れ，2週間の中程度の強度から高強度の，特に下肢のためのトレーニングで構成する。

ステップ5：トレーニング・プログラムを計画する

6週間を準備，進行，実行の3つに分けて計画する。

第1週

準備：コアと下肢の筋力を向上させるために，メディシンボール・エクササイズを用いる。ここでは量が多く，低強度のレジスタンス・トレーニングを指示する。この年代のアスリートにとって最も重要な目的は，レジスタンス・トレーニングに関する動作のスキルを学ぶことである。この年代のアスリートにとって，抵抗の強さはそれほど優先することではない。

進行：アスリートが耐えられる範囲でエクササイズを加え，常にエクササイズごとに最低10～15回の反復を目指すこと。若いアスリートのためのレジスタンス・トレーニングは，単純な動作から複雑な動作に移行させる。進行も一般的なものからスポーツに特有なものに進めていくべきである。

実行：実行あるのみ。若いアスリートは，それぞれエクササイズの正確な姿勢と動作を知らなければならない。この年齢のアスリートとトレーニングをするとき，何でも当然だと思ってはならない。アスリートがトレーニングの正しい基礎を築くことを手助けすることで，多くのことを達成できるようになる。

この年代のアスリートは，集中力が続く時間が問題になる可能性があることを覚えておく。トレーニングをてきぱきと行い，1つのエクササイズから次のエクササイズへとすぐに進行できるようにする。この年代のアスリートに対して，特に軽い負荷を利用して基本的な筋力の確立を目的としたときには，リカバリーはそれほど重要ではない。

月曜日と金曜日：レジスタンス・トレーニング・エクササイズ

2.7～3.6 kgのメディシンボールを頭の後で肩に保持してスクワット，10×3
2.7～3.6 kgのメディシンボールを肩に保持してスプリット・スクワット，10×2
4.5～5.4 kgのダンベルでチェスト・プレス，12×2
4.5～5.4 kgのメディシンボールによるプル・オーバー，12×2
シーテッド・ロー（12 RM），12×2

水曜日：プライオメトリック

クラムリー（Krumrie）・フットワーク・パターン
・①-②を5秒間
・①-⑥を5秒間
・①-②-⑤-①を10秒間
・⑨-⑧-⑤-⑨を10秒間
・①-⑤-⑦-⑤-①を15秒間
・⑨-⑤-③-⑤-⑨を15秒間

ヘキサゴン・ドリル，3周×3
ツー・フット・アンクル・ホップ，9 m×4

ボックス・トゥ・ジャンプ（30～45 cm の箱），5×4

第2週

準備：引き続きレジスタンス・トレーニング・エクササイズで基本的な筋力と安定性に重点を置く。
進行：より複雑な動作へ進歩させる。
実行：それぞれのエクササイズが制御して行えるように，正確なアライメントとエクササイズの各部分，体幹の姿勢，エクササイズのテンポとの関係を強調し続ける。

月曜日と金曜日：レジスタンス・トレーニング

　第1週の各エクササイズを10回×3セットでサーキット・パターンで実施する。リカバリーのために，各エクササイズ間に30～45秒を割り当てる。

水曜日：プライオメトリック

クラムリー・フットワーク・パターン
- ①-②を5秒間
- ①-⑥を5秒間
- ①-②-③-①を10秒間
- ①-⑥-⑨-①を10秒間
- ①-⑤-⑦-①を10秒間
- ⑨-⑤-③-⑨を10秒間
- ①-②-⑤-⑥-①を15秒間
- ⑨-⑧-⑤-⑥-⑨を15秒間

ツー・フット・アンクル・ホップ，9 m×5
スタンディング・ロング・ジャンプ，6回
サイド・トゥ・サイド・ボックス・シャッフル，30秒×3

第3，4週

準備：アスリートが身体の安定性と制御を学ぶような方法で筋力の強化を続ける。
進行：アスリートの脚で動作を先導し，腕で終えるような制御を促すオーバーヘッド・リフティングの動作を導入する。
実行：脚で地面に対して力を及ぼす全身的な動作の開始に焦点をあわせる。

月曜日と金曜日：レジスタンス・トレーニング

プッシュ・アップ（自重）10×3
3.6～4.5 kg のメディシンボールでフロント・スクワット，10×3
3.6～4.5 kg のダンベルでのダンベル・プレス，10×3

ラット・プル・ダウン・トゥ・フロント（12 RM），12×2
スプリット・スクワット（10 RM），各脚10×2

コアの筋力：メディシン・ボール・トレーニング

2.7～3.6 kgのメディシンボールを使用する

トランク・ローテーション，各方向 10 × 2
プル・オーバー・パス，15 × 2
シット・アップ・トス，15 × 2
ラテラル・トス，各側 15 × 2
オーバーヘッド・スロー，10 × 3

水曜日：プライオメトリック

ヘキサゴン・ドリル，任意の時間で2セット
サイド・トゥ・サイド・アンクル・ホップ，20秒 × 3
ヒップ・ツイスト・アンクル・ホップ，20秒 × 3
スタンディング・ロング・ジャンプ，5 × 1
フロント・コーン・ホップ（20～30 cmのコーン），6 × 5
ラテラル・コーン・ホップ（20～30 cmのコーン），3 × 3

第5，6週

準備：この時点では，コアと体幹の筋力に重点を置くべきである。クリスがエクササイズのスキルを向上させたこの段階から実際の生理学的な向上がはじまる。テニスで主に求められるものの1つは無酸素性持久力である。プログラムは主な目標としてこれを反映させるべきである。

進行：エクササイズの量と頻度は，筋力だけでなく局所の筋の持久力をさらに向上させるための努力にあわせて増大し続ける。

実行：アスリートの能力をウエイト・ルームからコートへ最大限に転移していくことができるように，エクササイズはスポーツに特有のものにしていくべきである。横への方向転換の能力を向上させることを目的として，エクササイズはこの点を強調するようにする。

月曜日と金曜日：レジスタンス・トレーニング

異なる3つの手の位置（肩幅，肩幅より広く，肩幅より狭く）によるプッシュ・アップ（自重），10 × 3
3.6～4.5 kgのダンベルによるラテラル・ステップ・アップ，12 × 2
4.5～5.4 kgのメディシン・ボールでフロント・スクワット・トゥ・プッシュ・プレス，10 × 3
4方向（正面，45°，横，クロスオーバー）のランジ，10 × 1
4.5～5.4 kgのダンベル・プレス，10 × 3

コアの筋力：メディシンボール・トレーニング

2.7～4.5 kgのメディシンボールを使用する

プル・オーバー・アンド・タッチ・トウ，15 × 1
シット・アップ，15 × 1
プル・オーバー・シット・アップ，15 × 1
ロシアン・ツイスト，15 × 1
ヒップ・ロール，10 × 1
ラテラル・トス，各側 15 × 3

水曜日：プライオメトリック

　第3週，第4週で実施した各エクササイズでのプライオメトリック・トレーニングのサーキットを行う。スタンディング・ロング・ジャンプを5回，ヘキサゴン・ドリル，サイド・トゥ・サイド・アンクル・ホップ，ヒップ・ツイスト，フロント・コーン・ホップ，ラテラル・コーン・ホップをそれぞれ30秒間行う。このサーキットを3回繰り返し，エクササイズの間に30〜90秒の休憩をとる。

総合格闘技のためのプログラム例

　総合格闘技に参加するアスリートには，さまざまな性別，体型，年齢の人がいる。通常，総合格闘技では，動作のスピード，安定性，筋力，バランスが重要な要素である。オリンピックやプロレベルの試合では，ほとんどのアスリートは身体的，年齢的に成熟している。

　これらのアスリートは，時間と労力の多くをスパーリングと試合の実践が占める。練習やトレーニングでは通常，格闘技術に重点が置かれる。これらのアスリートは意欲的であり，エクササイズからのストレスに対して強い忍耐力があり，新しいトレーニングを実施してみたいと思っている人が多い。

ステップ1：アスリートのことをよく考える

　ジョンは，2年間の総合格闘技の経験がある25歳のアスリートである。身長192 cm，体重99.8 kgで，大学のフットボール選手であったが，卒業後に総合格闘技に転向した。彼は身体的によく発達しており，数年のウエイト・トレーニングの経験がある。彼は練習の大部分をレスリングとボクシングのスキルの改善を中心にしていた。現在，キックでさらに衝撃を与えられるようになるためのトレーニング・プログラムを探している。

ステップ2：アスリートをテストし評価する

　ジョンには，右膝損傷の既往歴がある。現在，彼の膝は良好で，過去の2回の手術（最後の手術は2年前に実施）からは完全に回復していると述べている。

　また，彼はベンチ・プレス141.8 kg，スクワット173.2 kgを3セット行っていたと述べている。彼は，道場で競技のための専門のエクササイズ（ロープ，ケトルベルなど）とともにウエイト・トレーニングを好んで実施している。

　手術をした膝の筋力と機能を評価するのに用いたテストは，バランスをとったり補助が必要な場合に支柱をつかむことができるようにスクワット・ラックの前で行ったシングル・レッグ・スクワットである。テストはスクワット・ラックの前に置いた高さ7.5 cmの箱の上で行った。片側の踵が箱の後ろの端に位置するように立ち，垂直に上下動ができるように反対の足のつま先を箱の後方に降ろす。この姿勢から，膝を完全屈曲させ再び立位にもどるシングル・レッグ・スクワットを6回反復する。

　ジョンがスクワットを行っている間は，正面と横から観察した。その結果，手術した脚では，スクワット姿勢になったときに膝が内側に崩れ，立ち上がるときには動揺が観察された。この両方が観察されたことは，大腿四頭筋とハムストリングスが弱くなっている徴候である。ジョンが高強度で，回数の多いプライオメトリック・トレーニング・プログラムを行う前に，この部位に注意する必要がある。

　可動域と柔軟性の評価の結果，機能的な筋力に問題があるように思われた手術をした膝以外は，すべてが正常でよいコンディションであると考えられた。

ステップ3：トレーニング期間とトレーニングサイクルを考える

ジョンはトレーニング施設から離れたところに住んでいるが，毎週1日だけはプライオメトリック・トレーニングのために通う意思がある。彼は週1回2時間のトレーニングをするために，トレーニング施設まで車で行くことができる。

ステップ4：トレーニングをする年における期間を選択する

ジョンはどんなに重要な競技会や試合の前でも，リカバリーのために2週間とることを考慮している。

彼は，この試合前のリカバリー期以外，年間を通していつでもプライオメトリック・トレーニングをする意思がある。ジョンのプライオメトリック・トレーニングは，火曜日の午後に行うことが決まった。

ステップ5：トレーニング・プログラムを計画する

このトレーニングは1週間に1回，2時間実施するように計画された。エクササイズのセット間のリカバリーについては最大限考慮すべきである。このプログラムは成熟し，よく発達し，経験豊かなアスリートを対象としている。筋力の基盤は，この種のトレーニングによる効果を確実なものにするために必須の要素である。このプログラムをはじめる前に，少なくとも体重の1.5倍のスクワットと，プライオメトリック・クラップ・プッシュ・アップが10回うまくできなくてはならない。アスリートの身体的な構造に特定の欠点などが確認された場合には考慮が必要である。

エクササイズ

このトレーニングは一連の決められたウォームアップを完全に行った後に実施しなければならない。このトレーニングは筋，腱，靱帯にとって大きな挑戦となるため，ウォームアップには静的ストレッチおよび動的ストレッチに続けて，動作ドリルや低強度のプライオメトリック・ドリルを含まなければならない。

シングル・レッグ・スクワット

このエクササイズは，プライオメトリック・トレーニング・プログラムをはじめる前に週3回2週間（1回の練習で6回×4セット）実施すべきである。ジョンは週に1回をトレーニング施設で行い，さらに道場でも自主的に行う。

オリンピック・ホップ

オリンピック・ホップを18 m×6セット実施する。1回1回のホップは約90 cmに及ばなければならない。

スケーター・ホップ

各側で，10回を4～6セット行う。

2つのコーンを120～150 cm離して置き，これらの内側に2つのコーンを30～60 cm離して置く。アスリートは左右にホップすることからはじめる。2つの外側のコーンの間で6回ずつ各

方向に反復する。アスリートは6回目の反復で着地する瞬間, ただちに内側の2つのコーンの間でホップし側方へ10回×1セットをできるだけ速く行う。4〜6回, このドリルを繰り返す。

スプリット・スクワット・ジャンプ

10回の反復を5〜6セット行う。

スプリット・スクワット・ジャンプで前方へ移動し, マットに着地する。脚を交互に代えて行った後に, フロント・キックを行う。制御された方法で着地し, 次のスプリット・スクワット・ジャンプを開始する。

ナイダー・プレス

40秒間を4〜6セットを行う。セット間に120秒のリカバリー時間をとる。

競技の準備姿勢のスタンスをとり, 腕を肩から90°の角度で伸ばして11〜20kgのウエイト・プレートを保持する。胸元にウエイトを近づけ, すぐに身体から45°の角度でできるだけ素早く腕を伸ばす。

ボックス・ドリル (90秒)

高さ30cmの箱を使用する。適切な着地面とするために, できれば幅50cm, 奥行75cmの箱を使用する。箱の横に立ち, ジャンプして箱の上へ両足で着地する。その後すぐに箱の向こう側へジャンプして降りる。着地後アスリートはすぐに方向転換をして箱の上へジャンプでもどり, このドリルを90秒間続ける。少なくとも90回 (両足が箱の上に乗るたびに1回) を目標とする。

ハードル・ホップ

6〜10回の反復を6セット行う。

高さ90〜105cmの6つのハードルに面した位置から開始する。最初のハードルを越えるため, 素早い腕の振りを利用して垂直にジャンプする。足が地面に触れたら, アスリートは素早く180°反転して次のハードルをクリアすることを試みる。1列に並べたすべてのハードルに対しこの運動を繰り返す。

ボックス・トゥ・ボックス・デプス・ジャンプ・ウィズ・180°ターン

10〜12回の反復を4セット行う。

水泳のためのプログラム例

この場合の目標は, 上肢のパワーを向上させるプログラムを作成し, 肩を安定させる筋の発達を助けることである。垂直飛びは水泳でのターンの際に壁を押す動作と同じため, 水泳選手にとって効果的なエクササイズである。

ステップ1:アスリートのことをよく考える

クリスティーナは17歳の水泳選手である。彼女は年齢別でみると全国レベルで高いランクに位置している。彼女はレジスタンス・トレーニングの経験がなく, 両肩関節の多方向不安定症として知られる状態のために慢性的な肩の痛みがある。

ステップ2：アスリートをテストし評価する

1. **プッシュ・アップ**。手が肩の真下にくるようにしてプッシュ・アップ姿勢をとる。身体のアライメントをまっすぐにして床面から離す。30秒でプッシュ・アップが何回できるか数える。
2. **メディシンボール・オーバーヘッド・スローの距離**。線を引いたテープの手前で立位姿勢をとり，両手で頭の後ろにボールを保持する。1歩前に踏み出しながら，頭の上からできるだけ遠くにボールを投げる。テープを踏んだり，越えたりしてはならない。テープからボールが地面についたところまでの距離を測定する。
3. **メディシンボール・チェスト・パス**。壁に背中をもたれ，床面に座位姿勢になり脚を伸ばす。両手で胸の中央にボールを持つ。指示された後，できるだけ遠くにボールをパスする。踵からボールが床面についたところまでの距離を測定する。
4. **シット・アップ・フォー・タイム**。これは体幹のパワーを測定するテストである。背臥位になり脚を曲げ，床に平らに置いた足部を検者が押さえる。両手は組んで首の後ろに置く。30秒で，できるだけ多くのシット・アップ（肘が大腿につくことで体幹の運動になる）を行う。30秒で30回のシット・アップを目標とする。
5. **ジャンプ・アンド・リーチ・テスト**。水泳選手いおいては，特に下肢のパワーと垂直跳びの能力が知られていない。しかしながら，この点を向上させることで，よりよいパフォーマンスが得られ，全体的なタイムの短縮に結びつく。垂直跳びの能力を改善することでパワーが向上し，壁をより速く押すことができるようになる。

これらのテスト結果により，クリスティーナの上肢，体幹，下肢の筋力とパワーが明らかになる。予想されたように，彼女のプッシュ・アップの回数は8回と非常に少ない。全米水泳協会での基準は30回である。メディシンボール・オーバーヘッド・スローは，同年代の他の水泳選手の平均が約6.9 mであるのに対し，クリスティーナは3.8 mであった。また，チェスト・パスでは同年代の他の水泳選手の平均が5.6 mであるのに対し，2.7 mであった。さらに，彼女のシット・アップは22回であり，彼女の2つのテストの結果は，エリート・ジュニア選手の平均スコア以下であった。ジャンプ・アンド・リーチに関しては，同年代の平均的な女子アスリートは45 cmであるのに対して，30 cmであった。

クリスティーナの総合的な評価としては，上肢の筋力とパワーが不十分であるといえる。彼女の肩関節多方向性不安定症が，これらのパフォーマンスに影響を及ぼしていることは明らかである。

トレーニングの専門家は，素早く力を発揮させる方法を教えるだけでなく，肩を強化するプログラムを計画する必要がある。水泳では，長時間の無酸素性から有酸素性の代謝が行われる。したがって，水泳での成功にとって持久力とスタミナは，筋力やパワーと同じように重要である。考慮すべきもう1つの重要な問題は，このスポーツにあてられる練習時間の量と，水中で機能する現在のアスリートの能力である。

ステップ3：トレーニング期間とトレーニングサイクルを考える

クリスティーナのシーズンは，9月の最初の休みの後からはじまる。彼女のシーズンは，4月中旬に開催される全国大会での成功のための準備に向けられている。彼女は2月まで週に3回のトレーニングを行うことが可能で，プールでのトレーニング時間が多くなるときは，地上でのトレーニングは最大で週に2回実施できる。クリスティーナの現在の身体の状態とテストの結果をみると，全国

大会での成功にとって準備期間が非常に重要になる。

ステップ4：トレーニングをする年における期間を選択する

これらの情報などから，シーズンを通してパフォーマンスを向上させるために，準備が非常に重要になる。トレーニング・プログラムを計画する人は，慎重に計画を立て，最初の6週間に焦点をあわせることが賢明であろう。

ステップ5：トレーニング・プログラムを計画する

第1～4週

準備：テストの結果から，上肢の筋力とパワーが大きく不足しているので，プログラムはその解決に焦点をあてるべきである。

進行：低強度のレジスタンス・トレーニングを中程度から多くの回数を実施することで，不安定性の問題を克服するために重要な肩の部位を改善することができる。メディシンボールを用いたドリルは，このプログラムを実施する際の鍵となる。

エクササイズの頻度

週に3日のプール（火曜日，木曜日，土曜日）

制約

器具はほとんど利用できない。基本的に利用可能な器具は，体操マット（10人のアスリートが練習するのに十分な大きさ）と2.7 kgから5.4 kgまで0.9 kgずつ重さを増やすことができるメディシンボールである。

エクササイズ

- プッシュ・アップ，8×3。このプッシュ・アップでは，身体を降ろした位置で胸部をボールに接触させる。ボールによりエクササイズの動きが制限され，そのことでエクササイズが確実に実施できるようになる。
- オフセット・プッシュ・アップ，5×3。このプッシュ・アップは片手をボールの上に置いて行う。片手をボールに置くのは，ボールが不安定な面であるため，ボールに置いた手で肩を安定させることをアスリートに強いことになるからである。
- 両手をボールの上に置いたクロース・グリップ・プッシュ・アップ，5×3。これは，強制的に安定性を向上させるために，不安定要素を加えることで腕にとって難しい角度をとることになる。
- プル・オーバー・パス，30×1
- アンダーハンド・スロー，30×1
- パワー・ドロップ，20×2
- サイド・トス，20×2
- オーバーヘッド・スロー，15×1
- 5-5-5 スクワット（メディシンボールを肩の上で保持），3セット
- ジャンプ・スクワット（メディシンボールを肩の上で保持），8×3

第4～8週

進行:プッシュ・アップ動作の反復を各週2～3回増やす。第4～8週では以下のドリルを加える。

ウォークアバウト,30秒×1。床に片手,ボールの上にもう一方の手を置いたプッシュ・アップ姿勢をとって実施する。床の手をボールの上のもう一方の手の横に置く。次に,はじめにボールの上にあった手を横の床に移動する。手を交互に切り替えることで,ボールを横切って「歩く」ようになる。

第8週から,以下のドリルを実施してもよい。

メディシンボール・デプス・ジャンプ,10×1。両手をボールの上に乗せたプッシュ・アップ姿勢から開始する。ボールの上に置いた両手を床に降ろして,肘関節を軽度屈曲させる。腕を素早く伸ばし,肩を押し上げることで,床から開始位置まで跳ね上がる。

メディシンボール・デプス・ジャンプは肩周囲の安定筋のより速い収縮を促す。これは東欧でショック・トレーニングと呼ばれた方法である。ショックを与えることで肩の安定筋の素早い収縮を促し,効果的に機能させるために訓練する。

このような状態のアスリートのために必要な準備をすることはまれではない。実際,多くのコーチ,アスリート,ストレングス・コーチが同様の状況と向き合うことがある。設備,器具,時間がほとんどない場合,コーチが創造的でなければアスリートは苦しむことになる。

ジャンプ・トゥ・ボックス（30 cmの箱），10×3

フロッグ・ジャンプ,10×3。手を床につき,肘が膝の内側にくるまでかがみ込む。爆発的に垂直跳びを行って,身体が流線形になるように手と腕を頭上に伸ばし全身を伸展させる。

走り幅跳び（陸上競技）のためのプログラム例

このプログラムは,直線的ジャンプの能力の向上を目的としている。

ステップ1：アスリートのことをよく考える

ショーンは18歳の大学1年生であり,三段跳びで13.8 mの自己ベストをもっている。彼は高校時代に三段跳びと走り幅跳びの選手としての経験があるが,平均的な記録であった。現在の彼の状況として,傷害や身体的な制限はないことがわかっている。

ステップ2：アスリートをテストし評価する

直線的なジャンプ能力の向上を目的としているため,以下のテストで現在の能力を評価する。

1. **スタンディング・トリプル・ジャンプの距離**。得意な側の足で立ち,ホップ,ステップ,ジャンプで着地する。開始地点から着地地点までの距離を測定する。
2. **5回のダブル・レッグ・ホップの距離**。両足で同時にジャンプして着地する。どれくらいの距離を跳べるかをみるために5回ホップする。開始地点から5回目のホップの着地地点までの距離を測定する。
3. **30 m走のタイム**。30 m走のタイムを測定するために,100 mトラックに印をつける。アスリートは,最初の60 mで徐々に速度を速める。その後,60 mと90 mの印の間の時間を測定する。これにより本来のスピードを測定できる。
4. **1 RMのパラレル・スクワットの重量**。スクワットで1回持ち上げることができる最大重

量を測定する。
　5. **体重の60%の負荷でのパラレル・スクワットを5秒間で5回反復する。** 5秒間で5回のスクワットが可能かをみる。

　ショーンのテスト結果は，高い強度のプライオメトリック・トレーニング・プログラムをはじめるための能力があり，準備ができていることを示した。彼のテスト4，5の結果から，基本的な筋力の基準を満たしていることが明らかになった。もし筋力の基準が満たされていないようであれば，高い強度のプライオメトリック・トレーニングを行う前に，4〜6週間，ウエイト・トレーニングに重点を置く必要がある。

　テスト1，2，3の結果は，現在のショーンの直線的なジャンプの能力を示し，プログラム終了後に彼がどれだけ向上したかを評価するためのデータとなる。ショーンの記録は，スタンディング・ロング・ジャンプ9.25 m，ダブル・レッグ・ホップ9.9 m，30 m走3.1秒であった。

ステップ3：トレーニング期間とトレーニングサイクルを考える

　ショーンのプログラムは4週間行われる。プログラムの計画に関する準備，進行，実行の条件を示すために，通常のピリオダイゼーション年からまとめた。

ステップ4：トレーニングをする年における期間を選択する

　通常，陸上競技選手は学校がはじまる秋にトレーニングを開始する。しかし，ショーンは2月に行われる4週間のトレーニングの特訓コースに参加することになっている。彼は3月のはじめに行われる最初の屋外競技会のために準備する必要がある。

ステップ5：トレーニング・プログラムを計画する

　各週は，準備，進行，実行の3つの条件によって計画する。

第1週

　準備：身体の軟部組織が，直線的ジャンプによるストレスと着地の衝撃に適応できるようにするために，回数が多く，低強度のレジスタンス・トレーニングと低強度のプライオメトリック・トレーニングを実施する。

　進行：実施するプライオメトリック・トレーニングの種類に多様性をもたせ，直線的ジャンプのスキルを復習する。

　実行：低強度のエクササイズを行う際は，正確な着地技術と腕の使い方に注意する。アスリートがアモチゼーション（償還）期の概念を理解することを確認する。

月曜日：ウエイト・トレーニング

　70% 1 RMでのパラレル・スクワット，12 × 3
　プッシュ・プレス（フロント），8 × 4
　ラット・プル，8 × 3
　体重の50%負荷でのスプリット・スクワット，各脚10 × 3
　ハムストリング・カール（求心性：両脚でウエイトを上げる，遠心性：片脚でウエイトを下げる），
　　8 × 3

火曜日：プライオメトリック

　　フロント・コーン・ホップ（45 cm），
　　　　10 × 1
　　シングル・レッグ・プッシュ・オフ
　　　　（30 cm の箱），20 × 2
　　オルタネイティング・プッシュ・オフ
　　　　（30 cm の箱），20 × 2

　　ボックス・ドリル（30 秒），30 秒× 2
　　フロント・ボックス・ジャンプ
　　　　（30 cm の箱），10 × 2
　　ダブル・レッグ・ホップ，3 × 3

水曜日：ウエイト・トレーニング

　　フロント・スクワット，12 × 3
　　インバーテッド・レッグ・プレス，6 × 4
　　インクライン・ベンチ・プレス，10 × 3

　　体重の 50%負荷でのスプリット・スクワット，
　　　　各脚 10 × 3
　　カーフ・レイズ，12 × 5

木曜日：プライオメトリック

　　フロント・コーン・ホップ（45 cm），
　　　　10 × 2
　　ダブル・レッグ・ホップ，3 × 3
　　スタンディング・トリプル・ジャンプ，5 × 1

　　オルタネイト・バウンディング・ウィズ・ダブ
　　　　ル・アーム・アクション（最大下），
　　　　36 m × 3

金曜日：ウエイト・トレーニング

　　月曜日のトレーニングを繰り返すが，シュラッグ・プル 10 回 3 セットを加える。

第 2 週

　準備：ウエイト・トレーニングは，股関節内転筋群と外転筋群だけでなく，股関節屈筋群と股関節伸筋群を働かせることに重点を置く。
　進行：グラウンドを横切って移動しながら，多くの動的なジャンプを行う。
　実行：直線的ジャンプのスキルには，最大努力を促すために腕と下肢を協調させることが含まれる。

月曜日：プライオメトリック・トレーニングとウエイト・トレーニング

　　フロント・コーン・ホップ（45 cm），
　　　　10 × 3
　　ダブル・レッグ・ホップ，5 × 3
　　スタンディング・トリプル・ジャンプ・オーバー・
　　　　バリア，5 × 1
　　オルタネイト・バウンディング・ウィズ・ダブ
　　　　ル・アーム・アクション，36 m × 3

　　スプリット・スクワット，8 × 3
　　ラット・プル，8 × 3
　　ハムストリング・カール，8 × 3
　　インバーテッド・レッグ・プレス，8 × 3
　　ビハインド・ネック・プレス，8 × 3

火曜日

　休養

水曜日：ウエイト・トレーニング

　ランジ，8×3
　ハイ・プル，8×3
　フロント・ショルダー・レイズ・ウィズ・ダンベル，8×3
　80〜85% 1 RMでのパラレル・スクワット，8×3

木曜日：プライオメトリック

　スタジアム・ホップ，15×3
　コンビネーション・バウンディング・ウィズ・ダブル・アーム・アクション，36 m×3
　バリア・ホップ（ハードル・ホップ），5×5
　ダブル・レッグ・ホップ（距離），5×3

金曜日：ウエイト・トレーニング

　ランジ，8×3
　ラット・プル，6×4
　インバーテッド・レッグ・プレス，5×5
　ハイ・プル，4×4
　フロント・プッシュ・プレス，5×4

第3週

　準備：レジスタンス・トレーニングは，より衝撃が強くなる。引き続き，直線的ジャンプの際に達する関節角度に近い姿勢でトレーニングすることに重点を置いて実施する。

　進行：プライオメトリック・トレーニングはより複雑に，そしてスポーツに特有のものになる。この時期のトレーニングにおいて考慮すべき点は，ランニング・スピードである。

　実行：プライオメトリック・トレーニングのスキルのため，距離，時間またはその両方に重点を置く。

月曜日：ウエイト・トレーニング

　フロント・スクワット・トゥ・プッシュ・プレス，5×4
　スティッフ・ニー・クリーン，4×4
　インバーテッド・レッグ・プレス，3×5
　スプリット・スクワット・ウォーク（脚を交代して前進する），10×4
　プーリー・ウエイト・ヒップ・フレクション（膝を引き上げるトレーニング），10×3

火曜日：プライオメトリック

　スタジアム・ホップ，20×3
　ダブル・レッグ・ホップ・イントゥ・スプリント（36 m），5×3
　スタンディング・ロング・ジャンプ（距離），5×3
　シングル・レッグ・ホップ，10×3
　オルタネイト・バウンディング，36 m×3

水曜日：ウエイト・トレーニング

　90％1RMでのバック・スクワット，5×5

木曜日：

　休養

金曜日：プライオメトリック・トレーニングとウエイト・トレーニング

　マルチ・ボックス・トゥ・ボックス・
　　スクワット・ジャンプ（45〜60 cmの箱），
　　6×5
　コンビネーション・バウンディング，
　　36 m×5

　オルタネイト・バウンディング・ウィズ・
　　ダブル・アーム・アクション，54 m×5
　デプス・ジャンプ・トゥ・スタンディング・
　　ロング・ジャンプ，8×3
　月曜日のウエイト・トレーニングを繰り返す

第4週

　準備：レジスタンス・トレーニングとプライオメトリック・トレーニングは，ここではパワーに焦点をあわせなければならない。両トレーニングとも少ない回数と高い強度が重要になる。
　進行：片脚での動作はプライオメトリック・トレーニングにおいて強度が最も高い。デプス・ジャンプとともに，これらは能力の向上にとって重要な部分となる。
　実行：このサイクルでは，努力の質は最短時間で最長の距離を達成することにある。

月曜日：プライオメトリック・トレーニングとウエイト・トレーニング

　スタジアム・ポップ，20×5
　バリア・ホップ（ハードル・ホップ），5×5
　コンビネーション・バウンディング，
　　45 m×3
　シングル・レッグ・バウンディング，
　　36 m×3
　ロング・ジャンプ・ウィズ・5ストライド・
　　アプローチ，6×1

　90〜95％1RMでのパラレル・スクワット，
　　5×3
　ハムストリング・カール，8×3
　インバーテッド・レッグ・プレス，5×3
　オーバーヘッド・スクワット
　　（スナッチ・グリップ），8×3

火曜日

　休養

水曜日：ウエイト・トレーニング

　大腿のハング姿勢からのパワー・クリーン，3×5

木曜日：プライオメトリック

　デプス・ジャンプ・トゥ・スタンディング・トリプル・ジャンプ・ウィズ・スライド・アウト・ランディング，10×1

デプス・ジャンプ・トゥ・スタンディング・ロング・ジャンプ，10 × 1
オルタネイト・バウンディング・ウィズ・ダブル・アーム・アクション（ストップウォッチで時間を測定する），36 m × 5
コンビネーション・バウンディング（砂場へ着地），27 m × 5

金曜日：再テスト

　進歩の度合いを調べるために，ショーンがプログラムのはじめに行った課題を再テストする．この4週間のプログラムを行った後，ショーンはスタンディング・ロング・ジャンプ10 m，ダブル・レッグ・バウンディング10.1 m，30 m走3.0秒を記録した．競技シーズンが続く間，直線的ジャンプ能力は向上するだろう．

● まとめ ●

- プライオメトリック・トレーニングはどんなスポーツにでも応用することが可能で，スポーツで行う動きを向上させるために役立つエクササイズを実施すべきである．
- ここで紹介したプログラムは，実際にアスリートがトレーニングで実施した例である．
- プライオメトリック・トレーニングを行っている際に特定の運動を模倣することによって，鍵となるスポーツに関する動作の償還時間を減少させることが可能で，そのスポーツ特有の動作でより速く，よりパワフルになることができる．

文 献

Chapter 2

1. Chu, D.A. 1983. Plyometrics: The link between strength and speed. *NSCA J* 5(2): 20-21.
2. Chmielewski, T.L., G.D. Myer, D. Kauffman, and S.M. Tillman. 2006. Plyometric exercise in the rehabilitation of athletes: Physiological responses and clinical application. *J Orthop Sports Phys Ther* 36(5) (May): 308-319.
3. Rassier, D.E., and W. Herzog. 2005. Force enhancement and relaxation rates after stretch of activated muscle fibres. *Proc Biol Sci* 272(1562) (March 7): 475-480.
4. Bobbert, M.F., K.G. Gerritsen, M.C. Litjens, and A.J. Van Soest. 1996. Why is countermovement jump height greater than squat jump height? *Med Sci Sports Exerc* 28(11) (Nov.): 1402-1412.
5. Cordasco, F.A., I.N. Wolfe, M.E. Wootten, and L.U. Bigliani. 1996. An electromyographic analysis of the shoulder during a medicine ball rehabilitation program. *Am J Sports Med* 24(3) (May-June): 386-392.
6. Siff, M. 2004. Supertraining. 6th ed. Denver: Supertraining Institute.
7. Chu, D.A. 2001. Plyometrics or not? *Strength and Conditioning Journal* 23(2): 70-72.
8. Swanik, C.B., and K.A. Swanik. 1999. Plyometrics in rehabilitating the lower extremity. *Athlet Ther Today* 4(3): 16-22, 32-33, 63.
9. Wilk, K.E., and C. Arrigo. 1993. Current concepts in the rehabilitation of the athletic shoulder. *J Orthop Sports Phys Ther* 18(1) (July): 365-378.
10. O'Connor, D.P., and J.W. King. 1999. Application of plyometrics to the trunk. *Athlet Ther Today* 4(3): 36-40.
11. Knuttgen, K.G., and W.J. Kraemer. 1987. Terminology and measurement in exercise performance. *Journal of Applied Sports Science* 1(1): 1-10.
12. Kubo, K., H. Kanehisa, D. Takeshita, Y. Kawakami, S. Fukashiro, and T. Fukunaga. 2000. In vivo dynamics of human medial gastrocnemius muscle-tendon complex during stretch-shortening cycle exercise. *Acta Physiol Scand* 170(2) (Oct.): 127-135.
13. Chu, D.A. 1999. Plyometrics in sports injury rehabilitation and training. *Athlet Ther Today* 4(3): 7-11.
14. Radcliffe, J.C., and R.C. Farentions. 1985. *Plyometrics: Explosive power training*. 2nd ed. Champaign, IL: Human Kinetics.
15. Chu, D.A. 1984. Plyometric exercise. *National Strength Coaches Association Journal* 6(5): 56-62.
16. Potach, D.H., and D.A. Chu. 2000. *Plyometric training*. 2nd ed. Champaign, IL: Human Kinetics.
17. Chu, D.A. 1998. *Jumping into plyometrics*. 2nd ed. Champaign, IL: Human Kinetics.
18. Myer, G.D., K.R. Ford, J.L. Brent, and T.E. Hewett. 2006. The effects of plyometric versus dynamic stabilization and balance training on power, balance, and landing force in female athletes. *J Strength Cond Res* 20(2): 345-353.
19. Irmischer, B.S., C. Harris, R.P. Pfeiffer, M.A. DeBeliso, K.J. Adams, and K.G. Shea. 2004. Effects of a knee ligament injury prevention exercise program on impact forces in women. *J Strength Cond Res* 18(4) (Nov.): 703-707.
20. Myer, G.D., K.R. Ford, and T.E. Hewett. 2004. Rationale and clinical techniques for anterior cruciate ligament injury prevention among female athletes. *J Athl Train* 39(4) (Dec.): 352-364.
21. Hewett, T.E., T.N. Lindenfeld, J.V. Riccobene, and F.R. Noyes. 1999. The effect of neuromuscular training on the incidence of knee injury in female athletes: A prospective study. *Am J Sports Med* 27(6) (Nov.-Dec.): 699-706.
22. Hewett, T.E., A.L. Stroupe, T.A. Nance, and F.R. Noyes. 1996. Plyometric training in female athletes: Decreased impact forces and increased hamstring torques. *Am J Sports Med* 24(6) (Nov.-Dec.): 765-773.
23. Hewett, T.E., G.D. Myer, K.R. Ford, R.S. Heidt Jr., A.J. Colosimo, S.G. McLean, A.J. van den Bogert, M.V. Paterno, and P. Succop. 2005. Biomechanical measures of neuromuscular control and valgus loading of the knee predict anterior cruciate ligament injury risk in female athletes. *Am J Sports Med* 33(4) (Feb. 8): 492-501.
24. Myer, G.D., K.R. Ford, J.P. Palumbo, and T.E. Hewett. 2005. Neuromuscular training improves performance and lower-extremity biomechanics in female athletes. *J Strength Cond Res* 19(1) (Feb.): 51-60.
25. Petersen, W., C. Braun, W. Bock, K. Schmidt, A. Weimann, W. Drescher, E. Eiling, R. Stange, T. Fuchs, J. Hedderich, and T. Zantop. 2005. A controlled prospective case control study of a prevention training program in female team handball players: The German experience. *Arch Orthop Trauma Surg* 125(9): 614-621.
26. Myer, G.D., M.V. Paterno, and T.E. Hewett. 2004. Back in the game: A four-phase return-to-sport program for athletes with problem ACLs. *Rehab Manag* 17(8) (Oct.): 30-33.
27. Cascio, B.M., L. Culp, and A.J. Cosgarea. 2004. Return to play after anterior cruciate ligament reconstruction. *Clin Sports Med* 23(3) (July): 395-408, ix.
28. Wilk, K.E., K. Meister, and J.R. Andrews. 2002. Current concepts in the rehabilitation of the overhead throwing athlete. *Am J Sports Med* 30(1) (Jan.-Feb.): 136-151.
29. Courson, R. 1999. Plyometrics in rehabilitation of the upper extremity. *Athlet Ther Today* 4(3): 25-29, 32-33, 63.
30. Wilk, K.E., M.L. Voight, M.A. Keirns, V. Gambetta, J.R. Andrews, and C.J. Dillman. 1993. Stretch-shortening drills for the upper extremities: Theory and clinical application. *J Orthop Sports Phys Ther* 17(5) (May): 225-239.
31. Davies, G.J., and J.W. Matheson. 2001. Shoulder plyometrics. *Sport Med Arthrosc Rev* 9: 1-18.
32. Lundin, P. 1985. A review of plyometric training. *NSCA J* 7(3): 69-74.
33. Clutch, D., M. Wilton, C. McGown, and G.R. Bryce. 1983. The effect of depth jumps and weight training on leg strength and vertical jump. *Res Q* 54: 5-10.
34. Bosco, C., J.T. Viitasalo, P.V. Komi, and P. Luhtanen. 1982. Combined effect of elastic energy and myoelectrical potentiation during stretch-shortening cycle exercise. *Acta Physiol Scand* 114(4) (April): 557-565.
35. Kilani, H.A., S.S. Palmer, M.J. Adrian, and J.J. Gapsis. 1989. Block of the stretch reflex of vastus lateralis during vertical jumps. *Hum Movement Sci* 8: 247-269.
36. Bosco, C., P.V. Komi, and A. Ito. 1981. Prestretch potentiation of human skeletal muscle during ballistic movement. *Acta Physiol Scand* 111(2) (Feb.): 135-140.
37. Nicol, C., and P.V. Komi. 1998. Significance of passively induced stretch reflexes on Achilles tendon force enhancement. *Muscle Nerve* 21(11) (Nov.): 1546-1548.
38. Voigt, M., P. Dyhre-Poulsen, and E.B. Simonsen. 1998. Modulation of short latency stretch reflexes during human hopping. *Acta Physiol*

Scand 163(2) (June): 181-194.

39. Nardone, A., T. Corra, and M. Schieppati. 1990. Different activations of the soleus and gastrocnemii muscles in response to various types of stance perturbation in man. *Exp Brain Res* 80(2): 323-332.
40. Roberts, T.J., R.L. Marsh, P.G. Weyand, and C.R. Taylor. 1997. Muscular force in running turkeys: The economy of minimizing work. *Science* 275(5303) (Feb. 21): 1113-1115.
41. Roberts, T.J. 2002. The integrated function of muscles and tendons during locomotion. *Comp Biochem Physiol A Mol Integr Physiol* 133(4) (Dec.): 1087-1099.
42. Alexander, R.M., and H.C. Bennet-Clark. 1977. Storage of elastic strain energy in muscle and other tissues. *Nature* 265(5590) (Jan. 13): 114-117.
43. Houk, J., and E. Henneman. 1967. Responses of Golgi tendon organs to active contractions of the soleus muscle of the cat. *J Neurophysiol* 30(3) (May): 466-481.
44. Pearson, K., and J. Gordon. 2000. Spinal reflexes. In E.R. Kandel, J.H. Schwartz, and T.M. Jessell (Eds.), *Principles of neural science*. 4th ed. New York: McGraw-Hill. 713-736.
45. Chalmers, G. 2002. Do Golgi tendon organs really inhibit muscle activity at high force levels to save muscles from injury, and adapt with strength training? *Sports Biomech* 1(2) (July): 239-249.
46. McCrea, D.A. 1986. Spinal cord circuitry and motor reflexes. *Exerc Sport Sci Rev* 14: 105-141.
47. Horita, T., P.V. Komi, C. Nicol, and H. Kyrolainen. 2002. Interaction between pre-landing activities and stiffness regulation of the knee joint musculoskeletal system in the drop jump: Implications to performance. *Eur J Appl Physiol* 88(1-2) (Nov.): 76-84.
48. Wilson, G.J., B.C. Elliott, and G.A. Wood. 1991. The effect on performance of imposing a delay during a stretch-shorten cycle movement. *Med Sci Sports Exerc* 23(3) (March): 364-370.
49. Chapman, G., and G. Caldwell. 1985. *The use of muscle strength in inertial loading*. Vol. IX-A. Champaign, IL: Human Kinetics.
50. Ishikawa, M., and P.V. Komi. 2004. Effects of different dropping intensities on fascicle and tendinous tissue behavior during stretch-shortening cycle exercise. *J Appl Physiol* 96(3) (March): 848-852.
51. Bobbert, M.F., P.A. Huijing, and G.J. van Ingen Schenau. 1987. Drop jumping. II. The influence of dropping height on the biomechanics of drop jumping. *Med Sci Sports Exerc* 19(4) (Aug.): 339-346.
52. Ishikawa, M., P.V. Komi, M.J. Grey, V. Lepola, and G.P. Bruggemann. 2005. Muscle-tendon interaction and elastic energy usage in human walking. *J Appl Physiol* 99(2) (Aug.): 603-608.
53. Ishikawa, M., E. Niemela, and P.V. Komi. 2005. Interaction between fascicle and tendinous tissues in short-contact stretch-shortening cycle exercise with varying eccentric intensities. *J Appl Physiol* 99(1) (July): 217-223.
54. Kurokawa, S., T. Fukunaga, A. Nagano, and S. Fukashiro. 2003. Interaction between fascicles and tendinous structures during counter movement jumping investigated *in vivo*. *J Appl Physiol* 95(6) (Dec.): 2306-2314.
55. Fukunaga, T., Y. Kawakami, K. Kubo, and H. Kanehisa. 2002. Muscle and tendon interaction during human movements. *Exerc Sport Sci Rev* 30(3) (July): 106-110.
56. Fukunaga, T., Y. Kawakami, T. Muraoka, and H. Kanehisa. 2002. Muscle and tendon relations in humans: Power enhancement in counter-movement exercise. *Adv Exp Med Biol* 508: 501-505.
57. Rassier, D.E., and W. Herzog. 2005. Relationship between force and stiffness in muscle fibers after stretch. *J Appl Physiol* 99(5): 1769-1775.
58. Gollhofer, A., V. Strojnik, W. Rapp, and L. Schweizer. 1992. Behaviour of triceps surae muscle-tendon complex in different jump conditions. *Eur J Appl Physiol Occup Physiol* 64(4): 283-291.

Chapter 3

1. Verkhoshanski, Y. 1969. Perspectives in the improvement of speed-strength preparation of jumpers. *Yessis Rev Sov Phys Educ Sports* 4(2): 28-29.
2. Chmielewski, T.L., G.D. Myer, D. Kauffman, and S.M. Tillman. 2006. Plyometric exercise in the rehabilitation of athletes: Physiological responses and clinical application. *J Orthop Sports Phys Ther* 36(5) (May): 308-319.
3. Dursenev, L., and L. Raevsky. 1978. Strength training of jumpers. *Teoriya i Praktika Fizescheskoi Kultury* 10: 62.
4. Myer, G.D., A.D. Faigenbaum, K.R. Ford, T.M. Best, M.F. Bergeron, and T.E. Hewett. 2011. When to initiate integrative neuromuscular training to reduce sports-related injuries and enhance health in youth? *Curr Sports Med Rep* 10(3): 157-166.
5. Myer, G.D., A.D. Faigenbaum, D.A. Chu, J. Falkel, K.R. Ford, T.M. Best, and T.E. Hewett. 2011. Integrative training for children and adolescents: Techniques and practices for reducing sports-related injuries and enhancing athletic performance. *Phys Sportsmed* 39(1) (Feb.): 74-84.
6. Myer, G.D., and A.D. Faigenbaum. 2011. Exercise is sports medicine in youth: Integrative neuromuscular training to optimize motor development and reduce risk of sports related injury. *Kronos* 10(18): 31-48.
7. Sugimoto, D., G.D. Myer, H.M. Bush, M.F. Klugman, J.M. Medina McKeon, and T.E. Hewett. 2012. Compliance with neuromuscular training and anterior cruciate ligament injury risk reduction in female athletes: A meta-analysis. *J Athl Train* 47(6): 714-723.
8. Hewett, T.E., T.N. Lindenfeld, J.V. Riccobene, and F.R. Noyes. 1999. The effect of neuromuscular training on the incidence of knee injury in female athletes: A prospective study. *Am J Sports Med* 27(6) (Nov.-Dec.): 699-706.
9. Hewett, T.E., A.L. Stroupe, T.A. Nance, and F.R. Noyes. 1996. Plyometric training in female athletes: Decreased impact forces and increased hamstring torques. *Am J Sports Med* 24(6): 765-773.
10. Verkhoshansky, V., and V. Tatyan. 1983. Speed-strength preparation of future champions. *Soviet Sports Review* 18(4): 166-170.
11. Adams, T. 1984. An investigation of selected plyometric training exercises on muscular leg strength and power. *Track and Field Quarterly Review* 84(1): 36-40.
12. Bosco, C., and P. Komi. 1979. Potentiation of the mechanical behavior of the human skeletal muscle through prestretching. *Acta Physiologica Scandinavica* 106: 467-472.
13. Asmussen, E., and F. Bonde-Peterson. 1974. Storage of elastic energy in skeletal muscles in man. *Acta Physiologica Scandinavica* 91: 385-392.
14. Holcomb, W., J. Lander, R. Rutland, and G. Wilson. 1996. A biomechanical analysis of the vertical jump and three modified plyometric depth jumps. *Journal of Strength and Conditioning Research* 10(2): 83-88.
15. Gehri, D., M. Ricard, D. Kleiner, and D. Kirkendall. 1998. A comparison of plyometric training techniques for improving vertical jumping ability and energy production. *Journal of Strength and Conditioning Research* 12(2): 85-89.
16. Holcomb, W., J. Lander, R. Rutland, and G. Wilson. 1996. The effectiveness of a modified plyometric program on power and the vertical jump. *Journal of Strength and Conditioning Research* 10(2): 89-92.
17. Young, W., J. Pryor, and G. Wilson. 1995. Effect of instructions on characteristics of countermovement and drop jump performance.

Journal of Strength and Conditioning Research 9(4): 232-236.
18. Hewett, T.E., G.D. Myer, K.R. Ford, R.S. Heidt Jr., A.J. Colosimo, S.G. McLean, A.J. van den Bogert, M.V. Paterno, and P. Succop. 2005. Biomechanical measures of neuromuscular control and valgus loading of the knee predict anterior cruciate ligament injury risk in female athletes: A prospective study. *Am J Sports Med* 33(4) (Feb. 8): 492-501.
19. Harman, E., M. Rosenstein, P. Frykman, and R. Rosenstein. 1991. The effects of arms and countermovement on vertical jumping. *National Strength and Conditioning Journal* 13(2): 38-39.
20. Komi, P.V., and C. Bosco. 1978. Utilization of stored elastic energy in leg extensor muscles by men and women. *Med Sci Sports* 10(4) (winter): 261-265.
21. Horita, T., P.V. Komi, C. Nicol, and H. Kyrolainen. 2002. Interaction between pre-landing activities and stiffness regulation of the knee joint musculoskeletal system in the drop jump: Implications to performance. *Eur J Appl Physiol* 88(1-2) (Nov.): 76-84.
22. Kubo, K., Y. Kawakami, and T. Fukunaga. 1999. Influence of elastic properties of tendon structures on jump performance in humans. *J Appl Physiol* 87(6) (Dec.): 2090-2096.
23. Bobbert, M.F., K.G. Gerritsen, M.C. Litjens, and A.J. Van Soest. 1996. Why is countermovement jump height greater than squat jump height? *Med Sci Sports Exerc* 28(11) (Nov.): 1402-1412.
24. Bosco, C., P.V. Komi, and A. Ito. 1981. Prestretch potentiation of human skeletal muscle during ballistic movement. *Acta Physiol Scand* 111(2) (Feb.): 135-140.
25. Bobbert, M.F., P.A. Huijing, and G.J. van Ingen Schenau. 1987. Drop jumping. I. The influence of jumping technique on the biomechanics of jumping. *Med Sci Sports Exerc* 19(4) (Aug.): 332-338.
26. Kubo, K., H. Kanehisa, D. Takeshita, Y. Kawakami, S. Fukashiro, and T. Fukunaga. 2000. In vivo dynamics of human medial gastrocnemius muscle-tendon complex during stretch-shortening cycle exercise. *Acta Physiol Scand* 170(2) (Oct.): 127-135.
27. Bobbert, M.F., P.A. Huijing, and G.J. van Ingen Schenau. 1987. Drop jumping. II. The influence of dropping height on the biomechanics of drop jumping. *Med Sci Sports Exerc* 19(4) (Aug.): 339-346.
28. Wathen, D. 1993. Literature review: Explosive/plyometric exercises. *National Strength and Conditioning Journal* 15(3): 17-19.
29. McNitt-Gray, J.L., D.M.E. Hester, W. Mathiyakom, and B.A. Munkasy. 2001. Mechanical demand on multijoint control during landing depend on orientation of the body segments relative to the reaction force. *J Biomech* 34: 1471-1482.
30. Dufek, J.S., and B.T. Bates. 1990. The evaluation and prediction of impact forces during landings. *Med Sci Sports Exerc* 22(3) (June): 370-377.

Chapter 4

1. Myer, G.D., A.D. Faigenbaum, D.A. Chu, J. Falkel, K.R. Ford, T.M Best, and T.E. Hewett. 2011. Integrative training for children and adolescents: Techniques and practices for reducing sports-related injuries and enhancing athletic performance. *Phys Sportsmed* 39(1) (Feb.): 74-84.
2. American Academy of Pediatrics. 1983. Weight training and weightlifting: Information for the pediatrician. *Physician and Sports Medicine* 11(3): 157-161.
3. Faigenbaum, A.D., W.J. Kraemer, C.J. Blimkie, I. Jeffreys, L.J. Micheli, M. Nitka, and T.W. Rowland. 2009. Youth resistance training: Updated position statement paper from the National Strength and Conditioning Association. *J Strength Cond Res* 23(5 Suppl) (Aug.): S60-79.
4. Behm, D.G., A.D. Faigenbaum, B. Falk, and P. Klentrou. 2008. Canadian Society for Exercise Physiology position paper: Resistance training in children and adolescents. *Appl Physiol Nutr Metab* 33(3) (June): 547-561.
5. Strong, W.B., R.M. Malina, C.J. Blimkie, S.R. Daniels, R.K. Dishman, B. Gutin, A.C. Hergenroeder, A. Must, P.A. Nixon, J.M. Pivarnik, T. Rowland, S. Trost, and F. Trudeau. 2005. Evidence based physical activity for school-age youth. *J Pediatr* 146(6) (June): 732-737.
6. Myer, G.D., K.R. Ford, J.P. Palumbo, and T.E. Hewett. 2005. Neuromuscular training improves performance and lowerextremity biomechanics in female athletes. *J Strength Cond Res* 19(1) (Feb.): 51-60.
7. Myer, G.D., K.R. Ford, S.G. McLean, and T.E. Hewett. 2006. The effects of plyometric versus dynamic stabilization and balance training on lower extremity biomechanics. *Am J Sports Med* 34(3): 490-498.
8. Nader, P., R. Bradley, R. Houts, S. McRitchie, and M. O'Brien. 2008. Moderate to vigorous physical activity from ages 9 to 15 years. *Journal of the American Medical Association* 300: 295-305.
9. Nyberg, G., A. Nordenfelt, U. Ekelund, and C. Marcus. 2009. Physical activity patterns measured by accelerometry in 6- to 10-yr-old children. *Med Sci Sports Exerc* 41(10): 1842-1848.
10. Faigenbaum, A.D., R.L. Loud, J. O'Connell, S. Glover, and W.L. Westcott. 2001. Effects of different resistance training protocols on upper-body strength and endurance development in children. *J Strength Cond Res* 15(4) (Nov.): 459-465.
11. Ramsay, J., C. Blimkie, K. Smith, S. Garner, J. MacDougall, and D. Sale. 1990. Strength training effects in prepubescent boys. *Med Sci Sports Exerc* 22: 605-614.
12. Pfeiffer, R., and R. Francis. 1986. Effects of strength training on muscle development in prepubescent, pubescent, and postpubescent males. *Phys Sportsmed* 14(9): 134-143.
13. Sailors, M., and K. Berg. 1987. Comparison of responses to weight training in pubescent boys and men. *J Sports Med Phys Fitness* 27(1) (March): 30-37.
14. Sewall, L., and L. Micheli. 1986. Strength training for children. *J Pediatr Orthop* 6: 143-146.
15. Weltman, A., C. Janney, C.B. Rians, K. Strand, B. Berg, S. Tippitt, J. Wise, B.R. Cahill, and F.I. Katch. 1986. The effects of hydraulic resistance strength training in pre-pubertal males. *Med Sci Sports Exerc* 18(6) (Dec.): 629-638.
16. Faigenbaum, A.D., W.J. Kraemer, B. Cahill, J. Chandler, J. Dziaos, L.D. Elfrink, E. Forman, M. Gaudiose, L. Micheli, M. Nitka, and S. Roberts. 1996. Youth resistance training: Position statement paper and literature review. *Strength and Conditioning* 18(6): 62-75.
17. Faigenbaum, A.D., L.D. Zaichkowsky, W.L. Westcott, L.J. Micheli, and A.F. Fehlandt. 1993. The effects of a twice-a-week strength training program on children. *Pediatric Exercise Science* 5: 339-345.
18. Falk, B., and G. Mor. 1996. The effects of resistance and martial arts training in 6 to 8 year old boys. *Pediatric Exercise Science* 8: 48-56.
19. Myer, G.D., K.R. Ford, J.L. Brent, and T.E. Hewett. 2006. The effects of plyometric versus dynamic balance training on power, balance and landing force in female athletes. *J Strength Cond Res* 20(2): 345-353.
20. Malina, R.M. 2006. Weight training in youth-growth, maturation, and safety: An evidence-based review. *Clin J Sport Med* 16(6) (Nov.): 478-487.
21. Falk, B., and G. Tenenbaum. 1996. The effectiveness of resistance training in children: A meta-analysis. *Sports Med* 22(3) (Sep.): 176-186.
22. Faigenbaum, A.D., and G.D. Myer. 2010. Resistance training among young athletes: Safety, efficacy and injury prevention effects. *Br J Sports Med* 44(1) (Jan.): 56-63.
23. Myer, G.D., C.E. Quatman, J. Khoury, E.J. Wall, and T.E. Hewett.

2009. Youth versus adult "weightlifting" injuries presenting to United States emergency rooms: Accidental versus nonaccidental injury mechanisms. *J Strength Cond Res* 23(7) (Oct.): 2054-2060.
24. Jones, C., C. Christensen, and M. Young. 2000. Weight training injury trends. *Physician and Sports Medicine* 28: 61-72.
25. Plumert, J., and D. Schwebel. 1997. Social and temperamental influences on children's overestimation of their physical abilities: Links to accidental injuries. *J Exp Child Psychol* 67: 317-337.
26. Coutts, A., A. Murphy, and B. Dascombe. 2004. Effect of direct supervision of a strength coach on measures of muscular strength and power in young rugby league players. *Journal of Strength and Conditioning Research* 18: 316-323.
27. Onate, J.A., K.M. Guskiewicz, and R.J. Sullivan. 2001. Augmented feedback reduces jump landing forces. *J Orthop Sports Phys Ther* 31(9) (Sep.): 511-517.
28. Onate, J.A., K.M. Guskiewicz, S.W. Marshall, C. Giuliani, B. Yu, and W.E. Garrett. 2005. Instruction of jump-landing technique using videotape feedback: Altering lower extremity motion patterns. *Am J Sports Med* 33(6): 831-842.
29. Faigenbaum, A.D., G.D. Myer, F. Naclerio, and A. Casas. 2011. Injury trends and prevention in youth resistance training. *Strength and Conditioning Journal* 33(3): 36-41.
30. Myer, G.D., J.L. Brent, K.R. Ford, and T.E. Hewett. 2008. A pilot study to determine the effect of trunk and hip focused neuromuscular training on hip and knee isokinetic strength. *Br J Sports Med* 42(7) (July): 614-619.
31. Myer, G.D., D.A. Chu, J.L. Brent, and T.E. Hewett. 2008. Trunk and hip control neuromuscular training for the prevention of knee joint injury. *Clin Sports Med* 27(3) (July): 425-448, ix.
32. Faigenbaum, A.D., and W.L. Westcott. 2009. *Youth strength training: Programs for health, fitness and sport*. Champaign, IL: Human Kinetics.
33. Chu, D., A. Faigenbaum, and J. Falkel. 2006. *Progressive plyometrics for kids*. Monterey, CA: Healthy Learning.
34. Mediate, P., and A.D. Faigenbaum. 2007. *Medicine ball for all kids: Medicine ball training concepts and program-design considerations for school-age youth*. Monterey, CA: Healthy Learning.
35. Myer, G.D., and E.J. Wall. 2006. Resistance training in the young athlete. *Operative Techniques in Sports Medicine* 14(3): 218-230.
36. Reed, C.A., K.R. Ford, G.D. Myer, and T.E. Hewett. 2012. The effects of isolated and integrated 'core stability' training on athletic performance measures: A systematic review. *Sports Med* 42: 697-706.
37. Heitkamp, H.C., T. Horstmann, F. Mayer, J. Weller, and H.H. Dickhuth. 2001. Gain in strength and muscular balance after balance training. *Int J Sports Med* 22(4) (May): 285-290.
38. Holm, I., M.A. Fosdahl, A. Friis, M.A. Risberg, G. Myklebust, and H. Steen. 2004. Effect of neuromuscular training on proprioception, balance, muscle strength, and lower limb function in female team handball players. *Clin J Sport Med* 14(2) (March): 88-94.
39. Paterno, M.V., G.D. Myer, K.R. Ford, and T.E. Hewett. 2004. Neuromuscular training improves single-limb stability in young female athletes. *J Orthop Sports Phys Ther* 34(6): 305-316.
40. Myer, G.D., K.R. Ford, J.L. Brent, and T.E. Hewett. 2005. The effects of plyometric versus dynamic balance training on landing force and center of pressure stabilization in female athletes. *Br J Sports Med* 39(6): 397.
41. Sjolie, A.N., and A.E. Ljunggren. 2001. The significance of high lumbar mobility and low lumbar strength for current and future low back pain in adolescents. *Spine* 26(23) (Dec. 1): 2629-2636.
42. Bo Andersen, L., N. Wedderkopp, and C. Leboeuf-Yde. 2006. Association between back pain and physical fitness in adolescents.

Spine 31(15) (July 1): 1740-1744.
43. Adams, K., J.P. O'Shea, K.L. O'Shea, and M. Climstein. 1992. The effect of six weeks of squat, plyometric and squat-plyometric training on power production. *J Strength Cond Res* 6(1): 36-41.
44. Fatouros, I.G., A.Z. Jamurtas, D. Leontsini, T. Kyriakos, N. Aggelousis, N. Kostopoulos, and P. Buckenmeyer. 2000. Evaluation of plyometric exercise training, weight training, and their combination on vertical jumping performance and leg strength. *J Strength Cond Res* 14(4): 470-476.
45. Myer, G.D., J.L. Brent, K.R. Ford, and T.E. Hewett. 2008. A pilot study to determine the effect of trunk and hip focused neuromuscular training on hip and knee isokinetic strength. *Br J Sports Med* 42(7): 614-619.
46. Mandelbaum, B.R., H.J. Silvers, D.S. Watanabe, J.F. Knarr, S.D. Thomas, L.Y. Griffin, D.T. Kirkendall, and W. Garrett, Jr. 2005. Effectiveness of a neuromuscular and proprioceptive training program in preventing anterior cruciate ligament injuries in female athletes: Two-year follow up. *Am J Sport Med* 33(7): 1003-1010.
47. Hewett, T.E., A.L. Stroupe, T.A. Nance, and F.R. Noyes. 1996. Plyometric training in female athletes: Decreased impact forces and increased hamstring torques. *Am J Sports Med* 24(6): 765-773.
48. Petersen, W., C. Braun, W. Bock, K. Schmidt, A. Weimann, W. Dresher, E. Eiling, R. Stange, T. Fuchs, J. Hedderich, and T. Zantop. 2005. A controlled prospective case control study of a prevention training program in female team handball players: The German experience. *Arch Orthop Trauma Surg* 125(9): 614-621.
49. Myklebust, G., L. Engebretsen, I.H. Braekken, A. Skjolberg, O.E. Olsen, and R. Bahr. 2003. Prevention of anterior cruciate ligament injuries in female team handball players: A prospective intervention study over three seasons. *Clin J Sport Med* 13(2) (March): 71-78.
50. Mandelbaum, B.R., H.J. Silvers, D.S. Watanabe, J.R. Knarr, S.D. Thomas, L.Y. Griffin, D.T. Kirkendall, and W. Garrett, Jr. 2005. Effectiveness of a neuromuscular and proprioceptive training program in preventing anterior cruciate ligament injuries in female athletes: Two-year follow-up. *Am J Sport Med* 33(7) (July): 1003-1010.
51. Klugman, M.F., J.L. Brent, G.D. Myer, K.R. Ford, and T.E. Hewett. 2011. Does an in-season only neuromuscular training protocol reduce deficits quantified by the tuck jump assessment? *Clin Sports Med* 30(4): 825-840.
52. Hewett, T.E., T.N. Lindenfeld, J.V. Riccobene, and F.R. Noyes. 1999. The effect of neuromuscular training on the incidence of knee injury in female athletes: A prospective study. *Am J Sports Med* 27(6) (Nov.-Dec.): 699-706.
53. DiStefano, L.J., D.A. Padua, J.T. Blackburn, W.E. Garrett, K.M. Guskiewicz, and S.W. Marshall. 2010. Integrated injury prevention program improves balance and vertical jump height in children. *J Strength Cond Res* 24(2) (Feb.): 332-342.
54. Faigenbaum, A.D., N.A. Ratamess, J. McFarland, J. Kaczmarek, M.J. Coraggio, J. Kang, and J.R. Hoffman. 2008. Effect of rest interval length on bench press performance in boys, teens, and men. *Pediatr Exerc Sci* 20(4) (Nov.): 457-469.
55. Zafeiridis, A., A. Dalamitros, K. Dipla, N. Manou, N. Galanis, and S. Kellis. 2005. Recovery during high intensity intermittent anaerobic exercise in boys, teens and men. *Med Sci Sports Exerc* 37: 505-512.
56. Potach, D.H., and D.A. Chu. 2000. *Plyometric training*. 2nd ed. Champaign, IL: Human Kinetics.
57. Wathen, D. 1993. Literature review: Explosive/plyometric exercises. *National Strength and Conditioning Journal* 15(3): 17-19.
58. Stein, C., and L. Micheli. 2010. Overuse injuries in youth sports. *Physician and Sports Medicine* 38(2): 102-108.
59. Faigenbaum, A.D., and J. Mcfarland. 2006. Make time for less intense

training. *Strength and Conditioning Journal* 28(5): 77-79.
60. Kinugasa, T., and A.E. Kilding. 2009. A comparison of postmatch recovery strategies in youth soccer players. *J Strength Cond Res* 23(5) (Aug.): 1402-1407.
61. United States Department of Health and Human Services. 2008. Physical activity guidelines for Americans. www. health.gov/paguidelines.
62. Leek, D., J.A. Carlson, K.L. Cain, S. Henrichon, D. Rosenberg, K. Patrick, and J.F. Sallis. 2011. Physical activity during youth sports practices. *Arch Pediatr Adolesc Med* 165(4): 294-299.
63. Pate, R.R., and J.R. O'Neill. 2011. Youth sports programs: Contribution to physical activity. *Arch Pediatr Adolesc Med* 165(4): 369-370.

Chapter 5

1. Hewett, T.E., A.L. Stroupe, T.A. Nance, and F.R. Noyes. 1996. Plyometric training in female athletes: Decreased impact forces and increased hamstring torques. *Am J Sports Med* 24(6): 765-773.
2. Hewett, T.E., T.N. Lindenfeld, J.V. Riccobene, and F.R. Noyes. 1999. The effect of neuromuscular training on the incidence of knee injury in female athletes: A prospective study. *Am J Sports Med* 27(6): 699-706.
3. Hewett, T.E., G.D. Myer, and K.R. Ford. 2005. Reducing knee and anterior cruciate ligament injuries among female athletes: A systematic review of neuromuscular training interventions. *J Knee Surg* 18(1): 82-88.
4. Myer, G.D., D.A. Chu, J.L. Brent, and T.E. Hewett. 2008. Trunk and hip control neuromuscular training for the prevention of knee joint injury. *Clin Sports Med* 27(3): 425-448, ix.
5. Hewett, T.E., and G.D. Myer. 2011. The mechanistic connection between the trunk, hip, knee, and anterior cruciate ligament injury. *Exerc Sport Sci Rev* 39(4): 161-166.
6. Fleming, B.C. 2003. Biomechanics of the anterior cruciate ligament. *J Orthop Sports Phys Ther* 33(8): A13-15.
7. Myklebust, G., and R. Bahr. 2005. Return to play guidelines after anterior cruciate ligament surgery. *Br J Sports Med* 39(3): 127-131.
8. Alentorn-Geli, E., G.D. Myer, H.J. Silvers, G. Samitier, D. Romero, C. Lazaro-Haro, and R. Cugat. 2009. Prevention of non-contact anterior cruciate ligament injuries in soccer players. Part 1: Mechanisms of injury and underlying risk factors. *Knee Surg Sports Traumatol Arthrosc* 17(7): 705-729.
9. Freedman, K.B., M.T. Glasgow, S.G. Glasgow, and J. Bernstein. 1998. Anterior cruciate ligament injury and reconstruction among university students. *Clin Orthop Related Res* 356: 208-212.
10. Ruiz, A.L., M. Kelly, and R.W. Nutton. 2002. Arthroscopic ACL reconstruction: A 5-9 year follow-up. *Knee* 9(3): 197-200.
11. Myer, G.D., and T.M. McCambridge. 2012. STOP anterior cruciate ligament injuries. www.stopsportsinjuries.org/.
12. Hewett, T.E., G.D. Myer, and K.R. Ford. 2006. Anterior cruciate ligament injuries in female athletes. Part 1: Mechanisms and risk factors. *Am J Sports Med* 34(2): 299-311.
13. Myer, G.D., K.R. Ford, and T.E. Hewett. 2004. Rationale and clinical techniques for anterior cruciate ligament injury prevention among female athletes. *J Athl Train* 39(4): 352-364.
14. Hewett, T.E., G.D. Myer, K.R. Ford, R.S. Heidt Jr., A.J. Colosimo, S.G. McLean, A.J. van den Bogert, M.V. Paterno, and P. Succop. 2005. Biomechanical measures of neuromuscular control and valgus loading of the knee predict anterior cruciate ligament injury risk in female athletes: A prospective study. *Am J Sports Med* 33(4): 492-501.
15. Myer, G.D., K.R. Ford, J.P. Palumbo, and T.E. Hewett. 2005. Neuromuscular training improves performance and lowerextremity biomechanics in female athletes. *J Strength Cond Res* 19(1): 51-60.
16. Hewett, T.E., K.R. Ford, and G.D. Myer. 2006. Anterior cruciate ligament injuries in female athletes. Part 2: A metaanalysis of neuromuscular interventions aimed at injury prevention. *Am J Sports Med* 34(3): 490-498.
17. Myer, G.D., K.R. Ford, J.L. Brent, and T.E. Hewett. 2006. The effects of plyometric versus dynamic balance training on power, balance and landing force in female athletes. *J Strength Cond Res* 20(2): 345-353.
18. Myer, G.D., K.R. Ford, S.G. McLean, and T.E. Hewett. 2006. The effects of plyometric versus dynamic stabilization and balance training on lower extremity biomechanics. *Am J Sports Med* 34(3): 445-455.
19. Myer, G.D., K.R. Ford, J.L. Brent, and T.E. Hewett. 2007. Differential neuromuscular training effects on ACL injury risk factors in "high-risk" versus "low-risk" athletes. *BMC Musculoskelet Disord* 8(39): 39.
20. Myer, G.D., K.R. Ford, J.L. Brent, and T.E. Hewett. 2005. The effects of plyometric versus dynamic balance training on landing force and center of pressure stabilization in female athletes. *Br J Sports Med* 39(6): 397.
21. Myer, G.D., D. Sugimoto, S. Thomas, and T.E. Hewett. 2012. The influence of age on the effectiveness of neuromuscular training to reduce anterior cruciate ligament injury in female athletes: A meta-analysis. *Am J Sports Med* 41(1): 203-215.
22. Myer, G.D., B.W. Stroube, C.A. DiCesare, J.L. Brent, K.R. Ford, R.S. Heidt, Jr., and T.E. Hewett. 2013. Augmented feedback supports skill transfer and reduces high-risk injury landing mechanics: A double-blind, randomized controlled laboratory study. *Am J Sports Med* 41(3): 669-677.
23. Boden, B.P., G.S. Dean, J.A. Feagin, and W.E. Garrett. 2000. Mechanisms of anterior cruciate ligament injury. *Orthopedics* 23(6): 573-578.
24. Malinzak, R.A., S.M. Colby, D.T. Kirkendall, B. Yu, and W.E. Garrett. 2001. A comparison of knee joint motion patterns between men and women in selected athletic tasks. *Clin Biomech* 16(5): 438-445.
25. Chappell, J.D., B. Yu, D.T. Kirkendall, and W.E. Garrett. 2002. A comparison of knee kinetics between male and female recreational athletes in stop-jump tasks. *Am J Sports Med* 30(2): 261-267.
26. Ford, K.R., G.D. Myer, and T.E. Hewett. 2003. Valgus knee motion during landing in high school female and male basketball players. *Med Sci Sports Exerc* 35(10): 1745-1750.
27. Zeller, B.L., J.L. McCrory, W.B. Kibler, and T.L. Uhl. 2003. Differences in kinematics and electromyographic activity between men and women during the single-legged squat. *Am J Sport Med* 31(3): 449-456.
28. Hewett, T.E., G.D. Myer, and K.R. Ford. 2004. Decrease in neuromuscular control about the knee with maturation in female athletes. *J Bone Joint Surg Am* 86-A(8): 1601-1608.
29. McLean, S.G., X. Huang, A. Su, and A.J. van den Bogert. 2004. Sagittal plane biomechanics cannot injure the ACL during sidestep cutting. *Clin Biomech* 19: 828-838.
30. Olsen, O.E., G. Myklebust, L. Engebretsen, and R. Bahr. 2004. Injury mechanisms for anterior cruciate ligament injuries in team handball: A systematic video analysis. *Am J Sports Med* 32(4): 1002-1012.
31. Kernozek, T.W., M.R. Torry, H. Van Hoof, H. Cowley, and S. Tanner. 2005. Gender differences in frontal and sagittal plane biomechanics during drop landings. *Med Sci Sports Exerc* 37(6): 1003-1012; discussion 1013.
32. Ford, K.R., G.D. Myer, R.L. Smith, R.M. Vianello, S.L. Seiwert, and T.E. Hewett. 2006. A comparison of dynamic coronal plane excursion between matched male and female athletes when performing single leg landings. *Clin Biomech (Bristol, Avon)* 21(1): 33-40.
33. Hewett, T.E., K.R. Ford, G.D. Myer, K. Wanstrath, and M. Scheper.

2006. Gender differences in hip adduction motion and torque during a single-leg agility maneuver. *J Orthop Res* 24(3): 416-421.
34. Krosshaug, T., A. Nakamae, B.P. Boden, L. Engebretsen, G. Smith, J.R. Slauterbeck, T.E. Hewett, and R. Bahr. 2007. Mechanisms of anterior cruciate ligament injury in basketball: Video analysis of 39 cases. *Am J Sports Med* 35(3): 359-367.
35. Pappas, E., M. Hagins, A. Sheikhzadeh, M. Nordin, and D. Rose. 2007. Biomechanical differences between unilateral and bilateral landings from a jump: Gender differences. *Clin J Sport Med* 17(4): 263-268.
36. Clanton, T.O., J.C. DeLee, B. Sanders, and A. Neidre. 1979. Knee ligament injuries in children. *J Bone Joint Surg Am* 61(8): 1195-1201.
37. Buehler-Yund, C. 1999. *A longitudinal study of injury rates and risk factors in 5 to 12 year old soccer players*. Cincinnati, OH: University of Cincinnati.
38. Andrish, J.T. 2001. Anterior cruciate ligament injuries in the skeletally immature patient. *Am J Orthop* 30(2): 103-110.
39. Shea, K.G., R. Pfeiffer, J.H. Wang, M. Curtin, and P.J. Apel. 2004. Anterior cruciate ligament injury in pediatric and adolescent soccer players: An analysis of insurance data. *J Pediatr Orthop* 24(6): 623-628.
40. Tursz, A., and M. Crost. 1986. Sports-related injuries in children: A study of their characteristics, frequency, and severity, with comparison to other types of accidental injuries. *Am J Sports Med* 14(4): 294-299.
41. Tanner, J.M., and P.S. Davies. 1985. Clinical longitudinal standards for height and height velocity for North American children. *J Pediatr* 107(3): 317-329.
42. Hewett, T.E., F.M. Biro, S.G. McLean, and A.J. Van den Bogert. 2003. *Identifying female athletes at high risk for ACL injury*. Cincinnati, OH: Cincinnati Children's Hospital, National Institutes of Health.
43. Hewett, T.E., G.D. Myer, K.R. Ford, and J.R. Slauterbeck. 2006. Preparticipation physical exam using a box drop vertical jump test in young athletes: The effects of puberty and sex. *Clin J Sport Med* 16(4): 298-304.
44. Ford, K.R., G.D. Myer, and T.E. Hewett. 2007. Increased trunk motion in female athletes compared to males during single leg landing. *Med Sci Sports Exerc* 39(5): S70.
45. Hodges, P.W., and C.A. Richardson. 1997. Contraction of the abdominal muscles associated with movement of the lower limb. *Phys Ther* 77(2): 132-142; discussion 142-144.
46. Hodges, P.W., and C.A. Richardson. 1997. Feedforward contraction of transversus abdominis is not influenced by the direction of arm movement. *Exp Brain Res* 114(2): 362-370.
47. Wilson, J.D., C.P. Dougherty, M.L. Ireland, and I.M. Davis. 2005. Core stability and its relationship to lower extremity function and injury. *J Am Acad Orthop Surg* 13: 316-325.
48. Winter, D.A. 2005. *Biomechanics and motor control of human movement*. New York: John Wiley & Sons.
49. Zatsiorsky, V.M. 1995. *Science and practice of strength training*. Champaign, IL: Human Kinetics.
50. Ireland, M.L. 2002. The female ACL: Why is it more prone to injury? *Orthop Clin North Am* 33(4): 637-651.
51. Myklebust, G., L. Engebretsen, I.H. Braekken, A. Skjolberg, O.E. Olsen, and R. Bahr. 2003. Prevention of anterior cruciate ligament injuries in female team handball players: A prospective intervention study over three seasons. *Clin J Sport Med* 13(2): 71-78.
52. Mandelbaum, B.R., H.J. Silvers, D.S. Watanabe, J.F. Knarr, S.D. Thomas, L.Y. Griffin, D.T. Kirkendall, and W. Garrett, Jr. 2005. Effectiveness of a neuromuscular and proprioceptive training program in preventing anterior cruciate ligament injuries in female athletes: Two-year follow up. *Am J Sports Med* 33(7): 1003-1010.

53. Petersen, W., C. Braun, W. Bock, K. Schmidt, A. Weimann, W. Drescher, E. Eiling, R. Stange, T. Fuchs, J. Hedderich, and T. Zantop. 2006. A controlled prospective case control study of a prevention training program in female team handball players: The German experience. *Arch Orthop Trauma Surg* 125(9): 614-621.
54. Myer, G.D., J.L. Brent, K.R. Ford, and T.E. Hewett. 2008. A pilot study to determine the effect of trunk and hip focused neuromuscular training on hip and knee isokinetic strength. *Br J Sports Med* 42(7): 614-619.

Chapter 6
1. Myer, G.D., D.A. Chu, J.L. Brent, and T.E. Hewett. 2008. Trunk and hip control neuromuscular training for the prevention of knee joint injury. *Clin Sports Med* 27(3) (July): 425-448, ix.
2. Chmielewski, T.L., G.D. Myer, D. Kauffman, and S.M. Tillman. 2006. Plyometric exercise in the rehabilitation of athletes: Physiological responses and clinical application. *J Orthop Sports Phys Ther* 36(5) (May): 308-319.
3. Hewett, T.E., T.N. Lindenfeld, J.V. Riccobene, and F.R. Noyes. 1999. The effect of neuromuscular training on the incidence of knee injury in female athletes: A prospective study. *Am J Sports Med* 27(6) (Nov.-Dec.): 699-706.
4. Mandelbaum, B.R., H.J. Silvers, D.S. Watanabe, J.F. Knarr, S.D. Thomas, L.Y. Griffin, D.T. Kirkendall, and W. Garrett, Jr. 2005. Effectiveness of a neuromuscular and proprioceptive training program in preventing anterior cruciate ligament injuries in female athletes: Two-year follow up. *Am J Sports Med* 33(7): 1003-1010.
5. Olsen, O.E., G. Myklebust, L. Engebretsen, I. Holme, and R. Bahr. 2005. Exercises to prevent lower limb injuries in youth sports: Cluster randomised controlled trial. *BMJ* 330(7489) (Feb. 26): 449.
6. Myklebust, G., L. Engebretsen, I.H. Braekken, A. Skjolberg, O.E. Olsen, and R. Bahr. 2003. Prevention of anterior cruciate ligament injuries in female team handball players: A prospective intervention study over three seasons. *Clin J Sport Med* 13(2) (March): 71-78.
7. Petersen, W., C. Braun, W. Bock, K. Schmidt, A. Weimann, W. Dresher, E. Eiling, R. Stange, T. Fuchs, J. Hedderich, and T. Zantop. 2005. A controlled prospective case control study of a prevention training program in female team handball players: The German experience. *Arch Orthop Trauma Surg* 125(9): 614-621.
8. Cheung, K., P. Hume, and L. Maxwell. 2003. Delayed onset muscle soreness: Treatment strategies and performance factors. *Sports Med* 33(2): 145-164.
9. Chu, D.A. 1995. Rehabilitation of the lower extremity. *Clin Sports Med* 14(1) (Jan.): 205-222.
10. Chu, D.A. 1998. *Jumping into plyometrics*. 2nd ed. Champaign, IL: Human Kinetics.
11. Ishikawa, M., T. Finni, and P.V. Komi. 2003. Behaviour of vastus lateralis muscle-tendon during high intensity SSC exercises *in vivo*. *Acta Physiol Scand* 178(3) (July): 205-213.
12. Voight, M.L., and S. Tippett. 1994. Plyometric exercise in rehabilitation. In W.E. Prentice (Ed.), *Rehabilitation techniques in sports medicine*. 2nd ed. St. Louis: Mosby. 88-97.
13. Connolly, D.A., S.P. Sayers, and M.P. McHugh. 2003. Treatment and prevention of delayed onset muscle soreness. *J Strength Cond Res* 17(1) (Feb.): 197-208.
14. Proske, U., J.E. Gregory, D.L. Morgan, P. Percival, N.S. Weerakkody, and B.J. Canny. 2004. Force matching errors following eccentric exercise. *Hum Mov Sci* 23(3-4) (Oct.): 365-378.
15. Chmielewski, T.L., R.L. Mizner, W. Padamonsky, and L. Snyder-Mackler. 2003. Knee. In G.S. Kolt and L. Snyder-Mackler (Eds.), *Physical therapies in sport and exercise*. Edinburgh: Elsevier Science

16. Hewett, T.E., G.D. Myer, K.R. Ford, R.S. Heidt, Jr., A.J. Colosimo, S.G. McLean, A.J. van den Bogert, M.V. Paterno, and P. Succop. 2005. Biomechanical measures of neuromuscular control and valgus loading of the knee predict anterior cruciate ligament injury risk in female athletes: A prospective study. *Am J Sports Med* 33(4): 492-501.
17. Myer, G.D., M.V. Paterno, and T.E. Hewett. 2004. Back in the game: A four-phase return-to-sport program for athletes with problem ACLs. *Rehab Manag* 17(8) (Oct.): 30-33.
18. Prapavessis, H., and P.J. McNair. 1999. Effects of instruction in jumping technique and experience jumping on ground reaction forces. *J Orthop Sports Phys Ther* 29(6) (June): 352-356.
19. Onate, J.A., K.M. Guskiewicz, and R.J. Sullivan. 2001. Augmented feedback reduces jump landing forces. *J Orthop Sports Phys Ther* 31(9) (Sep.): 511-517.
20. Myer, G.D., M.V. Paterno, K.R. Ford, C.E. Quatman, and T.E. Hewett. 2006. Rehabilitation after anterior cruciate ligament reconstruction: Criteria based progression through the return-to-sport phase. *J Orthop Sports Phys Ther* 36(6): 385-402.
21. Myer, G.D., M.V. Paterno, K.R. Ford, and T.E. Hewett. 2008. Neuromuscular training techniques to target deficits before return to sport after anterior cruciate ligament reconstruction. *J Strength Cond Res* 22(3) (April 15): 987-1014.
22. Myer, G.D., L.C. Schmitt, J.L. Brent, K.R. Ford, K.D. Barber Foss, B.J. Scherer, R.S. Heidt, Jr., J.G. Divine, and T.E. Hewett. 2011. Utilization of modified NFL combine testing to identify functional deficits in athletes following ACL reconstruction. *J Orthop Sports Phys Ther* 41(6): 377-387.
23. Paterno, M.V., K.R. Ford, G.D. Myer, R. Heyl, and T.E. Hewett. 2007. Limb asymmetries in landing and jumping 2 years following anterior cruciate ligament reconstruction. *Clin J Sport Med* 17(4) (July): 258-262.
24. Paterno, M.V., L.C. Schmitt, K.R. Ford, M.J. Rauh, G.D. Myer, B. Huang, and T.E. Hewett. 2010. Biomechanical measures during landing and postural stability predict second anterior cruciate ligament injury after anterior cruciate ligament reconstruction and return to sport. *Am J Sports Med* 38(10): 1968-1978.

Chapter 7

1. Verkhoshanski, Y. 1969. Perspectives in the improvement of speed-strength preparation of jumpers. *Yessis Rev Sov Phys Educ Sports* 4(2): 28-29.
2. Chu, D.A., A.D. Faigenbaum, and J.E. Falkel. 2006. *Progressive plyometrics for kids.* Monterey, CA: Healthy Learning.
3. Myer, G.D., K.R. Ford, K.D. Barber Foss, C. Liu, T.G. Nick, and T.E. Hewett. 2009. The relationship of hamstrings and quadriceps strength to anterior cruciate ligament injury in female athletes. *Clin J Sport Med* 19(1) (Jan.): 3-8.
4. Myer, G.D., K.R. Ford, J.P. Palumbo, and T.E. Hewett. 2005. Neuromuscular training improves performance and lowerextremity biomechanics in female athletes. *J Strength Cond Res* 19(1) (Feb.): 51-60.
5. Myer, G.D., R.S. Lloyd, J.L. Brent, and A.D. Faigenbaum. In press. What "age" should youth start training. *ACSM's Health and Fitness Journal.*
6. Myer, G.D., K.R. Ford, S.G. McLean, and T.E. Hewett. 2006. The effects of plyometric versus dynamic stabilization and balance training on lower extremity biomechanics. *Am J Sports Med* 34(3): 490-498.
7. Hewett, T.E., G.D. Myer, K.R. Ford, R.S. Heidt Jr., A.J. Colosimo, S.G. McLean, A.J. van den Bogert, M.V. Paterno, and P. Succop. 2005. Biomechanical measures of neuromuscular control and valgus loading of the knee predict anterior cruciate ligament injury risk in female athletes: A prospective study. *Am J Sports Med* 33(4) (Feb. 8): 492-501.
8. Ford, K.R., G.D. Myer, H.E. Toms, and T.E. Hewett. 2005. Gender differences in the kinematics of unanticipated cutting in young athletes. *Med Sci Sports* 37(1) (Jan.): 124-129.
9. McLean, S.G., S.W. Lipfert, and A.J. van den Bogert. 2004. Effect of gender and defensive opponent on the biomechanics of sidestep cutting. *Med Sci Sports Exerc* 36(6) (June): 1008-1016.
10. Ford, K.R., G.D. Myer, and T.E. Hewett. 2003. Valgus knee motion during landing in high school female and male basketball players. *Med Sci Sports Exerc* 35(10) (Oct.): 1745-1750.
11. Chappell, J.D., B. Yu, D.T. Kirkendall, and W.E. Garrett. 2002. A comparison of knee kinetics between male and female recreational athletes in stop-jump tasks. *Am J Sports Med* 30(2) (Mar.-Apr.): 261-267.
12. Myer, G.D., J.L. Brent, K.R. Ford, and T.E. Hewett. 2011. Real-time assessment and neuromuscular training feedback techniques to prevent ACL injury in female athletes. *Strength Cond J* 33(3) (June 1): 21-35.
13. Myer, G.D., K.R. Ford, and T.E. Hewett. 2004. Rationale and clinical techniques for anterior cruciate ligament injury prevention among female athletes. *J Athl Train* 39(4) (Dec.): 352-364.
14. Myer, G.D., K.R. Ford, and T.E. Hewett. 2008. Tuck jump assessment for reducing anterior cruciate ligament injury risk. *Athletic Therapy Today* 13(5): 39-44.
15. Myer, G.D., J.L. Brent, K.R. Ford, and T.E. Hewett. 2008. A pilot study to determine the effect of trunk and hip focused neuromuscular training on hip and knee isokinetic strength. *Br J Sports Med* 42(7) (July): 614-619.
16. Myer, G.D., D.A. Chu, J.L. Brent, and T.E. Hewett. 2008. Trunk and hip control neuromuscular training for the prevention of knee joint injury. *Clin Sports Med* 27(3) (July): 425-448, ix.
17. Paterno, M.V., G.D. Myer, K.R. Ford, and T.E. Hewett. 2004. Neuromuscular training improves single-limb stability in young female athletes. *J Orthop Sports Phys Ther* 34(6): 305-317.
18. Boden, B.P., G.S. Dean, J.A. Feagin, and W.E. Garrett. 2000. Mechanisms of anterior cruciate ligament injury. *Orthopedics* 23(6): 573-578.
19. Ford, K.R., A.J. van den Bogert, G.D. Myer, R. Shapiro, and T.E. Hewett. 2008. The effects of age and skill level on knee musculature co-contraction during functional activities: A systematic review. *Br J Sports Med* 42(7) (July): 561-566.
20. Ford, K.R., G.D. Myer, L.C. Schmitt, A.J. van den Bogert, and T.E. Hewett. 2008. Effect of drop height on lower extremity biomechanical measures in female athletes. *Med Sci Sports Exerc* 40(5): S80.
21. Soderman, K., H. Alfredson, T. Pietila, and S. Werner. 2001. Risk factors for leg injuries in female soccer players: A prospective investigation during one out-door season. *Knee Surg Sports Traumatol Arthrosc* 9(5) (Sep.): 313-321.
22. Knapik, J.J., C.L. Bauman, B.H. Jones, J.M. Harris, and L. Vaughan. 1991. Preseason strength and flexibility imbalances associated with athletic injuries in female collegiate athletes. *Am J Sports Med* 19(1): 76-81.
23. Sell, T.C., C.M. Ferris, J.P. Abt, Y.S. Tsai, J.B. Myers, F.H. Fu, and S.M. Lephart. 2007. Predictors of proximal tibia anterior shear force during a vertical stop-jump. *J Orthop Res* 25(12) (Dec.): 1589-1597.
24. Withrow, T.J., L.J. Huston, E.M. Wojtys, and J.A. Ashton-Miller. 2006. The relationship between quadriceps muscle force, knee flexion, and anterior cruciate ligament strain in an *in vitro* simulated jump

landing. *Am J Sports Med* 34(2) (Feb.): 269-274.
25. Withrow, T.J., L.J. Huston, E.M. Wojtys, and J.A. Ashton-Miller. 2008. Effect of varying hamstring tension on anterior cruciate ligament strain during *in vitro* impulsive knee flexion and compression loading. *J Bone Joint Surg Am* 90(4) (April): 815-823.
26. Malinzak, R.A., S.M. Colby, D.T. Kirkendall, B. Yu, and W.E. Garrett. 2001. A comparison of knee joint motion patterns between men and women in selected athletic tasks. *Clin Biomech (Bristol, Avon)* 16(5) (June): 438-445.
27. Hewett, T.E., A.L. Stroupe, T.A. Nance, and F.R. Noyes. 1996. Plyometric training in female athletes: Decreased impact forces and increased hamstring torques. *Am J Sports Med* 24(6): 765-773.
28. MacWilliams, B.A., D.R. Wilson, J.D. DesJardins, J. Romero, and E.Y. Chao. 1999. Hamstrings cocontraction reduces internal rotation, anterior translation, and anterior cruciate ligament load in weight-bearing flexion. *J Orthop Res* 17(6) (Nov.): 817-822.
29. Lloyd, D.G., and T.S. Buchanan. 2001. Strategies of muscular support of varus and valgus isometric loads at the human knee. *J Biomech* 34(10): 1257-1267.
30. Myer, G.D., K.R. Ford, J.L. Brent, and T.E. Hewett. 2006. The effects of plyometric versus dynamic balance training on power, balance and landing force in female athletes. *J Strength Cond Res* 20(2): 345-353.
31. Baumhauer, J., D. Alosa, A. Renstrom, S. Trevino, and B. Beynnon. 1995. A prospective study of ankle injury risk factors. *Am J Sport Med* 23(5): 564-570.
32. Paterno, M.V., L.C. Schmitt, K.R. Ford, M.J. Rauh, G.D. Myer, B. Huang, and T.E. Hewett. 2010. Biomechanical measures during landing and postural stability predict second anterior cruciate ligament injury after anterior cruciate ligament reconstruction and return to sport. *Am J Sports Med* 38(10): 1968-1978.
33. Paterno, M.V., K.R. Ford, G.D. Myer, R. Heyl, and T.E. Hewett. 2007. Limb asymmetries in landing and jumping 2 years following anterior cruciate ligament reconstruction. *Clin J Sport Med* 17(4) (July): 258-262.
34. Hewett, T.E., and G.D. Myer. 2011. The mechanistic connection between the trunk, hip, knee, and anterior cruciate ligament injury. *Exerc Sport Sci Rev* 39(4) (Oct.): 161-166.
35. Wilson, J.D., C.P. Dougherty, M.L. Ireland, and I.M. Davis. 2005. Core stability and its relationship to lower extremity function and injury. *J Am Acad Orthop Surg* 13: 316-325.
36. Hodges, P.W., and C.A. Richardson. 1997. Feedforward contraction of transversus abdominis is not influenced by the direction of arm movement. *Exp Brain Res* 114(2) (April): 362-370.
37. Hodges, P.W., and C.A. Richardson. 1997. Contraction of the abdominal muscles associated with movement of the lower limb. *Phys Ther* 77(2) (Feb.): 132-142; discussion 142-144.
38. Winter, D.A. (Ed.). 2005. *Biomechanics and motor control of human movement*. 3rd ed. New York: John Wiley & Sons, Inc.
39. Ireland, M.L. 2002. The female ACL: Why is it more prone to injury? *Orthop Clin North Am* 33(4) (Oct.): 637-651.
40. Zatsiorsky, V.M. 1995. *Science and practice of strength training*. Champaign, IL: Human Kinetics.
41. Zazulak, B.T., T.E. Hewett, N.P. Reeves, B. Goldberg, and J. Cholewicki. 2007. The effects of core proprioception on knee injury: A prospective biomechanical-epidemiological study. *Am J Sports Med* 35(3) (March): 368-373.
42. Krosshaug, T., A. Nakamae, B.P. Boden, L. Engebretsen, G. Smith, J.R. Slauterbeck, T.E. Hewett, and R. Bahr. 2007. Mechanisms of anterior cruciate ligament injury in basketball: Video analysis of 39 cases. *Am J Sports Med* 35(3) (March): 359-367.
43. Olsen, O.E., G. Myklebust, L. Engebretsen, and R. Bahr. 2004. Injury mechanisms for anterior cruciate ligament injuries in team handball: A systematic video analysis. *Am J Sports Med* 32(4) (June): 1002-1012.
44. Myer, G.D., M.V. Paterno, K.R. Ford, and T.E. Hewett. 2008. Neuromuscular training techniques to target deficits before return to sport after anterior cruciate ligament reconstruction. *J Strength Cond Res* 22(3) (April 15): 987-1014.
45. Myer, G.D., M.V. Paterno, K.R. Ford, C.E. Quatman, and T.E. Hewett. 2006. Rehabilitation after anterior cruciate ligament reconstruction: Criteria based progression through the return-to-sport phase. *J Orthop Sports Phys Ther* 36(6): 385-402.
46. Myer, G.D., B.W. Stroube, C.A. DiCesare, J.L. Brent, K.R. Ford, R.S. Heidt, Jr., and T.E. Hewett. 2013. Augmented feedback supports skill transfer and reduces high-risk injury landing mechanics: A double-blind, randomized controlled laboratory study. *Am J Sports Med* 41(3): 669-677.
47. Stroube, B.W., G.D. Myer, J.L. Brent, K.R. Ford, R.S. Heidt, Jr., and T.E. Hewett. 2012. Effects of task-specific augmented feedback on deficit modification during performance of the tuck-jump exercise. *J Sport Rehabil* 22(1): 7-18.

Chapter 10
1. Nader, P., R. Bradley, R. Houts, S. McRitchie, and M. O'Brien. 2008. Moderate to vigorous physical activity from ages 9 to 15 years. *Journal of the American Medical Association* 300: 295-305.
2. Nyberg, G., A. Nordenfelt, U. Ekelund, and C. Marcus. 2009. Physical activity patterns measured by accelerometry in 6- to 10-yr-old children. *Med Sci Sports Exerc* 41(10): 1842-1848.
3. Myer, G.D., A.D. Faigenbaum, D.A. Chu, J. Falkel, K.R. Ford, T.M. Best, and T.E. Hewett. 2011. Integrative training for children and adolescents: Techniques and practices for reducing sports-related injuries and enhancing athletic performance. *Phys Sportsmed* 39(1): 74-84.
4. Myer, G.D., A.D. Faigenbaum, K.R. Ford, T.M. Best, M.F. Bergeron, and T.E. Hewett. 2011. When to initiate integrative neuromuscular training to reduce sports-related injuries and enhance health in youth? *Curr Sports Med Rep* 10(3): 157-166.
5. Chu, D., A. Faigenbaum, and J. Falkel. 2006. Progressive plyometrics for kids. Monterey, CA: Healthy Learning. 6. Lyttle, A., G. Wilson, and K. Ostrowski. 1996. Enhancing performance: Maximal power versus combined weights and plyometrics training. *Journal of Strength and Conditioning Research* 10(3): 173-179.
7. Adams, K., J. O'Shea, K. O'Shea, and M. Climstein. 1992. The effect of six weeks of squat, plyometric and squat-plyometric training on power production. *Journal of Applied Sports Science Research* 6(1): 36-41.

索 引

【あ行】

アクチン　18
アシステッド・シングル・レッグ・スクワット　40
アシステッド・ロシアン・ハムストリング・カール　6
アスリートの評価　79
アメリカンフットボールのためのプログラム例　193
アモチゼーション期　8, 14, 20
安全性　102
アンダーハンド・スロー　176
安定性　55
安定的な動作の進行　55

インクライン・プッシュ・アップ・デプス・ジャンプ　151
インターバル・トレーニング　188

ウエイト・トレーニング　27
ウエイブ・スクワット　133
ウォーキング・ランジ　48
　── ウィズ・ウエイト・クロスオーバー　49
　── ウィズ・ショルダー・ローテーション　97
　── ウィズ・ユニラテラル・ショルダー・プレス　50
　── ユニラテラリー・ウエイティッド　49
ウォームアップ・ドリル　93
ウォール・ジャンプ　9, 10
動きの解剖学　20
動きのスキル　89
ウッドチョッパー　172
腕の動き　104
運動学習　29

エイト・スクエア　108
エクササイズ
　── 強度　70
　── バリエーション　43
　── 頻度　70
　── 量　71
X脚　23
遠心性筋収縮　3, 14, 17, 27
遠心性筋力　4

オーバー・アンダー　175
オーバーヘッド・シット・アップ・トス　173
オーバーヘッド・スロー　177
オーバーヘッド・ブルームスティック・スクワット　39
オープン・キネティック・チェーン運動　69
オリンピック・ホップ　135
オルタネイティング・プッシュ・オフ　153
オルタネイト・バウンディング・ウィズ・シングル・アーム・アクション　165
オルタネイト・バウンディング・ウィズ・ダブル・アーム・アクション　166

【か行】

回旋筋腱板　22
外反膝　23
解剖学的危険因子　64
カウンタームーブメント　17, 23
カウンタームーブメント・ジャンプ　20, 28
架橋　18
下肢優位　85
荷重期　17
荷重軽減期　3, 17, 20
カッティング・テスト　74

期間　91
危険性と注意すべき点　36
機能解剖　20
基本的な動作の進行　38
基本となる動きの習得　36
キャッチ・アンド・パス・ウィズ・ジャンプ・アンド・リーチ　182
キャリオカ　96
求心性筋収縮　3, 14, 17, 27
求心性筋力　9
教育　36
競技復帰　69
強度　98
筋活動　3
筋−腱単位　13, 18
筋生理学　14
筋節　18
筋線維の構造　18
筋生理学　30
筋の増強作用　18
筋紡錘　15
筋力とプライオメトリック動作の進行　47
筋力のためのリフト・シリーズ　194
筋力の評価　79

クォーター・イーグル・チェスト・パス　180
クラムリー・フォーメーション　110
クローズド・キネティック・チェーン　69
クロスオーバー・ホップ・ホップ・ホップ・アンド・ホールド　57

肩甲骨安定化筋　22

コア機能不全　86
コア動作の進行　44
広背筋　22
後方ランニング　95
コーン・ホップ・ウィズ・180°ターン　129
コーン・ホップ・ウィズ・チェンジ・オブ・ディレクション・スプリント　127

索 引

股関節屈筋　22
5-5-5 スクワット　25, 26
固有受容器　15
ゴルジ腱器官　19
コンディショニング・プログラム　14, 185
コンビネーション・バウンディング・ウィズ・シングル・アーム・アクション　167
コンビネーション・バウンディング・ウィズ・ダブル・アーム・アクション　168
コンビネーション・バウンディング・ウィズ・バーティカル・ジャンプ　169
コンプレックス・トレーニング　185

【さ行】
サーキット・トレーニング　189
サイクル　91
サイクルの長さ　101
最大動的筋力　27
最大パワー　25
サイド・スキップ・ウィズ・ビッグ・アーム・スイング　162
サイド・スロー　179
サイド・トゥ・サイド・アンクル・ホップ　112
サイド・トゥ・サイド・バリア・タック・ジャンプ　53
サイド・トゥ・サイド・バリア・タック・ジャンプ・ウィズ・リアクション　54
サイド・トゥ・サイド・ボックス・シャッフル　154
サッカーのためのプログラム例　199
サルコメア　18
三角筋　22

ジグザグ・ドリル　134
指導　36
若年アスリート　36
ジャンプ・アンド・ホールド　56
ジャンプ・アンド・リーチ　27
ジャンプ・イン・プレイス　106
　――エイト・スクエア　108
　――クラムリー・フォーメーション　110
　――サイド・トゥ・サイド・アンクル・ホップ　112
　――シングル・フット・サイド・トゥ・サイド・アンクル・ホップ　111
　――ストレート・パイク・ジャンプ　115
　――スプリット・スクワット・ウィズ・サイクル　114
　――スプリット・スクワット・ジャンプ　113
　――スプリット・スクワット・ジャンプ・ウィズ・バウンス　116
　――スプリット・パイク・ジャンプ　115
　――タック・ジャンプ・ウィズ・ニー・アップ　112
　――タック・ジャンプ・ウィズ・ヒール・キック　113
　――ツー・フット・アンクル・ホップ　111
　――ヒップ・ツイスト・アンクル・ホップ　116
　――フォー・スクエア　107
　――ムニョス・フォーメーション　109
ジャンプ・スクワット　25
ジャンプ・トゥ・ボックス　137
ジャンプ・トレーニング　13
　――強度尺度　98
　――接地数　99

重心　24
準等尺性筋収縮　8
傷害の危険性　63
償還期　→　アモチゼーション期をみよ
上腕三頭筋　22
上腕二頭筋　22
ショートニング期　20
ジョギング・ドリル　93
女性アスリート　63
シングル・タック・ジャンプ・ウィズ・ソフト・ランディング　51
シングル・フット・サイド・トゥ・サイド・アンクル・ホップ　111
シングル・レッグ・スキッピング　94
シングル・レッグ・スクワット　7, 5, 173
シングル・レッグ・デプス・ジャンプ　146
シングル・レッグ・バウンディング　169
シングル・レッグ・バランス　9
シングル・レッグ・プッシュ・オフ　153
シングル・レッグ・ペルビック・ブリッジ　45, 46, 47
シングル・レッグ・ホップ　131
シングル・レッグ・ポップ・アンド・ホールド　8
シングル・レッグ・ホップ・ディスタンス・テスト　75
シングル・レッグ・ムーブメント・パターン　55
シングル・レッグ・ラテラル・ジャンプ　121
神経筋系の危険因子　64
靱帯優位　84
伸張反射　15

水泳のためのプログラム例　218
推進期　20
垂直跳びの力学　29
スキッピング・ウィズ・ポップ・オフ　95
スキッピング・ドリル　94
スキップ　161
スクワット　38
スクワット・ジャンプ　5, 7, 17, 42
スコーピオン・ステップ・アップ　155
スタジアム・ホップ　134
スタンディング・ジャンプ　117
　――アンド・リーチ　28, 117
　――シングル・レッグ・ラテラル・ジャンプ　121
　――スタンディング・ジャンプ・オーバー・バリア　119
　――スタンディング・トリプル・ジャンプ　123
　――スタンディング・トリプル・ジャンプ・ウィズ・バリア・ジャンプ　124
　――スタンディング・ロング・ジャンプ　118
　――スタンディング・ロング・ジャンプ・ウィズ・スプリント　118
　――スタンディング・ロング・ジャンプ・ウィズ・ラテラル・スプリント　119
　――ストラドル・ジャンプ・トゥ・キャメル・ランディング　121
　――ラテラル・ジャンプ・ウィズ・ツー・フット　122
　――ラテラル・ジャンプ・オーバー・バリア　122
　――1-2-3 ドリル　120
スタンディング・ロング・ジャンプ・ウィズ・ハードル・ホップ　132

スティッキング・ポイント　8
ステップ・アンド・ホールド　55
ステップ・クロース・ジャンプ・アンド・リーチ　137
ストラドル・ジャンプ・トゥ・キャメル・ランディング　121
ストレート・パイク・ジャンプ　115
ストレート・ライン・スキッピング　94
ストレッチ・ショートニング・サイクル（SSC）　3, 9, 13, 14, 27
ストレングス動作の進行　48
スプリット・スクワット・ウィズ・サイクル　114
スプリット・スクワット・ジャンプ　113
スプリット・スクワット・ジャンプ・ウィズ・バウンス　116
スプリット・パイク・ジャンプ　115
スプリント・トレーニング　188
スポーツ特性　191
スポーツ復帰のためのガイドライン　73

静的筋収縮　8
脊柱起立筋　22
セッションあたりの時間　101
前脛骨筋　22
前十字靱帯（ACL）損傷　63
漸増的エクササイズ　60

総合格闘技のためのプログラム例　216
僧帽筋　22

【た行】
ダイアゴナル・コーン・ホップ　126
体幹のための神経筋トレーニング　65
体幹優位　86
大腿四頭筋　22
大腿四頭筋優位　84
ダイナミック・ラテラル・ホップ　59
タック・ジャンプ　51, 82
　──ウィズ・ニー・アップ　112
　──ウィズ・ヒール・キック　113
　──評価記録用紙　83
　──評価（TJA）ツール　81
ダブル・タック・ジャンプ　52
ダブル・レッグ・ホップ　130
弾性位置エネルギー　18
弾性エネルギー　5

チェスト・パス　171
着地方法　103
直列弾性要素　18

ツー・フット・アンクル・ホップ　111

ディソシエイション・ドリル　96
テスト方法　80
テニスのためのプログラム例　211
デプス・ジャンプ　13, 23, 27, 136, 138
　──インクライン・プッシュ・アップ・デプス・ジャンプ　151
　──ウィズ・180°ターン　143
　──ウィズ・360°ターン　144
　──ウィズ・スタッフ　141
　──ウィズ・パス・キャッチ　148
　──ウィズ・バックワード・グライド　149
　──ウィズ・ブロッキング・バッグ　147
　──ウィズ・ラテラル・ムーブメント　142
　──オーバー・バリア　139
　──ジャンプ・トゥ・ボックス　137
　──シングル・レッグ・デプス・ジャンプ　146
　──ステップ・クロース・ジャンプ・アンド・リーチ　137
　──高さの決定　28
　──テスト　73
　──トゥ・スタンディング・ロング・ジャンプ　145
　──トゥ・プレスクライブ・ハイト　150
　──トゥ・リム・ジャンプ　140
　──ドロップ・アンド・フリーズ　136
　──ドロップ・ジャンプ　138
　──ハンドスタンド・デプス・ジャンプ　151
　──プライオメトリック・プッシュ・アップ　150
殿筋群　21
伝達期　20

動作分析　20
等尺性筋収縮　3, 17
等尺性筋力　8
トランク・ローテーション　176
トランスミッション期　20
トレーナビリティ　36
トレーニング
　──一体化　185
　──期間　91
　──強度　98
　──サイクル　91
　──サイクルの長さ　101
　──注意点　96
　──頻度　100
　──プログラム計画のための留意点　89
　──用いる用具　92
　──量　98
　──量とリカバリーのガイドライン　60
　──レベル　90
トレーニング・プログラム例
　──アメリカンフットボール　193
　──サッカー　199
　──水泳　218
　──総合格闘技　216
　──テニス　211
　──走り幅跳び　221
　──バスケットボール　195
　──バレーボール　204
　──野球　208
ドロップ・アンド・フリーズ　136
ドロップ・ジャンプ　27, 138
ドロップ・プッシュ・アップ　170

【な行】
ニーリング・サイド・スロー　180

年齢　90

【は行】
ハードル（バリア）・ホップ　131
バイオメカニクス　64
バウンディング　161
　──　オルタネイト・バウンディング・ウィズ・シングル・アーム・アクション　165
　──　オルタネイト・バウンディング・ウィズ・ダブル・アーム・アクション　166
　──　コンビネーション・バウンディング・ウィズ・シングル・アーム・アクション　167
　──　コンビネーション・バウンディング・ウィズ・ダブル・アーム・アクション　168
　──　コンビネーション・バウンディング・ウィズ・バーティカル・ジャンプ　169
　──　サイド・スキップ・ウィズ・ビッグ・アーム・スイング　162
　──　シングル・レッグ・バウンディング　169
　──　スキップ　161
　──　バックワード・スキップ　163
　──　パワー・スキップ　163
　──　ムービング・スプリット・スクワット・ウィズ・サイクル　164
走り幅跳びのためのプログラム例　221
バスケットボールのためのプログラム例　195
バックワード・スキップ　163
バックワード・スロー　179
バックワード・スロー・フロム・スクワット　10
ハムストリング・カール　6
ハムストリング　22
バランス・エクササイズ　8
バレーボールのためのプログラム例　204
パワー　25
　──　レジスタンス・トレーニング　25
　──　の評価　79
パワー・スキップ　163
パワー・ドロップ　181
ハンドスタンド・デプス・ジャンプ　151

ヒール・トス　175
ヒップ・ツイスト・アンクル・ホップ　116
腓腹筋　22
評価方法　80
ピラミッド・ボックス・ジャンプ　158
敏捷性　55
敏捷性動作の進行　58
敏捷性の評価　74
頻度　100

5-5-5スクワット　25, 26
Vシット・ジャイアント・サークル　174
フォー・スクエア　107
腹筋群　22
プッシュ・オフ期　20
フットワーク・ドリル　95
プライオメトリック・エクササイズ
　──　期分け　15
　──　生理学　15
プライオメトリック・トレーニングの頻度の例　100
プライオメトリック・プッシュ・アップ　150
プライオメトリック動作の進行　51
フラピエ・フットワーク・ドリル　24
プル・オーバー・パス　177
プログラム例
　──　アメリカンフットボール　193
　──　サッカー　199
　──　水泳　218
　──　総合格闘技　216
　──　テニス　211
　──　走り幅跳び　221
　──　バスケットボール　195
　──　バレーボール　204
　──　野球　208
フロント・コーン・ホップ　126
フロント・トス　174
フロント・ボックス・ジャンプ　156
フロント・ランジ　48
分離ドリル　96

ヘキサゴン・ドリル　125
ペルビック・ブリッジ　44, 45
ベンチ上でのシングル・レッグ・ペルビック・ブリッジ　47

ボール・スクワット　38
BOSU上で股関節を外転，回旋させるシングル・レッグ・ペルビック・ブリッジ　46
BOSU上でのシングル・レッグ・ペルビック・ブリッジ　45
BOSU上でのペルビック・ブリッジ　45
ボックス・タッチ・スクワット　39
ボックス・ドリル　152
　──　オルタネイティング・プッシュ・オフ　153
　──　サイド・トゥ・サイド・ボックス・シャッフル　154
　──　30秒, 60秒, 90秒　152
　──　シングル・レッグ・プッシュ・オフ　153
　──　スコーピオン・ステップ・アップ　155
　──　ピラミッド・ボックス・ジャンプ　158
　──　フロント・ボックス・ジャンプ　156
　──　マルチ・ボックス・ジャンプ　156
　──　マルチ・ボックス・トゥ・ボックス・ジャンプ・ウィズ・シングル・レッグ・ランディング　160
　──　マルチ・ボックス・トゥ・ボックス・スクワット・ジャンプ　159
　──　ラテラル・ステップ・アップ　158
　──　ラテラル・ボックス・ジャンプ　157
ボックス・ドロップ・オフ・ウィズ・ディープ・ホールド　41
ホップ・アンド・ホールド　56
ホップ・ホップ・アンド・ホールド　57
ホリゾンタル・ホップ　27

【ま行】
マーチング・ドリル　93
マルチ・ジャンプ　125
マルチ・ボックス・ジャンプル　156
マルチ・ボックス・トゥ・ボックス・ジャンプ・ウィズ・シン

索引

　　── グル・レッグ・ランディング　160
マルチ・ボックス・トゥ・ボックス・スクワット・ジャンプ　159
マルチ・ホップとジャンプ　125
　　── ウエイブ・スクワット　133
　　── オリンピック・ホップ　135
　　── コーン・ホップ・ウィズ・チェンジ・オブ・ディレクション・スプリント　127
　　── コーン・ホップ・ウィズ・180°ターン　129
　　── ジグザグ・ドリル　134
　　── シングル・レッグ・ホップ　131
　　── スタジアム・ホップ　134
　　── スタンディング・ロング・ジャンプ・ウィズ・ハードル・ホップ　132
　　── ダイアゴナル・コーン・ホップ　126
　　── ダブル・レッグ・ホップ　130
　　── ハードル（バリア）・ホップ　131
　　── フロント・コーン・ホップ　126
　　── ヘキサゴン・ドリル　125
　　── マルチ・ジャンプ　125
　　── マルチ・ホップ　125
　　── ラテラル・コーン・ホップ　128
　　── リム・ジャンプ　130

ミオシン　18

ムービング・スプリット・スクワット・ウィズ・サイクル　164
無酸素性トレーニング　188
ムニョス・フォーメーション　109

メディシンボール・エクササイズ　170
　　── アンダーハンド・スロー　176
　　── ウッドチョッパー　172
　　── オーバー・アンダー　175
　　── オーバーヘッド・シット・アップ・トス　173
　　── オーバーヘッド・スロー　177
　　── キャッチ・アンド・パス・ウィズ・ジャンプ・アンド・リーチ　182
　　── クォーター・イーグル・チェスト・パス　180
　　── サイド・スロー　179
　　── シングル・レッグ・スクワット　173
　　── チェスト・パス　171
　　── トランク・ローテーション　176
　　── ドロップ・プッシュ・アップ　170
　　── ニーリング・サイド・スロー　180
　　── バックワード・スロー　179
　　── パワー・ドロップ　181
　　── ヒール・トス　175
　　── Vシット・ジャイアント・サークル　174
　　── プル・オーバー・パス　177
　　── フロント・トス　174
　　── メディシンボール・スラム　181
　　── ランジ・スクワット・ウィズ・トス　172

　　── ロー・ポスト・ドリル　178
　　── ロシアン・ツイスト　171
メディシンボール・スラム　181
メディシンボール・トレーニング　9

モーター・ラーニング　29
モディファイド・アジリティ・T-テスト（MATテスト）　74

【や行】
野球のためのプログラム例　208

用具　92
抑制性フィードバック　19

【ら行】
ラテラル・アジリティ　58
ラテラル・コーン・ホップ　128
ラテラル・ジャンプ・ウィズ・ツー・フット　122
ラテラル・ジャンプ・オーバー・バリア　122
ラテラル・ステップ・アップ　158
ラテラル・ボックス・ジャンプ　157
ラテラル・ホップ・90°ホップ・アンド・ホールド・ウィズ・バリア　59
ラテラル・ホップ・ホップ・アンド・ホールド・オポジット・レッグ・ウィズ・フォー・バリア　59
ラテラル・ホップ・ホップ90°オポジット・トゥ・スプリント・ウィズ・バリア　60
ラテラル・ホップ・ホップ・アンド・ホールド・オポジット・レッグ・ウィズ・バリア　58
ランジ・アンド・ショルダー・ローテーション　97
ランジ・スクワット・ウィズ・トス　172
ランジ・ドリル　95

リカバリー　70, 72, 101
陸上競技（走り幅跳び）のためのプログラム例　221
リバウンド期　20
リハビリテーション　14, 69
リハビリテーションのためのガイドライン　70
リピーテッド・タッグ・ジャンプ　52
リフティング　25
リフト・シリーズ　194
リム・ジャンプ　130
量　98

レジスタンス・トレーニング　25, 187
レッグ・リフト・アンド・ショルダー・ローテーション　97
連結期　3, 17, 20

ロー・ポスト・ドリル　178
ロシアン・ツイスト　171

【わ行】
1-2-3ドリル　スタンディング・ジャンプ　120

■ 監訳

鈴木　俊一（すずき　しゅんいち）

理学療法士，米国NATA公認アスレティック・トレーナー。
和光大学人文学部文学科卒業，社会医学技術学院夜間部理学療法学部卒業，オレゴン州立大学エクササイズアンドスポーツサイエンス学部在籍，バージニア大学大学院アスレティック・トレーニング・プログラム在籍。
慈恵会医科大学付属病院リハビリテーション科，株式会社日産フットボールクラブ（横浜マリノス）フィジオセラピスト，医療法人新青会川口工業総合病院リハビリテーション科 技師長。

■ 訳

日暮　清（ひぐれ　きよし）

NATA公認アスレティック・トレーナー，NSCA公認ストレングス＆コンディショニング・スペシャリスト，鍼灸あん摩マッサージ指圧師。
国際武道大学，ウェスタンミシガン大学大学院修了。
ウェスタンミシガン大学スポーツメディスンクリニック，ハンプキン高等学校，カリフォルニア州立アーバイン大学（UCI），チャクフェルダースポーツメディスンクリニック，小田急バレーボールクラブ，横浜F・マリノスヘッドトレーナーを経て，現在，Jリーグアルビレックス新潟ヘッドトレーナー，日本コアコンディショニング協会副会長。

プライオメトリック・トレーニング　　　　　　　　　　　　　　（検印省略）

2016年2月18日　第1版　第1刷

著　者	Donald A. Chu
	Gregory D. Myer
監訳者	鈴木　俊一
訳　者	日暮　　清
発行者	長島　宏之
発行所	有限会社　ナップ

〒111-0056　東京都台東区小島1-7-13　NKビル
TEL 03-5820-7522／FAX 03-5820-7523
ホームページ http://www.nap-ltd.co.jp/

印　刷　　三報社印刷株式会社

© 2016　Printed in Japan　　　　　　　　　　　　ISBN978-4-905168-40-9

JCOPY 〈(社) 出版者著作権管理機構 委託出版物〉
本書の無断複写は著作権法上での例外を除き禁じられています．複写される場合は，そのつど事前に，(社) 出版者著作権管理機構（電話 03-3513-6969，FAX 03-3513-6979，e-mail: info@jcopy.or.jp）の許諾を得てください．